兰州大学"双一流"建设资金人文社科类图书出版经费资助

国家社科基金规划项目（14BJY086）
"丝绸之路经济带建设中的我国西北段产业结构调整与空间布局研究"
的优秀结项成果

丝绸之路经济带建设与中国西北段产业发展研究

郭爱君 龚霄侠 毛锦凰 范巧 著

中国社会科学出版社

图书在版编目（CIP）数据

丝绸之路经济带建设与中国西北段产业发展研究/郭爱君等著.—北京：中国社会科学出版社，2019.6

ISBN 978-7-5203-4697-9

Ⅰ.①丝… Ⅱ.①郭… Ⅲ.①丝绸之路—经济带—产业发展—研究—中国 Ⅳ.①F127

中国版本图书馆 CIP 数据核字（2019）第 136301 号

出 版 人	赵剑英
责任编辑	孔继萍
责任校对	冯英爽
责任印制	郝美娜

出　　版	中国社会科学出版社
社　　址	北京鼓楼西大街甲 158 号
邮　　编	100720
网　　址	http://www.csspw.cn
发 行 部	010-84083685
门 市 部	010-84029450
经　　销	新华书店及其他书店
印刷装订	北京市十月印刷有限公司
版　　次	2019 年 6 月第 1 版
印　　次	2019 年 6 月第 1 次印刷
开　　本	710×1000　1/16
印　　张	15.5
插　　页	2
字　　数	202 千字
定　　价	88.00 元

凡购买中国社会科学出版社图书，如有质量问题请与本社营销中心联系调换
电话：010-84083683
版权所有　侵权必究

序

经过五年的探索与实践,"一带一路"建设从一国倡议到写入联合国文件,从中国单边主张到与沿线国家和地区共同合作推进,已经逐步构建起了行之有效的参与机制。如何借此契机合理调整规划中国各区段,尤其是西北段的产业结构与空间布局,推动中国产业高质量发展,一直是理论界与政府部门重点关注的重大议题。

以兰州大学经济学院院长郭爱君教授为主的科研团队一直从事"一带一路"建设研究,该团队依托区域经济学国家级重点学科以及产业经济学博士点的建设和发展,集中精干科研力量对丝绸之路经济带建设下中国西北段的产业发展进行了系统的研究和阐释,最终形成《丝绸之路经济带建设与中国西北段产业发展研究》书稿。

全书以经济学基本理论和方法为指导,充分运用经济学、地理学、计算机科学等多学科分析方法,吸收了国内外产业结构调整与产业空间布局的最新理论研究成果,并借鉴典型的经济带建设经验,嵌入了与丝绸之路经济带中亚段和中国东部段的优势比较,从而系统地阐释了中国西北段的产业结构与空间布局中存在的主要问题,并科学地提出了丝绸之路经济带建设背景下中国西北段产业结构调整和空间布局的战略构想与发展对策。

纵观全书,主要有以下三个方面的典型特征:

一是展开了充分的理论研究。全书在对国内外理论进行深入梳理与述评的基础上，以产业结构演进理论、产业结构调整理论、产业布局区位理论作为研究的理论指导，探索了在丝绸之路经济带建设新背景下中国西北段产业结构调整的合理性与必要性。同时，通过对中亚段、中国西北段和中国东部段等三区段的产业结构发展与空间布局现状的研究，系统地分析和讨论了如何统筹三区段的产业发展，为提出丝绸之路经济带建设背景下中国西北段产业结构调整和空间布局的战略构想与发展对策打下了坚实的理论基础。全书将国内外相关理论与经验研究成果进行了有效的整合，从理论层面和经验层面拓宽了产业结构调整和产业空间布局理论研究视域。

二是进行了严谨的实证研究。基于产业关联度分析、产业趋同度分析和产业区位熵等实证方法，全书有效地分析了三区段内与区段之间的产业结构与产业关联情况，强调目前三区段处于不同产业发展阶段的事实。在丝绸之路经济带建设新背景下，中亚段、中国西北段和中国东部段的产业发展趋同与差异并存、竞争与合作并存。三区段产业要实现高质量发展，必须积极在其他区段寻求产业合作空间，形成互利共赢的产业经济新增长点。同时，全书还基于整体和部分相结合的视角，对丝绸之路经济带产业建设整体趋同、分段趋同等变化态势进行了动态的比较和分析，肯定了区域内部合作动力和产业集聚效应的存在。

三是深度结合了丝绸之路经济带建设的推进实践和发展现实。在定性与定量分析的基础上，全书提出了丝绸之路经济带建设背景下中国西北段产业结构调整与空间布局的基本原则和亟待处理的若干关系，并以充分发挥各区段的区位优势为指导思想，阐释了中国西北段产业结构调整的原则和思路、产业发展的区域定位和路径选择等重要问题。全书分析过程中，对中亚五国产业发展数据有较为系统的收集和整理，对中亚段整体产业发展情况、资源禀赋和比较优势以及政策推进实践等有深入透彻的阐释；同时，在对中国西北段产业发展战略制定中，全面地考虑了中国东部段和中亚段的产业发展情况，也充分考虑了丝绸之路经济带建设的现状、约束与长期发展趋势和方向，从而具有很强的科学性。

目前，学界和政界对丝绸之路经济带建设的研究，已经取得了较为可喜的研究进展，然而，目前尚缺乏对丝绸之路经济带建设中特定阶段和特定区段产业发展的系统性研究。郭爱君教授团队的研究正好有效地弥补了这一缺憾。本书的出版，将是丝绸之路经济带建设与中国西北段产业发展研究的有效结合，将在推动中国西北段产业发展的政策实践中起到十分重要的促进作用，也将为推动区域经济学、产业经济学在丝绸之路经济带建设中的应用性研究做出颇有建树的理论贡献。

全国经济地理研究会会长、
中国人民大学应用经济学院教授
2019 年 3 月 22 日于中国人民大学

目 录

第一章 导论 ……………………………………………… （1）
    第一节 研究背景与研究意义 ……………………………… （1）
    第二节 研究现状 …………………………………………… （5）
    第三节 研究思路与研究方法 ……………………………… （10）
    第四节 研究重点 …………………………………………… （11）

第二章 产业结构调整与产业空间布局相关理论综述 ……… （13）
    第一节 产业结构演进规律 ………………………………… （13）
    第二节 产业结构调整理论 ………………………………… （15）
    第三节 产业空间布局相关理论 …………………………… （18）

第三章 丝绸之路经济带三区段产业发展现状与空间布局 …………………………………………………… （22）
    第一节 丝绸之路经济带中亚段产业发展现状与空间布局 …………………………………………… （22）
    第二节 丝绸之路经济带中国西北段产业发展现状与空间布局 …………………………………………… （40）
    第三节 丝绸之路经济带中国东部段产业发展现状与空间布局 …………………………………………… （56）

第四节 丝绸之路经济带三区段主导优势产业及布局……（69）

第四章 中国西北段在丝绸之路经济带建设中的战略地位……………………………………………………（74）

第一节 丝绸之路经济带迅速崛起的基础………（75）

第二节 连接丝绸之路经济带中亚段与中国东部段的重要桥梁………………………………………（89）

第三节 中国—中亚经贸合作往来的战略通道……（96）

第四节 亚欧经济一体化的战略通道………………（98）

第五节 全面实现中国向西开放的战略通道………（101）

第五章 丝绸之路经济带建设对中国西北段产业结构调整与产业空间布局的影响……………………（103）

第一节 丝绸之路经济带建设对中国西北段产业结构调整与产业空间布局提出新要求………………（104）

第二节 丝绸之路经济带中亚段和中国东部段产业发展对中国西北段产业布局的影响………………（111）

第三节 丝绸之路经济带中国西北段产业结构调整与产业空间布局面临的机遇和挑战………………（114）

第六章 丝绸之路经济带中国西北段产业关联与空间布局实证分析…………………………………………（120）

第一节 丝绸之路经济带中国西北段产业关联度分析……（121）

第二节 丝绸之路经济带中国西北段产业趋同度分析……（155）

第三节 丝绸之路经济带中国西北段区位熵分析………（164）

第七章 丝绸之路经济带建设中的产业结构调整与产业空间布局若干关系的处理……（172）

第一节 处理好统筹经济带全局发展与产业空间定位的关系……（172）

第二节 处理好优势产业优先发展与经济带产业协调发展的关系……（176）

第三节 处理好经济带经济效率优先与协调发展的关系……（180）

第四节 处理好比较优势利益与经济带整体经济利益的关系……（182）

第八章 丝绸之路经济带中国西北段产业结构调整……（185）

第一节 丝绸之路经济带中国西北段产业结构调整的原则……（186）

第二节 丝绸之路经济带中国西北段产业结构调整的思路……（191）

第三节 丝绸之路经济带中国西北段产业发展的区域定位……（197）

第四节 丝绸之路经济带中国西北段产业结构调整的路径选择……（202）

第九章 丝绸之路经济带中国西北段产业空间布局……（209）

第一节 丝绸之路经济带中国西北段产业空间布局的原则……（210）

第二节 丝绸之路经济带中国西北段产业空间布局的模式选择……（215）

第三节　丝绸之路经济带中国西北段产业空间布局
　　　　战略思路……………………………………………（220）
第四节　丝绸之路经济带中国西北段产业空间布局的
　　　　路径选择……………………………………………（224）

参考文献……………………………………………………（235）

后　　记……………………………………………………（237）

第一章

导　　论

第一节　研究背景与研究意义

一　研究背景

经过改革开放40年的高速发展，我国经济总量已位居世界第二位，尽管人均经济水平与发达国家仍存在较大差距，但中国经济增长与经济政策成为影响世界经济发展方向的重要因素已是不争的事实。面对纷繁复杂的国内、国际形势，我国经济发展中遇到的问题愈加具有时代特征。

1. 国内方面

第一，我国已结束超高速发展阶段，进入中高速发展的新常态。所谓经济发展新常态，吴敬琏先生认为其必须具备经济增速从高速增长状态向中高速增长下行、从规模速度型的粗放增长向质量效益型的集约增长转变两个特征。2014年以来，前一个特征已非常明显，经济下行成为既定事实，但如果后一个特征无法具备，即经济增长原有驱动力衰减但效率无法提高，将会使得规模扩张掩盖下的经济社会问题日益突出，经济发展由"减速"向"失速"衰退。

第二，区域、城乡发展差距日益扩大。非均衡的区域经济发展战略的实施，造就了增长极，带动国民经济高速增长，提高了人民整体生活水平。然而，非均衡发展战略的实施也带来了一些负面的影响。不可否认，非均衡发展战略过于强调增长极的扩散效应，忽视了极化效应对周边地区造成的区域经济发展不平衡及其相应的区域经济发展差距不断扩大；在对北上广深及东部沿海区域的经济政策上，普遍存在范围、力度和时长上的过度倾斜，在讲求效率的同时对公平兼顾不够；一些必要的区域经济发展的政策措施不完善和不完整，因而在区域经济发展中存在着区域之间的利益摩擦和冲突，加剧了地方保护主义和区域产业结构趋同等"区域病"。

第三，产能过剩、产业结构不合理，亟待调整与升级。近年来，我国经济持续高速增长，刺激了一些行业生产能力的大规模扩张，特别是2008年国际金融危机之后，产能过剩已成为影响我国经济持续协调发展的突出问题，加剧了产业结构不合理的矛盾。现阶段，我国产能过剩问题主要集中在产能利用率低，范围由传统重工业向新兴产业蔓延，产能总量过剩、结构性过剩、成长型过剩问题并存等几个方面。总体上来看，无论是传统重工业还是新兴产业，都普遍存在产能利用率低的问题，超过了生产和发展需要的绝对产能过剩导致这些产业产品价格低、利润率直线下滑等问题。分行业来看，钢铁、水泥、电解铝以及焦炭等行业表现为整个行业生产能力超过市场需求和发展需要的总量型产能过剩；平板玻璃、船舶、汽车行业表现为中低端产品产能过剩，高端产品依赖进口，即有效产能不足，无效产能过剩的结构性过剩；光伏发电、风电等行业表现为过度依赖投资和出口促进经济增长的成长型过剩；此外，纺织等大量行业则为同时具有三种过剩特点的混合型产能过剩。

第四，科技创新动能不足更是成为经济转型与经济发展的重大障碍。为消除2008年经济危机影响，政府出台了一系列"扩需求，保增长"的经济举措，如2008年4万亿元投资和2009年10万亿元贷款，这些措施在当时拉动经济回升的效果十分明显，但其副作用在近两年开始显现出来，如投资回报率明显降低、系统性风险增强等。这些副作用使得政府不得不将改革由需求侧向供给侧转变。一般来说，供给侧包括三个因素——新增资本、新增劳动力和效率提高。由于投资带来的消极后果短期无法消除，现阶段不可能再通过大量资本投入带动经济，短期内也无法通过大量新增劳动力解决经济困局，所以供给侧结构性改革只能通过提高效率来实现。然而，城镇化进行到后期，一般行业的技术水平与发达国家差距大大缩小，后发优势带来的红利所剩无几，不能再用简单的购买和引进来提升技术水平，经济改革和经济发展的重任就落在科技创新上。科技创新动能不足成为现阶段我国经济改革的关键问题。

2. 国际方面

中国加入WTO十多年来，国际经济由多边主义向区域主义转变；亚洲地区的复杂性和多元化使得周边国家出现"经济上依赖中国，安全上依赖美国"的趋势导致亚洲经济一体化进程并不顺利；美国"重返亚太"，通过部署"萨德"系统、重提台湾问题等方式联合多国构筑多级海上岛链限制中国海权，大大制约了中国海洋贸易发展；中东局势动荡、欧债危机、英国脱欧等重大国际事件余波未散，使得中国急需开辟新的陆上贸易路线。

面对纷繁复杂的国际国内形势，如何完成新旧动能转换，打破经济增长困局，使我国经济平稳适应新常态发展成为当前经济工作的重中之重。就目前来看，"释放新需求，创造新供给"的供给侧改革和进一步促进改革开放、推动区域经济一体化、实现与多国家和地区互惠共赢的"一带一路"倡议从对内改革和对外开放两个维度成为"互联网+""中国制造2025""大众创业、万众创新"等新动能中的关键。

二 研究意义

2013年9月7日，中国国家主席习近平在哈萨克斯坦访问时，提出共建"丝绸之路经济带"的重大倡议,得到国际社会高度关注。2015年3月29日,国家发改委、外交部、商务部正式公布《推动共同建设丝绸之路经济带与21世纪海上丝绸之路的愿景与行动》,标志着"一带一路"正式进入实施阶段。"共建'一带一路'旨在促进经济要素有序自由流动、资源高效配置和市场深度融合,推动沿线各国实现经济政策协调,开展更大范围、更高水平、更深层次的区域合作,共同打造开放、包容、均衡、普惠的区域经济合作架构。共建'一带一路'符合国际社会的根本利益,彰显人类社会的共同理想和美好追求,是国际合作和全球治理新模式的积极探索,将为世界和平发展增添新的正能量。"

丝绸之路经济带途经30多个国家,惠及近30亿人口,沿线国家资源禀赋各异,经济互补性强,互利共赢的合作潜力巨大,并且辐射欧洲、东南亚、非洲10余国,是目前世界上最长、最具发展潜力的经济大走廊。本书以狭义丝绸之路经济带为研究范围,主要包括中国和中亚五国,并选取中亚段、中国西北段和中国东部段三区段作为研究范围。中国西北段处于丝绸之路经济带的中间地带,西邻资源丰富、市场广阔的中亚地区,东接我国经济发达的东部地区,在整个经济带建设中具有重要的承上启下的作用,经济带的提出也对中国西北段的产业结构调整与产业空间布局提出了新的要求,对中国西北段乃至中国西部地区都是一个重大的机遇与挑战。

产业是经济带发展的重要支撑,合理的产业结构与空间布局是区域经济发展的重要保证,丝绸之路经济带建设中的中国西北段在整个经济带建设中处于重要的战略位置,其产业的前后向关联与中亚段和中国东部段的产业关联度很强,而且从以前的产业竞争关系变成了合作协同发展的关系。因此,在产业结构定位与空间布局上就需要进行梳理与调整，以经济带为背景，准确定位经济带各区段的经济功能与产业定位，以创新的合作模式构建丝绸之路经济带产业空间布局，以经济带为区位背景优化产业结构调整方向，将中国西北段打造成丝绸之路经济带上的黄金通道，这不仅对经济带的崛起具有重要的战略意义，对我国西部地区的再次大开放与大发展也具有重要的现实意义。

第二节 研究现状

一 经济带相关理论研究

国外学者对"经济带"这一区域性经济概念研究较多。这一概念是从美国的斯坦·德·吉尔所提出的制造业带的概念演化而来的。与其有关的理论主要有佩鲁的增长极理论、松巴特的生长轴理论、弗里德曼的核心—边缘理论和戈特曼的巨型都市带理论。目前国外专门研究经济带发展的理论主要集中于区位经济和空间经济两个方面，而真正把空间引入经济学领域的是德国经济学家杜能创立的农业区位论和德国经济学家韦伯提出的工业区位论，克鲁格曼提出的中心—外围模型使产业布局充分考虑了空间对产业结构演变和布局的影响，但具体到某个经济带建设中的产业结构和产业空间布局问题研究相对较少。

国内关于经济带的研究相对较多，主要有苗杏文、姚建华等提出的新亚欧大陆桥经济带开发与开放战略，王晓玲的辽宁沿海经济带发展研究，对经济带建设中的产业结构与空间布局研究比较少，只有彭劲松在长江上游经济带产业结构调整与布局研究中做了较为详细的研究，其余大多数研究都集中于某一区域产业结构调整与产业布局的研究，如杨治等人的产业优化研究，魏后凯等人的产业关联研究，将产业结构与产业空间布局置于经济带建设背景下的研究相对较少，尤其是进行大范围跨区域甚至跨国界经济带建设背景下产业结构与空间布局的研究，仍然沿袭着西方的方式方法，还没有突破性的创新。

二　丝绸之路经济带相关理论研究

丝绸之路经济带的概念一经提出，受到了国际国内学者的广泛关注。现有研究主要集中于以下几大板块。

1. 丝绸之路经济带的内涵

丝绸之路经济带是在古代丝绸之路覆盖区域基础上形成的适应时代要求的新经济活动范围。丝绸之路经济带这一概念一经提出，学界对其内涵就有了不同解读。丝绸之路经济带虽然是在古丝绸之路上提出的概念，但它的内涵既不能简单等同于古丝绸之路，战略意义上更不是西方国家讲的"中国版马歇尔计划"。中国并不期望通过丝绸之路经济带构建一个排他性的区域合作组织，其与现有的区域经济合作机制不尽相同。李向阳在《"一带一路"：定位、内涵及需要优先处理的关系》一文中对其内涵做出权威解读：丝绸之路经济带继承了古丝绸之路的合作、共赢理念，以运输通道为纽带，以将基础建设作为核心的互联互通为基础，以多元化合作机制为特征，以打造利益共同体、责任共同体和命运共同体为目标，将众多国家和地区有机联系起来。

2. 丝绸之路经济带倡议与实施路径

"丝绸之路经济带"倡议具有长期性和稳定性的特点。杨恕教授建议丝绸之路建设至少要制订一个为期30年的计划，分期分段做部署。赵华胜、丁晓星认为构建丝绸之路经济带的合作应从模式、方式、项目等方面开展，并处理好与中亚地区及俄罗斯的关系。王保忠提出了"新丝绸之路经济带"一体化发展的路径。庞昌伟认为能源是合作的突破口。因此，我们认为丝绸之路经济带建设应分阶段逐步推进：短期来看，丝绸之路经济带建设以能源合作为突破，加强与中亚地区的商贸往来；长期来看，加强联通亚欧大陆的基础设施合作，推动丝绸之路经济带沿线国家经济一体化，构建"点轴面"的空间经济格局，完成丝绸之路经济带的全面建设。

3. 建设丝绸之路经济带的影响因素

海力古丽·尼牙孜认为人文合作是构建丝绸之路经济带的基础。杨恕认为中亚与中国西北地区的城市规模小，人口密度低，丝绸之路经济带内的铁路轨距不一致等是阻碍丝绸之路经济带中国西北段与中亚段合作的因素；并依据产业布局理论，从经济带、国家、节点三个层面分析了丝绸之路经济带的优势产业，提出了丝绸之路经济带产业空间布局的战略思路。丁兴安研究了中亚地区在丝绸之路经济带建设中起的作用，认为中亚的区位优势、资源禀赋是丝绸之路经济带建设的积极因素，薄弱的交通基础设施、激烈的地缘博弈不利于丝绸之路经济带建设。目前，丝绸之路经济带建设处于起步阶段，几乎所有的研究都只针对宏观层面。

三　产业结构调整相关理论研究

产业结构的演进趋势最早由英国经济学家威廉·配第提出，在配第的研究基础上，英国经济学家科林·克拉克以若干国家在不同时期劳动投入产出的变化为依据，验证了产业结构演变的规律，即配第—克拉克定理：随着经济发展和人均国民收入水平的提高，劳动力的演进趋势是先由第一产业向第二产业转移，然后再向第三产业转移。库兹涅茨的产业结构论把克拉克的"时间序列"转变为直接的"经济增长"概念，通过对大量历史经济资料的研究得出政府支出在GDP中的比重上升，个人消费比重则有下降趋势的结论。美国发展经济学家罗斯托的主导产业扩散效应理论和经济成长阶段理论提出为数不多的主导部门迅速扩展是经济增长保持的原因，而且这种迅速扩展又反作用于产业部门本身。哈佛大学教授霍利斯·钱纳里在《产业联系经济学》等著作中指出，在投入产出理论基础上，产业间存在着产业关联效应，进而将制造业的发展分为三个发展时期：经济发展初期、中期和后期。

产业结构调整的相关理论中，较著名的有大卫·李嘉图的比较优势理论、刘易斯的二元结构理论、赫希曼的不平衡增长理论、源于弗农等人的产品生命周期理论的产业结构梯度转移理论、罗斯托的主导部门理论和筱原三代平的两基准理论。李嘉图从劳动生产率差异的角度解释了国际贸易发生的原因：国际贸易的基础是生产技术的相对差别，而非绝对差别，以及由此产生的相对成本的差别。威廉·阿瑟·刘易斯在农业的边际劳动生产率为零或接近零、从农业部门转移出来的劳动力的工资水平由农业的人均产出水平决定、城市工业中的利润储蓄倾向高于农业收入中的储蓄倾向三大假设基础上提出了二元结构理论：发展中国家同时存在着自给自足的第一产业农业经济体系和城镇化、现代化的工业经济体系，在两个部门平衡的基础上，促使农业剩余劳动力向城市转移，使二元经济结构逐步消减，是发展中国家脱贫致富的唯一途径。由于资源的稀缺性，德国经济学家阿尔伯特·赫希曼提出在发展中国家，为了能最大限度地发挥行业促进经济增长的作用，要把有限的资源选择性地投入某些行业，其结果使经济增长产生不平衡性，即直接生产资本投资和社会资本的不平衡增长。

日本经济学家筱原三代平在《产业构成论》《现代产业论（产业构造）》等著作中提出了产业基准标准，包括"收入弹性基准"和"生产率上升基准"。收入弹性基准是指将收入弹性高的产业作为优先发展产业。这是因为这类产业具有广阔的市场，可以为其提供成长的空间。生产率上升基准是指选择优先发展生产率上升快、技术进步率高的产业作为受保护的产业，提高其在整个产业结构中的比重。本书的主要理论依据是大卫·李嘉图的比较优势理论、克拉克的产业结构趋变理论和库兹涅茨的产业结构梯度转移理论。

四 产业空间布局相关理论研究

产业空间布局最早可追溯到19世纪初创立的区位理论，以单个厂商区位选择为主要研究对象的区位理论，最早可追溯到德国经济学家杜能的研究，杜能最早注意到运输费用的影响，指出距离消费市场远近对农作物布局有重大影响。韦伯继承了杜能的思想，指出理想的工业区位是运距和运量最少的地点。廖什在详细考虑市场规模和市场需求结构对区位的影响基础上，提出了一套具有多种因素变动分析的动态区位模式。

古典区位理论之后，学界一直没有停止对产业空间布局的研究。增长极理论最初由法国经济学家佩鲁在1955年提出，增长极是主导工业部门高度联合的一组产业，其特点是有活力、成长性强。布代维尔在佩鲁的基础上，将增长极这一理念由经济空间扩展到地理空间，主张通过"最有效地规划配置增长极并通过其推进工业的机制"，来促进区域经济的发展。之后，马利士和萨伦巴提出的"点—轴理论"是增长极理论的延续与发展。中国科学院院士陆大道提出通过加强点之间交通联系，形成经济增长轴，强调重视交通干线的作用，这就是"点—轴系统"理论模型。1966年美国规划师弗里德提出的"核心—边缘扩散理论"认为核心区和边缘区构成了一个空间系统的整体，两个次系统相互吸引，相互依存。1998年著名企业经济学家迈克尔·波特教授发表了题为《企业集聚与新竞争经济学》的论文，主张发挥竞争优势，融入国际贸易体制，把产业集聚纳入竞争优势理论的分析框架，创立了产业集聚的新竞争理论。

对于区域内的产业布局，特别是从高收入国家向低收入国家进行产业转移，大体上有三种理论性的总结与丝绸之路经济带建设中的产业转移具有直接的联系。第一种是产品周期论。该理论由哈佛经济学家雷蒙·弗农在1966年提出。弗农以美国为例，强调国内竞争、出口、当地生产、再进口是一个产品生产的演进周期。产品周期论的核心假设是技术领先和创新性，认为技术有溢出效应，发展中国家逐渐培养出本国产品的生产能力与跨国公司的技术学习密不可分。第二种是英国跨国公司专家约翰·邓宁1981年总结出的投资发展路径理论，强调一个国家的国际直接投资状况和该国人均GNP之间具有关联性。邓宁认为，所有寻求发展的国家在外资流动方面都经历不吸引外资不直接投资、吸引大量外资少量对外直接投资、吸引的外资流量少于直接投资流量、吸引的外资存量少于直接对外投资存量、吸引外资和对外投资处于平衡状态等五个阶段。第三种是日本经济学家赤松要、小泽辉智的"雁型模式"理论，强调东南亚发展中国家要想迅速缩小与西方发达国家的差距，应将进口替代与出口导向战略有机结合，进口先进技术和设备，提高本国的技术水平和生产能力，优化产业结构，实现国内经济的崛起。

第三节 研究思路与研究方法

一 研究思路

本书立足于丝绸之路经济带建设的宏观背景，遵循发现问题、分析问题和解决问题的研究思路，从以下几个方面展开研究。第一，对已有的相关研究进行综述；第二，论证中国西北地区在丝绸之路经济带上的战略地位，进而分析丝绸之路经济带中亚段与中国东部段对中国西北段产业结构调整与产业空间布局的影响；第三，在定性与定量分析的基础上，提出丝绸之路经济带中国西北段产业结构调整与空间布局的基本原则和需要重点处理的若干关系，分析丝绸之路经济带三区段的优势产业和关联情况；第四，根据实证分析结果，结合产业结构调整和产业空间布局的相关理论，提出丝绸之路经济带建设中的西北段产业调整与空间布局的对策建议。

二 研究方法

本书运用经济学、地理学、计算机科学等多学科分析方法，从丝绸之路经济带建设的战略意义出发，在借鉴国外产业结构与产业空间布局理论的基础上，吸收国内经济带研究的成果，深入分析各个区段的经济发展状况与功能定位，运用产业关联度、产业趋同度分析和产业区位熵等实证方法分析三区段内部与区段之间的产业结构与产业关联情况，完善其理论研究不足，为丝绸之路经济带的崛起提供理论依据，并以此为基础，从全球产业链、经济带、国家和节点等层面提出丝绸之路经济带建设中的中国西北段产业结构调整和空间布局的战略构想与发展对策。

第四节 研究重点

本书的研究重点：

第一，将丝绸之路经济带根据其功能定位划分为中亚段、中国西北段、中国东部段三区段进行研究，并且从经济带、国家和节点三个层面进行产业空间布局设计，在此基础上分析和探索丝绸之路经济带（中国西北段）产业结构调整与产业空间布局对策。

第二，丝绸之路经济带建设是目前提出的一个新的倡议，将中国西北段的产业结构调整与产业空间布局放置于丝绸之路经济带新背景下进行分析，是目前研究西北地区产业布局与经济发展的新课题。

第三，区域之间产业关联实证分析。丝绸之路经济带三区段的产业结构状况与关联情况将决定中国西北段产业结构调整与空间布局的模式与策略，因此本书对三区段内部及区段之间的产业发展进行了产业关联度、产业趋同度和产业区位熵等实证分析，为中国西北段乃至整个经济带的产业结构调整与布局定位提供依据。

第四，中国西北段产业结构调整。在丝绸之路经济带三区段划分与产业现状分析的基础上，根据中国西北段产业的比较优势和竞争优势，结合中亚段和中国东部段产业特点，提出在丝绸之路经济带建设下进行产业结构调整与优化的对策建议，进而促进丝绸之路经济带和国内区域产业协同发展。

第五，在三区段产业空间布局现状分析的基础上，根据产业空间布局相关理论，以国内经济新常态和供给侧结构性改革为指引，从全球产业链、经济带、国内"四大板块"和"三大支撑带"、城市群与国家级新区等层面提出中国西北段产业空间布局的战略思路与路径选择。

第 二 章

产业结构调整与产业空间布局相关理论综述

"产业结构"的概念于20世纪40年代逐渐被用来分析经济问题,70年代之后,通过日本经济学家们的系统研究并补充完善,明确了产业结构的研究对象,即产业结构是国民经济各产业之间及产业内部各部门之间的比例关系。在市场经济体制下,西方产业结构理论现已成为指导各个国家产业发展和调整的主导理论。本书也将产业结构的演进理论和产业布局的区位理论作为研究的主要依据。

第一节 产业结构演进规律

一 配第—克拉克定律

英国古典经济学家威廉·配第在1690年出版的《政治算术》中,通过对英国、法国、荷兰等国经济结构及形成因素的对比研究,发现工业的增加值比农业要多,商业的增加值又比工业要多,同时,不同产业之间收益的差距会推动劳动力从收益低的部门向高的部门转移。英国经济学家克拉克在《经济发展条件》(1940)一书中以不同国家和地区为研究对象,研究了产业间投入产出的变动趋势，发现在经济发展过程中，就业结构有这样的演变规律："随着经济社会的不断发展所带来的资本、土地、劳动力、人力资本等禀赋改变促使就业开始向第一、第二、第三产业依次转移。"

二　库兹涅茨法则

库兹涅茨通过进一步研究发现：劳动力与国民收入在产业间分布存在着一定的变化规律。在1971年出版的《各国的经济增长》一书中，依据数十个国家的数据对各国产业结构进行分析，考察了国民生产总值和劳动力在三个产业间的分布。在该书中，他把产业结构划分为 A（Agriculture）、I（Industry）、S（Service）三次产业，研究表明，伴随着经济的发展和人均收入水平的提高，国民收入水平和劳动力的分布在 A、I、S 部门的变化是：A 下降，I 先上升后下降，S 先缓慢上升后加速上升。

三　霍夫曼定律

1931年，德国经济学家霍夫曼在《工业化的阶段和类型》中，对工业化的演进规律作出了开创性研究，特别对工业化进程中出现的重工业化问题进行了深入分析；并利用近20个国家和地区的时间序列数据，研究了"消费工业"和"资本资料工业"之间的比例关系，从而形成著名的"霍夫曼定律"，两者比例值就是霍夫曼系数。"霍夫曼定律"指出，霍夫曼系数随着工业化发展中的四个阶段而下降（见表2-1）。第一阶段，消费资料工业的生产处于主要地位；第二阶段，尽管消费资料工业的生产规模仍然远大于资本资料工业的生产规模，但就其发展趋势来说，资本资料工业的生产规模已经开始加速；第三阶段，二者的生产规模已经基本相当；第四阶段，资本资料工业的生产规模最终超过了消费资料工业的生产规模。

表 2-1　　　　　　　工业化不同发展阶段的霍夫曼系数

发展阶段	霍夫曼系数
第一阶段	5（±）1
第二阶段	2.5（±）1
第三阶段	1（±）0.5
第四阶段	1 以下

四　赤松要"雁型形态"理论

一个国家的经济发展需要有与内需、外贸有效结合的、全方位的产业结构，因此，产业结构演进的一个重要趋势就是与国际市场相适应。日本经济学家赤松要的"雁型形态"理论说明一个国家的产业发展应当与当时的国际市场紧密相连，做到产业结构的外向化。他认为，位于追赶阶段的发展中国家可以依次通过以下四个阶段来加速本国工业化进程：第一阶段，从研究开发新产品到国内需求市场初步形成；第二阶段，从国内市场需求饱和到发展产品出口，开拓国际市场；第三阶段，从外需市场初步形成到输出技术设备，实现当地生产与销售；第四阶段，国外生产能力已经形成，产品以更低的价格销售回国内，导致本国减少该产品生产规模，并且开始新产品的研发。

第二节　产业结构调整理论

国民经济中各个产业之间以及内部的经济、技术联系就是产业结构。产业结构调整，主要包括产业结构合理化和高级化两个层面，是经济结构调整的重要方面。

一 产业结构合理化

产业结构合理化是为了实现产业协调发展，并满足经济社会的需求增长，对不合理的产业进行结构理顺，变量调整，对产业进行配置调整和效率优化，最终达到供需平衡，实现产业之间及内部协调发展，提高整体的运行功能和质量。

产业结构合理化的判断标准。一是以是否符合钱纳里等人提出的"标准结构"为标准。将标准的产业结构作为依据，以此来判断产业结构在经济发展不同阶段是否达到合理化。二是以是否满足市场最终需求为标准。将产业结构和需求结构彼此是否适应作为判断标准。产业结构和需求结构的适应程度越高，则产业结构越合理，反之，则不合理。三是以产业之间比例是否平衡为标准。在经济发展过程中，各产业部门的发展速度是不同的，导致相互之间的比例也发生变化，出现结构不平衡。当这种不平衡达到一定程度时，就会出现发展过剩产业与瓶颈产业共同存在，进而严重制约整体经济的可持续发展水平。

产业结构合理化调整的机制。产业结构合理化调整机制主要包括市场机制和计划机制。市场机制是以供需为基础、价格为信号，使各种要素在产业间自由流动，通过尊重企业自主的产业政策，达到需求结构、资源配置的合理和高效。计划机制是政府从经济或社会稳定的总体目标出发，对特定产业、企业的资源配置进行干预，纵向指挥部门间要素流动。市场机制和计划机制各有优点和局限。市场机制比较准确、灵敏，但是事后调节、时滞较长；计划机制具有事前主动性，但误差较大。因此，世界各国大多结合两种机制对产业结构进行调整，一般以市场机制为基础，辅助以计划机制。

二 产业结构高级化

产业结构高级化指产业结构由低级状态向高级状态变化发展的

动态过程，主要有以下几个显著的特点：（1）优势产业向第三产业转移；（2）技术、资本集约；（3）高加工度、高附加值化；（4）工业结构软化性。

衡量产业结构高级化的方法有：（1）标准结构法。比较国家不同产业结构的平均高度，以达到确定产业结构高级程度的目的。美国经济学家库兹涅茨在研究产业结构演进规律时，针对经济发展阶段与产业结构的对应关系分别运用时间序列数据与横截面数据作了大量的计量分析，提出经济发展在不同阶段有相对应的"标准"的产业结构。根据对应的"标准"结构可以粗略判断一个国家在不同发展阶段中其产业结构高级化的程度。（2）相似性系数法。以某国家的产业结构作为参照标准，通过计算本国与参照国产业结构的相似性系数，得出本国产业结构高级化的程度。（3）高技术产业比重法。产业结构高级化是一个传统技术产业与高技术产业之间比重此消彼长的过程，通过比较高技术产业的产值等指标在全部产业中的比重，就能在某种程度上衡量产业结构高级化的程度。（4）软化度判断法。产业结构软化包含两个层面的含义：一是随着产业结构的演化，软产业（主要指第三产业）的比重不断上升；二是随着工业结构的高加工化、高技术化发展，整个产业结构中对管理、知识、技术等"软"生产要素的依赖性增强。可根据软化率指数计算产业结构的软化度，即软化率＝非物质投入／（非物质投入＋物质投入）或软化率＝（非物质投入＋工资费用）／生产额。（5）高加工度化判断法。随着产业结构不断升级，产业的加工度不断深化，附加值也随之提高，工业增长对原材料的依赖逐步下降。通常用加工工业产值占全部工业总产值或加工工业产值与原材料工业产值之比来衡量。

产业结构高级化的机制与动力。产业结构的高级化是以技术创新为根本动力，通过不同产业间优势地位的更替来体现的。首先，创新是技术进步和新产业产生的前提条件。从世界的产业发展史来看，正是不断出现的技术创新促使产业结构水平依次沿着农业主导、工业主导、信息主导的方向不断升级。其次，技术创新导致了生产方式改变和生产社会化程度的不断提升。在小手工生产时代，无论是农业还是工业都属于规模小并且分散的生产方式。技术不断创新使人类进入工业生产时代和信息经济时代，生产方式也同步转向社会化、规模化、开放化的发展方向。此时，以技术创新为代表的高效率部门比重不断增加，最后，在产业内部显示出持续的创新能力。

第三节　产业空间布局相关理论

一般来讲，产业布局是指产业在空间上的分布情况，是国家或地区的产业或生产力在一定区域范围内的分布组合。

产业布局的空间载体——区位（location）可以说是产业布局理论中最为基础的概念，而与之相对应的区位理论也就成为产业布局中最基本的理论。区位理论也被称为关于距离的经济学，其确定了各种经济活动在何处进行的原则，没有运输成本也就不会存在区位问题。

一　古典区位理论

德国经济学家冯·杜能在1826年发表的《孤立国农业同国民经济的关系》，开创了系统的农业布局区位理论，成为研究产业布局的理论先驱。杜能认为，农业经营的合理布局并不完全由自然条件决定，要充分考虑级差地租的作用。杜能重点考察了农产品价格、生产成本、运输成本利润等变量的经济关系，总结出农业土地的经营方式呈现出同心圆圈状的空间分布规律，后人形象地概括为

"杜能圈"模型。

19世纪末20世纪初，德国经济学家阿尔弗雷德·韦伯研究了由工业和贸易发展导致的区位转移，建立了全面系统的古典工业区位理论。在1909年出版的《工业区位论——区位的纯理论》中，他试图建立一个适用于任何工业部门和政治经济制度的具有普遍意义的工业区位"纯理论"。他以1861年以来的德国工业区为例，对国家人口、工业分布进行了综合分析。韦伯认为运费和劳动力费用、集聚因素是工业布局的决定性因素，合理的工业区位应位于三个区位费用最小的地方。

二 近代区位理论

（1）市场区位学派。1939年，德国经济学家奥古斯特·廖什发表了《经济的空间分析》，将市场与企业生产区位动态相结合，完成市场区位理论的系统性框架。他将克里斯塔勒的理论扩大，并应用于产业的市场区位领域，创造性地建立了以利润最大化为原则并将市场作为中心的工业区位论。

（2）成本—市场学派。1933年，瑞典著名经济学家俄林以区域间贸易为研究对象，运用H-O模型探讨一般区位论，强调运输对区域经济增长的重要性，开辟了西方区位理论的新领域。在此基础上，弗农进一步提出了产业生命周期理论。1954年，艾萨德出版了《区位与空间经济》一书，试图在前人研究基础上，用替代原则建立空间区域总体均衡的一般区位理论。

（3）地理区位学派。正如杜能的农业区位论和韦伯工业区位论分别占据着农业区位论和工业区位论的中心地位一样，中心地理论在商业服务区理论领域占有重要地位。德国地理学家克里斯塔勒在其著作《德国南部的中心地》（1933年）中，通过对德国南部空间结构特征的研究，系统地阐明了中心地的数量、规模和分布模式，建立了中心地理论。该理论将商业服务区的布局区位和中心城镇聚落地分布进行了探讨，进而推导出一定区域内中心地（或城镇）职能等级、数量和空间分布的系统理论，它也被叫作聚落区位或城市区位论。这一理论不仅成为产业布局理论中地理区位学派的主要理论，也成为商业服务区理论领域的核心理论，而且成为区域规划、城市规划中城镇体系布局的极具影响力的基本理论之一，在城镇居民点体系和交通网络的规划中得到广泛的应用。

三 现代区位理论

（1）增长极理论。增长极理论是由法国经济学家佩鲁在《发展极概念在经济活动一般理论中的新地位》（1950）中提出的，其基本思想是：增长通常从一点向外辐射，进而促使整个经济发生变化。佩鲁强调增长极的中心辐射作用，根据增长极理论，后发国家产业布局应注重培育增长极的形成，以政府扶持或招商引资等形式为主，根据具体情况有目的地选择其形成地域。在规模经济的作用下，以市场机制为基础，充分地释放了增长极的潜能，从而有效带动其邻近地区和周边地区协同发展。

（2）点轴开发理论。点轴理论就如同以石子击平静的湖面，泛起的波浪由中心向外围扩散，一直波及较远的地方。许多点形成了一条线，辐射区域也连成一片，从而形成网络状的空间组织形式。点即增长极，轴线即交通干线。该理论认为工业优势产业一般先在条件好的大中城市形成和发展（即区域的增长极，也是点轴开发理论中的点）。随着工业点的增多，必然会开发线路使之加强联系，即点轴理论中的"轴"。

（3）网络开发理论。该理论可以看作点轴理论的延伸。网络开发系统主要涉及三个要素：中心城市节点，带状源两侧的辐射面，劳动力、资本、技术等生产要素的流通网络,也包括信息网。该理论将研究范围从增长极的"点"、点轴理论的"线"扩展到了区域的"面"。

第三章

丝绸之路经济带三区段产业发展现状与空间布局

产业空间布局指产业在一国（或地区）范围内的空间分布和组合，其研究的是产业的空间分布规律，为产业的合理布局提供规划方案和政策。产业空间布局的总体目标是实现产业的合理布局和经济资源在空间上的有效配置，其根本目标是实现公平、效率、国家安全和生态平衡。公平要求缩小区域间的差距，而效率则是要求国民经济的高速增长。国家在制定产业布局目标时，必须二者兼顾，并且根据社会经济的具体情况确定其主次关系。中亚地区因其丰富的矿产资源适宜发展资源密集型产业。由于特殊的国情，我国东中西部地区的发展极不平衡，东部地区的产业水平较高，其主导产业为资本和技术密集型产业，而广大中西部地区则以劳动密集型产业为主体。

第一节 丝绸之路经济带中亚段产业发展现状与空间布局

随着世界经济的复苏和一体化进程的加快，中亚地区借助同其他地区间的经贸合作来优化自身的产业发展方式，尤其是随着"一带一路"倡议的推动，中亚地区作为连通亚太地区和欧洲国家的必经之路，在国际能源和原材料合作方面取得了有利地位。同时，中亚地区也在不断深化经济体制改革、加强基础设施建设、扩大内需，总体上呈现良好的经济发展势头。

一 丝绸之路经济带中亚段经济环境

1. 丝绸之路经济带中亚段经济发展现状

经济力量逐渐薄弱的苏联政体自1991年底解体后分割为15个国家，其中包括中亚五国。苏联的解体阻碍了原苏联地区，特别是中亚地区经济的发展，主要体现为经济中断、商品稀缺、物价飞涨、通货膨胀严重、人民生活水平大幅度下降等。1993年中亚五国GDP增长率均为负数，排名也都在世界90名后；同年哈萨克斯坦通胀率达到1662.3%，塔吉克斯坦达到2600.8%，土库曼斯坦甚至达到3102.4%。随着政治局势的逐步稳定，政府也将工作重心转移到经济发展上来，尤以哈萨克斯坦、土库曼斯坦和乌兹别克斯坦发展最快。乌兹别克斯坦于2001年、哈萨克斯坦于2002年经济恢复到了苏联解体前的水平，吉尔吉斯斯坦和塔吉克斯坦发展则较为缓慢。2008年美国次贷危机引发的全球性经济危机，使得中亚国家经济受到影响。（见表3-1、表3-2）

表3-1 2003—2013年中亚五国经济发展状况（1）

单位：亿美元，美元，%

国家	哈萨克斯坦			吉尔吉斯斯坦			乌兹别克斯坦		
年份	GDP	人均GDP	GDP增速	GDP	人均GDP	GDP增速	GDP	人均GDP	GDP增速
2003	308.34	2068.12	9.3	19.19	380.51	7.03	101.28	396.13	4.2
2004	431.52	2874.29	9.6	22.12	433.24	7.03	120.3	465.12	7.7

续表

国家	哈萨克斯坦			吉尔吉斯斯坦			乌兹别克斯坦		
年份	GDP	人均GDP	GDP增速	GDP	人均GDP	GDP增速	GDP	人均GDP	GDP增速
2005	571.24	3771.28	9.7	24.6	476.55	-0.18	143.08	546.78	7
2006	810.04	5291.58	10.7	28.34	543.11	3.1	173.31	654.28	7.3
2007	1048.5	6771.41	8.9	38.03	721.77	8.54	223.11	830.41	9.92
2008	1334.42	8513.56	3.3	51.4	966.39	8.4	295.49	1082.29	9
2009	1153.09	7165.28	1.2	46.9	871.22	2.89	336.89	1213.27	8.1
2010	1480.47	9070.65	7.3	47.94	880.04	-0.47	393.33	1377.08	8.5
2011	1926.27	11634.42	7.4	61.98	1123.88	5.96	459.15	1564.97	8.3
2012	2079.99	12387.19	4.8	66.05	1177.97	-0.09	518.22	1740.47	8.2
2013	2366.35	13890.86	6	73.35	1282.44	10.92	576.9	1907.55	8

表3-2　　　　2003—2013年中亚五国经济发展状况（2）

单位：亿美元，美元，%

国家	塔吉克斯坦			土库曼斯坦		
年份	GDP	人均GDP	GDP增速	GDP	人均GDP	GDP增速
2003	15.54	237.89	11	59.77	1286.01	3.27
2004	20.76	311.42	10.3	68.38	1455.94	5
2005	23.12	339.76	6.7	81.04	1706.96	13.04
2006	28.3	407.25	7	102.78	2140.46	10.97
2007	37.19	523.95	7.8	126.64	2606.74	11.06
2008	51.61	711.51	7.9	192.72	3918.93	14.7
2009	49.79	671.55	3.8	202.14	4059.96	6.1
2010	56.42	744.18	6.5	225.83	4479.01	9.2
2011	65.23	841.22	7.4	292.33	5724.54	14.7
2012	76.33	962.44	7.5	351.64	6797.72	11.1
2013	85.07	1048.67	7.4	391.98	7480.32	10.2

资料来源：据国际货币基金组织（IMF）历年数据资料整理。

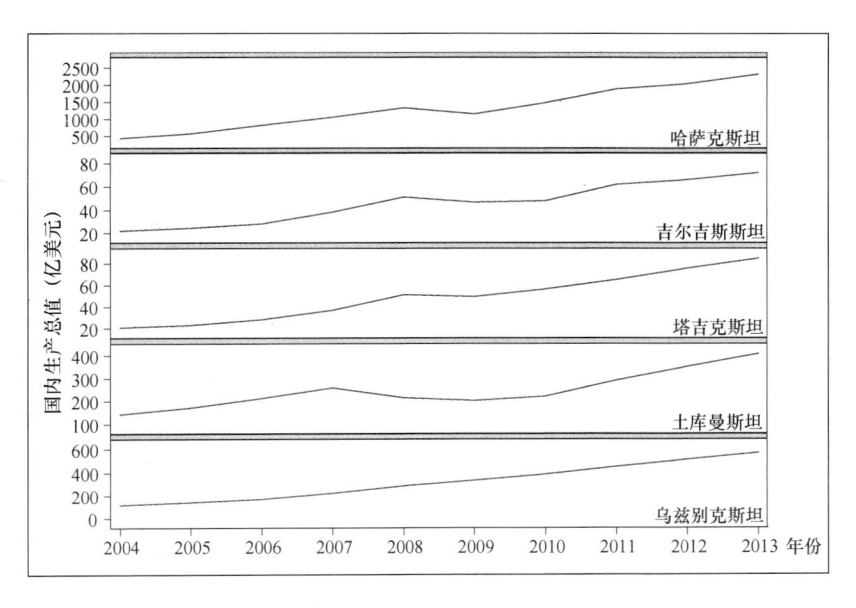

图 3-1　中亚五国 2004—2013 年 GDP 变化情况

2013 年中亚五国经济发展保持了稳定的增长速度（如图 3-1），GDP 增长率均超过世界平均水平（3.1%）和独联体平均水平（2.0%）。吉尔吉斯斯坦和乌兹别克斯坦增幅较高，实现两位数的增长。哈萨克斯坦以 2366.34 亿美元的国内生产总值迈入世界前 50，居第 46 位；乌兹别克斯坦和土库曼斯坦以 576.90 亿美元和 391.97 亿美元的国内生产总值位居世界第 72 和 86 位；塔吉克斯坦和吉尔吉斯斯坦的国内生产总值也在稳步上升，分别以 85.06 亿美元和 73.35 亿美元位于世界第 136 和 138 位。从另一个角度来看，哈萨克斯坦人口约为中亚其他四国总人口的 1/3，但其国内生产总值却是中亚其他四个国家 GDP 总和的 2 倍，更是吉尔吉斯斯坦 32 倍之多。此外，2009 年因全球性经济危机影响，除乌兹别克斯坦外中亚四国经济增长率均有明显回落。这些数据表明，中亚五国在 20 多年间经济取得了良好增长，但地区经济发展不平衡、经济差距进一步扩大、经济易受外界环境影响、应对风险机制尚不健全也是该地区经济发展的显著特征。

2. 丝绸之路经济带中亚段各国经济发展政策

中亚国家独立后，用了七年时间，建立了各自的金融体系，发行了本国货币，经济体制由计划经济向市场经济转变，政府开始利用经济杠杆实现对经济的宏观调控。哈萨克斯坦就未来经济发展趋势编写了《哈萨克斯坦——2020发展战略规划》，土库曼斯坦也颁布了《2012—2016年国家社会经济发展规划》和《2011—2030年社会经济发展纲要》。20多年来，各国有计划、有步骤地推动私有化的进程，乌兹别克斯坦出台了《小企业与私营企业年计划》，塔吉克斯坦也先后颁布了《关于塔吉克斯坦共和国私有财产非国有化和私有化法》和《关于国家财产私有化法》的法律法规。就未来工业发展情况，哈萨克斯坦提出了《2010—2014年加速工业创新发展国家纲要》《工业路线图计划》和《2020年提高生产率规划》等规划。此外，中亚地区的哈萨克斯坦、吉尔吉斯斯坦、塔吉克斯坦和乌兹别克斯坦也相继加入了欧亚经济共同体、独联体集体安全条约组织和上海合作组织，增进了地区间的经济联系。

二 丝绸之路经济带中亚段产业发展现状

苏联时期，中亚地区就是重要的能源和原材料产地。独立后，随着经济的快速发展，这些产业已逐步发展成为支撑中亚各国经济发展的支柱产业。其中，哈萨克斯坦、土库曼斯坦和乌兹别克斯坦能源产量相对丰富，开采量也不断扩大，实现了由农业国向工业—农业国的转变；但是，吉尔吉斯斯坦和塔吉克斯坦经济规模小、发展速度缓慢，至今仍是以发展农业和畜牧业为主。

1. 丝绸之路经济带中亚段第一产业发展现状

中亚五国地处内陆，受海洋的影响较小，属于典型的大陆型气候，这就决定了中亚地区适宜发展灌溉农业。另外，辽阔的土地面积以及温和的气候，也使中亚地区适宜发展畜牧业（见表3-3）。

表3-3　　　　　　　　中亚五国2013年土地使用情况

国家	国土面积（万公顷）	农用地面积（万公顷）	耕地面积（万公顷）
哈萨克斯坦	27249.02	21699.41	2939.47
吉尔吉斯斯坦	1999.49	1058.58	127.60
塔吉克斯坦	1425.50	487.50	86.00
乌兹别克斯坦	4474.00	2677.00	440.00
土库曼斯坦	4481.00	3383.80	194.00

资料来源：据世界银行数据库整理。

中亚五国土地面积辽阔，土地面积达39629.01万公顷，农用地面积达29306.29万公顷，约占土地面积的74%，耕地面积有3787.07万公顷，仅占农用地面积的13%。其中，哈萨克斯坦国土面积最大，农用地面积和耕地面积也最大，其次是土库曼斯坦和乌兹别克斯坦，这三个国家肩负着中亚地区农业发展的重任。

中亚五国农作物产量稳定增长。2012年由于气候因素，哈萨克斯坦农业总产值大幅度减少，比上一年降低了6.9亿美元（见表3-4）。2013年情况都有所改观，五国谷物产量均有增长，如哈萨克斯坦2013年谷物产量增加了5562071吨，乌兹别克斯坦增加了248500吨，吉尔吉斯斯坦增加了371245吨。自苏联解体后，哈萨克斯坦农业产值占GDP的比重由1992年的26.7%下降到5.0%，以农业发展为主的吉尔吉斯斯坦由39.0%下降到17.7%，但是塔吉克斯坦农业产值占GDP的比重仍保持在27.4%左右。

表 3-4　　2003—2013 年中亚五国农业总产值及同比增长率

单位：亿美元，%

国别/年份	2003		2008		2011		2012		2013	
	总产值	同比	总产值	同比	总产值	同比	总产值	同比	总产值	同比
哈萨克斯坦	24.2	102.2	70.9	93.8	96.1	126.5	89.2	82.6	106.6	110.8
吉尔吉斯斯坦	6.5	103.2	12.1	100.9	10.3	101.8	11.0	101.2	11.0	102.9
塔吉克斯坦	3.8	110.4	10.3	107.8	15.5	107.9	17.8	110.4	20.3	107.6
土库曼斯坦	11.4	100.1	23.3	—	40.3	—	49.5	—	—	—
乌兹别克斯坦	30.0	106.8	54.1	104.5	79.8	106.6	89.3	107.0	100.0	106.8

资料来源：据世界银行数据库整理。

畜牧业是中亚国家第一产业的重要组成部分，中亚各国拥有多年牲畜改良育种的经验，培育了知名的阿哈捷金马、新吉尔吉斯马、白头牛、阿拉套种牛、埃基里巴耶夫绵羊、卡拉库尔羊等优良畜种。2013 年塔吉克斯坦、土库曼斯坦和乌兹别克斯坦畜牧业生产指数达到 130 以上。吉尔吉斯斯坦畜牧业生产指数为 105，占该国农业产值的 47.5%，就本国而言，发展态势良好，其中禽畜肉产量 35.5 万吨，牛奶产量 140.8 万吨，鸡蛋产量 4.2 亿枚，羊毛产量 1.16 万吨，较 2012 年而言均有增加。

2. 丝绸之路经济带中亚段第二产业发展现状①

工业尤其是制造业在中亚地区所占比重相对较高，是推动该地区实现经济跨越发展的原动力。

（1）工业

中亚大部分国家以发展工业特别是资源密集型重工业为主。2013 年，土库曼斯坦工业增加值占该国 GDP 的 50% 左右，哈萨克斯坦工业增加值占 GDP 的 36.9%，塔吉克斯坦工业增加值占 GDP 的比重低于农业，仅有 21.7%。

---

① 因数据原因，第一产业以农业和畜牧业，第二产业以重工业制造业为研究对象。

对比 2013 年与 2003 年工业增加值可以看出，近 10 年中亚国家工业持续快速增长，工业发展已取得一定成就。但是，中亚五国之间工业发展差距过大，工业发展不稳定（尤其是吉尔吉斯斯坦和塔吉克斯坦）仍是该地区工业发展的问题。

表 3-5　　2003—2013 年中亚五国工业增加值及同比增长率

单位：亿美元，%

国家 年份	土库曼斯坦		吉尔吉斯斯坦		哈萨克斯坦		塔吉克斯坦		乌兹别克斯坦	
	工业增加值	增长率	工业增加值	增长率	工业增加值	增长率	工业增加值	增长率	工业增加值	增长率
2003	23.24	16.2	3.88	12.73	108.15	9.23	5.2	9.34	20.55	3.18
2004	25.9	25.8	4.8	3.05	152.55	11.25	6.54	2.8	26.83	5
2005	30.04	21.8	4.91	-9.85	214.95	10.67	6.4	6.78	29.62	4.97
2006	36.78	29.7	4.98	-7.05	318.29	13.36	7.81	4.31	46.51	7.46
2007	47.76	—	6.34	10.3	395.61	7.98	9.91	-7.67	59.93	8.31
2008	116.68	—	10.5	13.95	537.11	2.54	12.78	-7.12	85.89	8.29
2009	123.13	—	11.09	-0.32	443.15	1.51	12.28	-7.11	102.26	32.98
2010	133.54	—	12.59	2.53	601.11	7.8	14.12	-2.41	119.26	8.09
2011	192.56	—	17.01	6.96	717.84	3.52	12.85	5.78	137.94	8.48
2012	234.12	—	14.7	-11.71	755.09	1.81	15.07	7.7	156.77	11.47
2013	248.62	—	18.22	30.53	797.43	3.1	16.08	8.82	176.06	8.02

资料来源：据世界银行数据库整理。

近年来，中亚国家能源产量和用电量也逐步上升，除 2008 年受金融危机的影响吉尔吉斯斯坦和塔吉克斯坦在能源产量上有所回落外，其他国家均以较快的态势攀升。2013 年哈萨克斯坦工业生产增长速度不仅好于政府预期，并且已恢复到经济危机前增长水平。加工工业年增长率达到 18.4%，矿产品中铁矿开采、天然气开采、煤炭开采均有增加，但是有色金属开采量略有降低。吉尔吉斯斯坦加工业同比增长了 34.3%, 但是能源业和采矿业分别下降了 1.7% 和 4.6%。塔吉克斯坦工业有升有降, 铝锭产量减少 20.6%, 煤炭开采量增加 25%。

(2) 制造业

10 年间中亚国家制造业也稳步提升, 各个国家都以较为稳定的速度增长。吉尔吉斯斯坦制造业增加值占 GDP 比重达 15.6%, 其他国家制造业增加值占 GDP 比重在 10% 左右。吉尔吉斯斯坦化学品占制造业增加值的 0.5%, 食品、饮料和烟草占制造业增加值的 14.3%, 机械和运输设备占 1.4%, 纺织品和服装行业占 4.1%。乌兹别克斯坦在汽车制造业方面同比增长了 21.8%; 土库曼斯坦纺织业同比增长了 9%。

3. 丝绸之路经济带中亚段第三产业发展现状

中亚国家都十分重视第三产业的发展, 以期提升居民生活水平, 近 10 年来五国第三产业增长速度均达到 8%, 其中哈萨克斯坦第三产业增加值 10 年来翻了三番, 中亚五国第三产业占 GDP 的比重大都在 50% 以上, 哈萨克斯坦甚至达到 58.2%, 只有土库曼斯坦第三产业占比较低, 仅有 37%。(见表 3-6)

表 3-6　　2003—2013 年中亚五国第三产业增加值和年增长率

单位: 亿美元, %

国家	土库曼斯坦		吉尔吉斯斯坦		哈萨克斯坦		塔吉克斯坦		乌兹别克斯坦	
年份	服务增加值	增长率	服务增加值	增长率	服务增加值	增长率	服务增加值	增长率	服务增加值	增长率
2003	21.65	24.90	7.07	10.27	155.02	10.55	4.92	13.55	37.93	3.26
2004	26.12	18.60	8.47	13.81	222.26	9.74	7.94	15.21	44.73	7.48
2005	34.80	13.60	10.02	10.43	284.70	8.84	9.16	10.88	62.50	8.01
2006	46.87	7.90	11.70	9.07	393.91	9.10	11.21	10.93	65.79	9.51
2007	53.56	—	16.33	15.91	518.51	9.43	15.39	23.58	88.71	13.92

续表

国家	土库曼斯坦		吉尔吉斯斯坦		哈萨克斯坦		塔吉克斯坦		乌兹别克斯坦	
年份	服务增加值	增长率	服务增加值	增长率	服务增加值	增长率	服务增加值	增长率	服务增加值	增长率
2008	52.45	—	22.08	14.14	632.84	5.06	22.07	18.75	122.20	12.47
2009	54.58	—	21.85	0.54	586.02	0.39	22.76	6.27	139.36	-1.88
2010	63.56	—	22.07	0.52	733.43	9.58	24.89	10.70	167.25	10.41
2011	—	—	27.86	9.38	941.73	9.00	28.75	7.83	199.79	9.69
2012	—	—	31.68	2.65	1068.90	10.40	34.05	5.83	181.58	7.31
2013	—	—	34.19	12.28	1258.41	6.90	37.59	5.30	252.95	8.97

资料来源：据世界银行数据库整理。

2013年哈萨克斯坦交通服务业占第三产业比重达到23.5%，旅游服务比重为14.2%，公共医疗卫生服务为5.2%；吉尔吉斯斯坦交通服务和旅游服务占第三产业比重相对较高，分别为48.9%和31.6%；而塔吉克斯坦第三产业侧重于交通服务业，达到73.7%。

作为丝绸之路经济带的重要桥梁和欧亚大陆的衔接地带，中亚国家发挥着承东启西的作用，促进了欧亚经济一体化和政治文化的交流。因此，该地区交通运输能力发展迅速。哈萨克斯坦作为亚欧大陆第二大陆桥的咽喉地带，交通运输作用更加明显。2013年哈萨克斯坦铁路货运量是中亚其他四国的6倍多，铁路网络覆盖较广，航空运输量达到66108人次。吉尔吉斯斯坦航空运输量仅低于哈萨克斯坦和乌兹别克斯坦，达到12189人次（见表3-7）。随着丝绸之路经济带的推进，中亚地区交通运输等方面作用日益重要，现有的铁路、公路、航空能力不能满足发展需要，这也是我国与中亚各国在公路、铁路、航空等基础建设领域进一步合作的客观基础。

表 3 – 7　　　　　2003—2013 年中亚五国铁路运输发展状况

单位：百万吨/公里，百万乘客/公里

国家 年份	土库曼斯坦		吉尔吉斯斯坦		乌兹别克斯坦		哈萨克斯坦		塔吉克斯坦	
	铁路客运量	铁路货运量	铁路客运量	铁路货运量	铁路客运量	铁路货运量	铁路客运量	铁路货运量	铁路客运量	铁路货运量
2003	—	—	—	—	—	—	10686	147672	—	1087
2004	—	—	—	—	—	18428	11818	163420	—	1117
2005	1286	8670	—	—	2012	18007	12129	171855	50	—
2006	1286	8670	45	715	2012	18007	13613	191189	50	1220
2007	1435	10441	60	752	2339	19281	13613	191189	—	1274
2008	1570	10973	60	849	2264	21594	14450	214907	53	1274
2009	1685	11547	106	745	2832	24238	14860	197302	45	1282
2010	1811	11992	99	738	2905	22282	15448	213174	33	808
2011	1811	11992	83	798	3025	22482	16595	223584	32	703
2012	1811	11992	76	923	3025	22482	18498	235846	24	555
2013	1811	11992	76	923	3025	22482	18498	235846	24	555

资料来源：据世界银行数据库整理。

4. 丝绸之路经济带中亚段外贸投资发展现状

（1）投资

在苏联时期的计划经济体制下，各个成员国必须要向中央申请，得到批准后才可吸收外资。苏联解体后，各独联体国家意识到开放的重要性，实行全面的开放政策。美国是最早与哈萨克斯坦建立投资关系并勘探开采石油的国家。独立后，中亚国家吸收的外商直接投资逐年上升。受 2008 年经济危机和欧债危机影响，除去土库曼斯坦和乌兹别克斯坦以外，该地区其他国家接受外国直接投资规模都出现很明显的滑落。2010 年中亚五国总吸收外资净流入与 2009 年相比减少 66 亿美元，2013 年比 2012 年减少了约 28 亿美元（见表 3 – 8）。

表3-8　　2003—2013年中亚五国外商直接投资净流入及占GDP百分比　　单位：亿美元，%

国家 年份	土库曼斯坦		吉尔吉斯斯坦		乌兹别克斯坦		哈萨克斯坦		塔吉克斯坦	
	外国直接投资净流入	占GDP百分比	外国直接投资净流入	占GDP百分比	外国直接投资净流入	占GDP百分比	外国直接投资净流入	占GDP百分比	外国直接投资净流入	占GDP百分比
2003	2.26	3.78	0.46	2.37	0.83	0.82	24.83	8.05	0.32	2.04
2004	3.54	5.17	1.75	7.93	1.77	1.47	56.15	13.01	2.72	13.1
2005	4.18	5.16	0.43	1.73	1.92	1.34	25.46	4.46	0.54	2.36
2006	7.31	7.11	1.82	6.42	1.74	1.00	76.11	9.4	3.39	11.96
2007	8.56	6.76	2.08	5.47	7.05	3.16	119.73	11.42	3.6	9.68
2008	12.77	6.63	3.77	7.33	7.11	2.41	168.19	12.6	3.76	7.28
2009	45.53	22.52	1.89	4.04	8.42	2.5	142.76	12.38	0.16	0.32
2010	36.32	16.08	4.02	8.39	16.36	4.16	74.56	5.04	0.79	1.41
2011	33.91	11.6	7.01	11.32	16.35	3.56	137.6	7.14	1.61	2.47
2012	31.3	8.9	3.24	4.91	5.63	1.09	136.48	6.56	2.39	3.14
2013	37.32	9.52	6.4	8.73	6.29	1.09	100.11	4.23	1.25	1.48

资料来源：据世界银行数据库整理。

目前，外商在中亚境内投资的主要行业是地质勘探勘测、采掘业、不动产租赁和服务。而农业方面的投入几乎是空白，这使得农业成为中亚国家经济发展中最薄弱的环节，不利于中亚地区的持续发展和人民生活水平的提高。

（2）进出口

独立以后，中亚国家走向了国际市场，实行全方位的对外开放政策，与世界其他国家建立了友好的贸易往来，成为自由开放的国家。

2013年除乌兹别克斯坦和吉尔吉斯斯坦出口比例上升外，其他国家进出口比例均有所下降，并且，仅有哈萨克斯坦是贸易顺差，其他四国都为贸易逆差，土库曼斯坦进口比例甚至是其出口比例的两倍（见图3-2）。

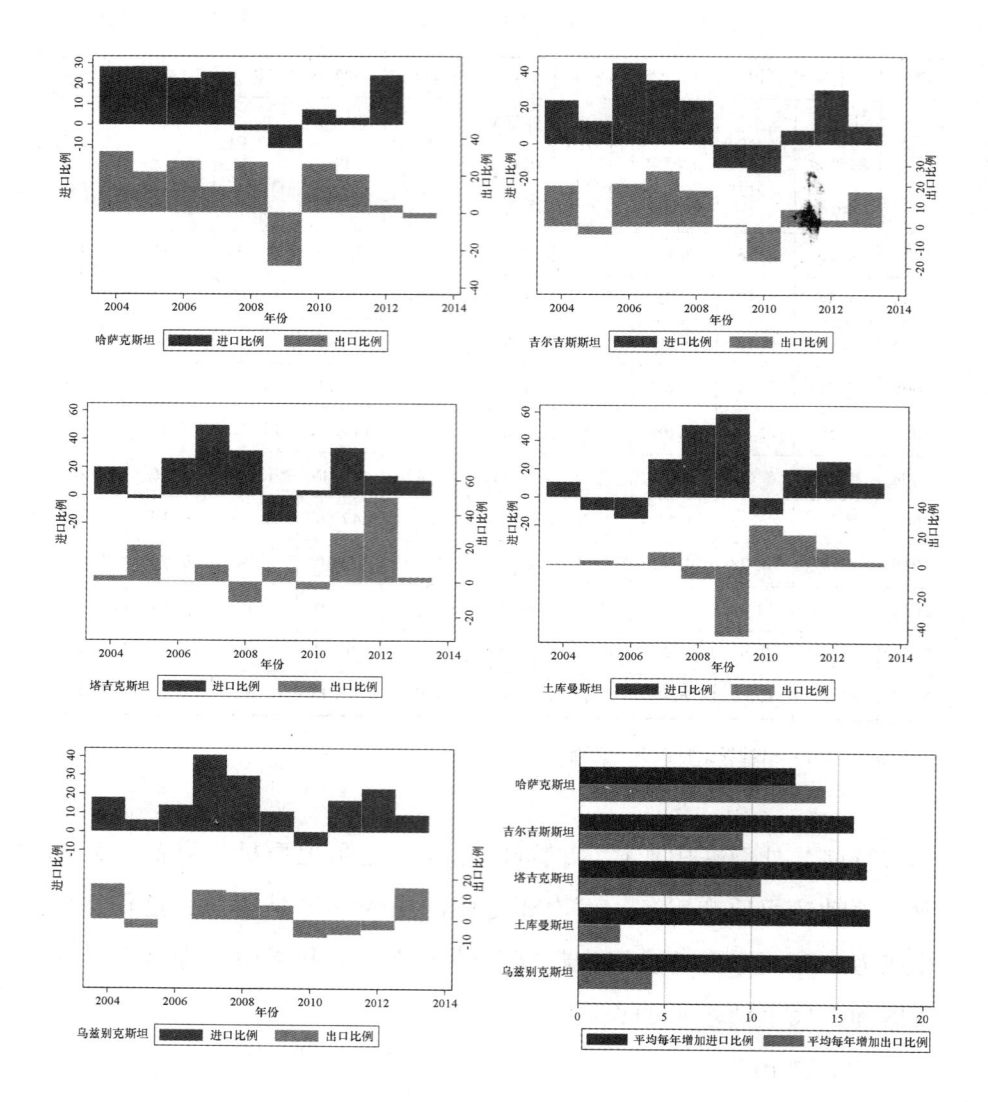

图3-2 中亚五国2004—2013年进出口逐年变化比例及年平均增长率

哈萨克斯坦商品进出口情况明显优于其他四国（见表3-9）。据统计，哈萨克斯坦已与116个国家建立了外交关系，与180多个国家有贸易往来，截至2013年，哈萨克斯坦来自高收入经济体的商品进口占总商品进口额的60.8%,其中进口比例最高的产业为制造业,高达77.6%;向高收入经济体的商品出口占总商品出口额的60.3%,其中出口比例最高的是燃料,达到76.2%。吉尔吉斯斯坦进口比例最高的是制造业,出口比例最高的是制造业、食品和燃料。中亚国家建立的贸易伙伴中,贸易额最大的国家是俄罗斯、中国、意大利、瑞士和法国。

表3-9　　　　2003—2013年中亚五国商品进出口情况　　　单位:亿美元

国别/年份	2003		2008		2011		2012		2013	
	进口	出口	进口	出口	进口	出口	进口	出口	进口	出口
哈萨克斯坦	84.1	129.3	378.9	711.7	369.1	843.4	463.6	864.5	488.7	825.1
吉尔吉斯斯坦	7.2	5.8	40.7	18.6	42.6	19.8	53.7	18.9	60.7	17.9
塔吉克斯坦	8.8	8.0	32.7	14.1	32.1	12.6	37.8	13.6	41.4	11.6
土库曼斯坦	21.2	28.5	56.0	119.4	76.0	130.1	99.0	165.0	100.0	180.0
乌兹别克斯坦	24.3	25.1	92.8	103.0	104.7	132.5	120.3	112.1	130.0	126.4

资料来源:据世界银行数据库整理。

三　丝绸之路经济带中亚段产业空间布局

1. 丝绸之路经济带中亚段第一产业空间布局

耕地丰富、地广人稀是中亚五国的地理特点,其人均耕地面积是我国的6倍,土地资源最多的哈萨克斯坦,其境内有耕地2270万公顷,人均耕地面积1147公顷,是我国的16倍。中亚国家人口密度为0.147人/平方公里,仅为我国的1/10。这些特点使得中亚国家在生产土地密集型农产品上具有明显比较优势。

中亚地区是典型的大陆干旱气候,平均年降水量160—700毫米,水资源紧缺且分布不均。其中,地处两河上游的塔吉克斯坦和吉尔吉斯斯坦享有极其丰富的地表水资源,水资源拥有量超过了整个中亚地区的 2/3。塔吉克斯坦人均水资源拥有量甚至居世界第 2 位。中亚地区灌溉农业面积较小，农业生产原始粗放，拥有节水灌溉器具耕地比例最低的是哈萨克斯坦，仅为 1.32%，而最高的乌兹别克斯坦也只有 10.06%。

由于气候、环境等因素的共性约束，中亚五国第一产业生产皆以种植业和畜牧业为主。玉米、小麦、水稻是该地区最重要的粮食、饲料来源。其中世界第五大小麦出口国哈萨克斯坦年产小麦 1500 万吨以上。

种植业作物以油料作物和经济作物为主。乌兹别克斯坦是在短缺蔬菜、水果的中亚地区唯一有能力向周边地区提供蔬菜和水果的国家。中亚五国的油料生产基本不能自给，依赖国外进口。棉花是中亚最主要的经济作物和支柱产业，以长绒棉和中绒陆地棉为主要出口产品的乌兹别克斯坦是世界最大的产棉和出口国之一，年产皮棉超过 100 万吨。此外，经济作物还有甜菜和烟叶。畜牧业以养羊、养牛、养马为主，养蚕和养禽也占有一定的比例，为人们的日常生活提供肉、皮毛和鲜奶。

中亚五国第一产业发展较为粗放，第一产业整体现代化水平不高，生产力较低，农业与畜牧业人口占总人口比重较大。粗放型的经营严重影响农业布局，造成农业生产效率低，技术水平低下，也造成了水力资源、人力资源、物力资源和财力资源的浪费。中亚国家第一产业发展现状使得我国与中亚各国在农业生产、资源等各领域存在优势互补，为农业技术开发领域开展合作提供了客观基础。

2. 丝绸之路经济带中亚段第二产业空间布局

中亚五国矿产资源丰富，是典型的资源型国家。哈萨克斯坦矿产品种丰富，煤炭的探明储量为 1624 亿吨。大型煤田资源分布在埃基巴、图尔盖、伊犁河等地。铁、锰、铜、钾盐、铅、锌、铬、重金石等矿产资源储量仅次于南非、津巴布韦。汞、锑在吉尔吉斯斯坦储量可观。铜矿、铅锌矿、钼矿、钨矿是乌兹别克斯坦主要矿产资源。天然气储藏地希瓦及哈拉、石油储藏地费尔干纳是中亚丰富能源、资源的代表。土库曼斯坦和哈萨克斯坦拥有中亚最丰富的石油、天然气储量。塔吉克斯坦和吉尔吉斯斯坦的水电资源相当丰饶，其中，塔吉克斯坦拥有6400万千瓦水电资源。近年来，受气候因素影响，能源开发有所转变，中亚地区工业发展从传统型能源逐步向可再生能源领域转变，如风能、太阳能等。

中亚国家在轻纺工业方面也卓有成效，尤其是棉花深加工方面，各国加工产量甚至达到50%以上；另外，凭借发达的畜牧业，中亚国家在毛衣、羊绒衫、鞣革等方面也取得显著的发展。但是，在机械制造，如汽车及其零配件、加工机械、家用电器等方面和食品加工方面还十分薄弱。

中亚地区工业发展较为相似，都以能源和矿产资源开发为主，制造业方面也以轻纺工业为主。但是工业就业人数与农业相比过少，轻重工业比例不协调，工业发展模式也较为传统，新兴产业投资力度薄弱，再生能源的利用程度不高，这些因素都影响了工业产业的合理布局。

由于中亚是世界重要的棉花产地，中亚国家在纺织工业方面也发展良好，尤其是棉花深加工等方面；此外，凭借发达的畜牧业，中亚国家在羊绒、羊毛、鞣革等方面优势显著。

丰富的自然资源使得中亚国家在解体前成为整个苏联生产的原料基地，这直接导致了独立后的中亚各国仅以能源、资源密集型产业为工业支柱，经济结构脆弱单一。中亚各国支柱产业主要以资源密集型工业产业为主。其产业空间分布主要受自然资源空间分布的影响。哈萨克斯坦主要以石油天然气的开采加工、金属开采和冶炼为主导产业；乌兹别克斯坦以石油天然气开发、铀矿开采、黄金等有色金属的开采和冶炼为优势产业；吉尔吉斯斯坦的支柱产业为有色金属的冶炼、电力工业和食品加工工业；塔吉克斯坦以铝锭的生产和加工（非本地原材料）、棉花深加工、食品加工为主；土库曼斯坦的优势产业则主要集中在石油天然气的开采加工、棉纺织等产业上。

3. 丝绸之路经济带中亚段第三产业空间布局

近年来，中亚各国重视发展第三产业，除土库曼斯坦外，其他四国第三产业比重均超过 GDP 一半以上。第三产业的主导产业主要以交通运输和旅游业为主，这也是由中亚五国独特的区位优势和自然、人文资源决定的。

（1）丝绸之路经济带中亚段各国的区位优势

哈萨克斯坦横跨欧亚，是世界上最大的内陆国家。西濒里海，东边接壤中国，俄罗斯在其北面，土库曼斯坦、乌兹别克斯坦、吉尔吉斯斯坦三个中亚国家位于其南面，区位优势明显，交通便利，是中亚五国经济水平最高的国家。凭借着区位优势，其第一大城市阿拉木图在机械、金融等领域发展势头迅猛。以铁路运输和公路交通为主的哈萨克斯坦公路网仅次于俄罗斯，在独联体地区居第二位。

吉尔吉斯斯坦地处欧亚大陆腹地，北边与哈萨克斯坦相接，西连乌兹别克斯坦，西南接塔吉克斯坦，东边紧邻中国，是中亚地区的交通枢纽。比什凯克是吉尔吉斯斯坦的首都和最大城市。吉尔吉斯斯坦的主干公路有八条，连接了吉境内各州首府和主要城镇。除了便捷的铁路、公路交通网，吉尔吉斯斯坦的航空业发展更为迅速，比什凯克与全球50多个城市有直通航线。

乌兹别克斯坦位于中亚中部，以首都塔什干为中心的东南部在航空制造、金属提炼、轻工业等领域发展势头迅猛。塔什干是中亚地区人口最多的城市，也是独联体地区第四大城市。作为乌兹别克斯坦乃至中亚重要的交通枢纽，塔什干拥有完备的陆地运输网络，而且作为中亚五国中最大机场的塔什干机场空中运输量巨大，与中国、韩国、俄罗斯、马来西亚等世界各国都有航班。

土库曼斯坦位于欧亚大陆中心地带，国土面积仅次于哈萨克斯坦，石油、天然气资源极为丰富，首都阿什哈巴德在食品加工、制造业、文化等领域发展繁荣。阿什哈巴德与国内主要城市之间有便利的交通联系，到各州行政中心都有高等级公路和航线相通，与伊朗、阿富汗等国的公路建设以及与印度、土耳其、中国、英国等世界各地的空中运输建设均已完成。

塔吉克斯坦的北部地区处于三国的交汇处，西部和北部分别同乌兹别克斯坦、吉尔吉斯斯坦接壤，东邻中国新疆，南接阿富汗。因地理上绝大部分是山地和高原，海拔高，与周围各个国家交通不便，这在很大程度上阻碍了与周边国家城市之间的联系。国内有干线公路四条，铁路线三块，以首都杜尚别为中心，发展制造业和食品加工业，并向周围地区进行波及和辐射。

（2）丝绸之路经济带中亚段的自然、人文资源

中亚地区的自然景观主要以荒漠、半荒漠和草原为主。卡拉库姆沙漠和克孜尔库姆沙漠是中亚最大的沙漠，分别有35万平方公里和30万平方公里。在哈萨克斯坦，哈萨克丘陵和图尔盖谷地均被草原覆盖。地理上属于草原、半荒漠、荒漠地貌的别克帕克达拉草原位于南部的沙漠与北边的台地、丘陵之间。阿姆河和锡尔河是孕育中亚文明的两条母亲河，创造出费尔干纳绿洲繁荣富庶的景观，为中亚人民带来了繁茂的果园、碧绿的田野和充沛的水能资源。此外，乌拉尔河、额尔齐斯河、伊犁河、伊塞克湖等都为中亚带来了丰富的旅游资源。

明显的区位特征、重要的战略地位、独特的自然景观、鲜明的民族和宗教特点使得中亚国家在发展第三产业特别是交通

运输业和旅游业上具有一定优势，但也存在铁路公路航线密度低、旅游资源开发率低等问题。这些优势和问题也成为丝绸之路中亚段与我国特别是丝绸之路中国西北段各省在基础建设、交通运输、旅游资源互助开发、人文交流等方面存在广泛合作基础。

第二节 丝绸之路经济带中国西北段产业发展现状与空间布局

一 丝绸之路经济带中国西北段经济环境

1. 丝绸之路经济带中国西北段经济发展现状

丝绸之路经济带中国西北段为西北的五省区：陕西、甘肃、青海、宁夏和新疆。其土地面积达304.4万平方公里，占全国总面积的比例近乎1/3，2013年末总人口有9842万人，占全国总人口的7.2%。地广人稀，属欠发达地区，2013年末GDP为35340亿元，只占到国内生产总值的6.2%。如图3-3所示为近10年来，西北五省区和全国人均地区生产总值，可以看出，除2013年陕西省的人均地区生产总值略高于全国人均地区生产总值外，西北五省区的人均地区生产总值一直低于全国，甘肃省与全国的差距最大。

改革开放以来，特别是国家推动旨在平衡东中西协调发展的西部大开发战略后，西北五省经济增长保持了较快的水平，总体发展水平有了较大程度的提高。从GDP增速来看，2005—2014年，西北五省年平均经济增速达到10%以上，高于全国平均水平。但由于地处内陆，西北地区尚未充分享受到中国加入WTO后外向型经济的发展"红利"，与东部发达省份在经济发展水平、发展质量上存在较大差距。

第三章 丝绸之路经济带三区段产业发展现状与空间布局 / 41

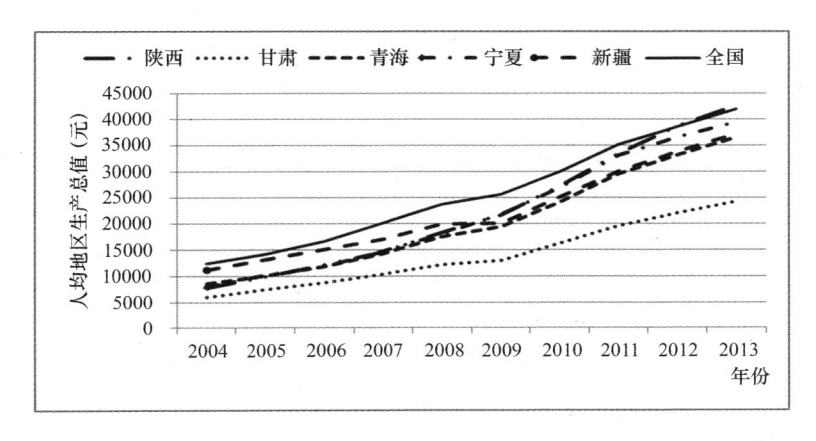

图 3-3 中国西北段和全国近 10 年人均地区生产总值

资料来源：据历年《中国统计年鉴》整理。

此外，产业结构升级困难是制约西北地区的又一深层次障碍。长期以来，西北段五省区产业结构的特点是重工业比重偏大、轻工业发展层次低、第三产业发展不足、过度依赖资源性产业，在企业发展实力、工业化进程等方面与东中部地区有相当大的差距。例如，在 2005 年，西北段五省区第一产业的比重均高于全国平均水平，第二产业甘肃、青海、新疆的比重高于全国平均水平，第三产业只有宁夏的比重高于全国平均水平；在 2014 年，第一产业甘肃、青海、新疆的比重仍高于全国平均水平，第二产业陕西、甘肃、青海、宁夏的比重高于全国平均水平，第三产业西北段五省区的服务业比重均低于全国平均水平，且多以传统服务业为主。

2. 丝绸之路经济带中国西北段各省区经济发展政策

改革开放 40 年来，由于特殊的自然地理环境以及国家发展战略的需要，西北五省的经济发展一直远远落后于东部地区。为缩小区域发展差距，促使区域经济协调发展，1999 年中共十五届四中全会明确提出西部大开发战略，2006年国务院通过《西部大开发"十一五"规划》，2012年发布《西部大开发"十二五"规划》。为促进各地发展，国务院先后实施了《国务院办公厅关于进一步支持甘肃经济社会发展的若干意见》、设立新疆喀什经济特区等一系列经济政策。考虑到国家均衡发展布局的需要以及贯彻落实《西部大开发"十二五"规划》，国务院分别批准成立了兰州新区和西咸新区两个国家级新区，在西部欠发达地区打造了统筹地区发展的试验区，也是西北地区实现向西开放的重要平台。而2015年3月国家发改委、外交部、商务部联合发布的《推动共建丝绸之路经济带和21世纪海上丝绸之路的愿景与行动》，更是将甘肃作为西北五省区对外开放的最前沿，并且要将其打造为丝绸之路经济带的黄金段，并明确定位青海要成为丝绸之路经济带战略基地和重要支点，宁夏要成为丝绸之路经济带的战略支点，陕西要成为丝绸之路经济带新起点，新疆要建立丝绸之路经济带的核心区。

　　深入参与丝绸之路经济带建设，不仅向西北段五省区在基建、能源、金融、文化旅游、商贸物流、现代农业等领域注入了新的经济活力，而且可以有效推动东、中、西部区域经济协调融合发展。一是有助于提升西北开放水平，促进向西开放。这将给予西北五省在更大的空间范围优化生产要素配置，有效提升对外开放和经济发展水平。二是有利于促进西北地区城镇化发展水平。参与丝绸之路经济带建设，将有助于关中城市群、兰白城市群、天山北坡城市群承载能力增强，提升城镇化发展水平。三是提升西北段五省区市场化发展程度。丝绸之路经济带将依托西北航空、陆路交通运输网络和区位优势，促进资本、人才、技术等生产要素有效配置，缩小西部与东中部地区市场化程度的差距。四是有利于西北段五省区比较优势的发挥。西北段五省区在民族、宗教等方面与中亚穆斯林地区有相似之处，在对外贸易、人文交流等方面具有东中部不可替代的优势，西北骨干企业应更好地利用国际和国内两个市场，在交流与竞争中发展壮大。

二 丝绸之路经济带中国西北段产业发展现状

近年来，西北段五省区依托资源禀赋，充分发挥比较优势，形成了具有独特优势的产业，以工业为主导型的经济格局初步形成。2013年底，西北段五省区的三次产业增加值结构为12.2∶50.8∶37.0，而同期全国的三次产业增加值结构为4.9∶48.3∶46.8，西北段五省区的第一产业增加值的比重远高于全国平均水平，第二产业增加值比重略高于全国平均水平，第三产业增加值则远低于全国平均水平。

如图3-4和图3-5所示，从产业发展速度来看，西北段五省区的第一产业发展增速较为平稳，其占比逐年下降；第二产业发展增速较快，但其占比有较为平缓的上升；第三产业也有较快的增长速度，且其占比呈逐年上升趋势。西北段五省区三次产业的产业结构属于典型的"二三一"型结构。

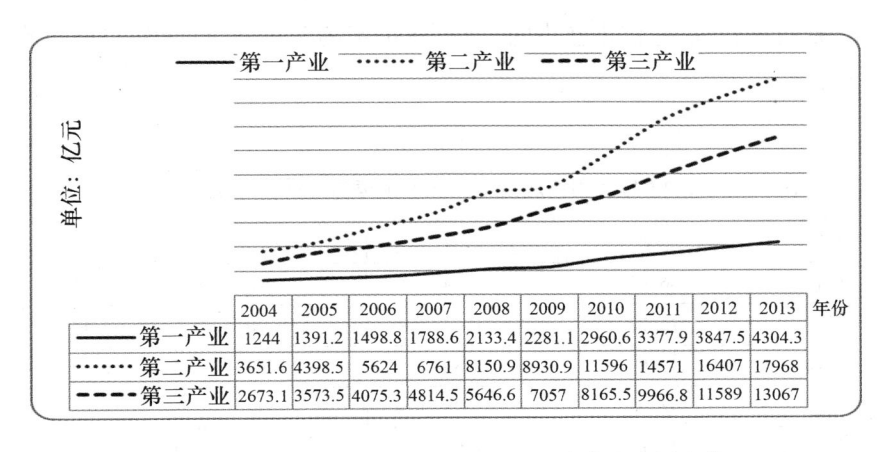

单位：亿元	2004	2005	2006	2007	2008	2009	2010	2011	2012	2013 年份
第一产业	1244	1391.2	1498.8	1788.6	2133.4	2281.1	2960.6	3377.9	3847.5	4304.3
第二产业	3651.6	4398.5	5624	6761	8150.9	8930.9	11596	14571	16407	17968
第三产业	2673.1	3573.5	4075.3	4814.5	5646.6	7057	8165.5	9966.8	11589	13067

图3-4　2004—2013年中国西北段三次产业发展现状

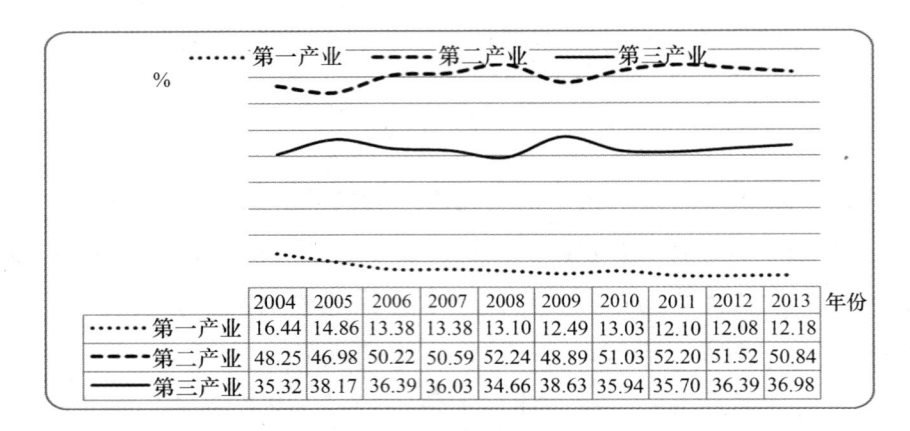

	2004	2005	2006	2007	2008	2009	2010	2011	2012	2013	年份
第一产业	16.44	14.86	13.38	13.38	13.10	12.49	13.03	12.10	12.08	12.18	
第二产业	48.25	46.98	50.22	50.59	52.24	48.89	51.03	52.20	51.52	50.84	
第三产业	35.32	38.17	36.39	36.03	34.66	38.63	35.94	35.70	36.39	36.98	

图 3-5　2004—2013 年中国西北段三次产业占比及其发展趋势

资料来源：据历年《中国统计年鉴》整理。

1. 丝绸之路经济带中国西北段第一产业发展现状

西北段五省区由于特殊的地形和多样的气候，较东部地区气候而言更为干燥，因此传统农业所占比重较大，如表 3-10 所示，可看出西北段五省区的第一产业以农业为主，2013 年其农业总产值占到全国的 9.77%，第一产业增加值为全国的 7.59%。由于我国第一产业的生产力布局是重心北移，因此西北段五省区第一产业增加值占比是呈上升趋势的，从 2004 年的 5.95% 上升为 2013 年的 7.59%。

表 3-10　　2013 年我国西北段第一产业主要部分所占比例　　单位：%

地区	农业	林业	牧业	渔业
陕西	66.92	2.64	25.12	0.69
甘肃	72.77	1.48	16.70	0.13
青海	44.59	1.83	51.59	0.41
宁夏	62.56	2.29	27.91	3.07
新疆	71.14	1.90	23.80	0.68

资料来源：据 2013 年我国第一产业地区总产值计算。

而在多年的农业生产活动中,生产资源破坏严重,生态环境日益恶化,西北五省区的农业发展表现为:农业的投入不足并且基础设施薄弱;生产规模小,生产效率低;科技水平低且成果推广缓慢;结构不合理且林牧渔业发展缓慢。

总体来说,西北段五省区第一产业增加值呈上升趋势,如图3-6所示,陕西和新疆增长较快且产值较高,甘肃次之,而宁夏和青海基本保持不变。但各省区的第一产业增加值所占比重均有下降趋势,如图3-7所示。

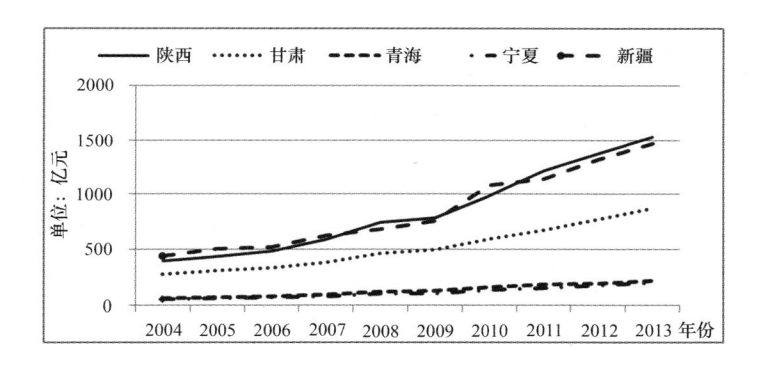

图3-6 2004—2013年中国西北段第一产业发展现状

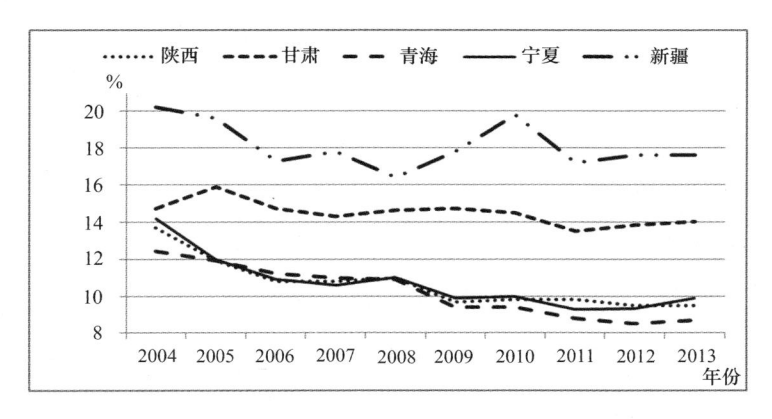

图3-7 2004—2013年中国西北段第一产业占比变化情况

资料来源:据历年《中国统计年鉴》整理。

2. 丝绸之路经济带中国西北段第二产业发展现状

在我国，第二产业包括工业和建筑业，虽然第二产业是各省区的主要产业，2013年各省区第二产业增加值占比近乎达到一半及以上，其中陕西55.5%、甘肃45.0%、青海57.3%、宁夏49.3%、新疆45.0%，但西北段五省区的第二产业增加值仅占全国的5.86%，工业占5.48%。

表3–11　　　　2013年我国西北段第二产业各部分所占比例　　　　单位:%

地区	陕西	甘肃	青海	宁夏	新疆
工业占比	75.15	76.00	69.87	77.81	73.76
建筑业占比	24.85	24.00	30.13	22.19	26.24

资料来源：据2013年我国第二产业地区总产值计算。

西北段的第二产业以工业为主（见表3–11）。其发展大体经历了三个重要阶段：起步阶段、大规模扩张阶段、全面发展阶段。"一五"期间，国家在西北地区布局了一批骨干企业，奠定了西北地区的工业基础，这是西北地区工业的起步阶段；"三五""四五""三线建设"期间，大批沿海工业内迁，在机械电子、精密仪器、轻工纺织、冶炼加工等行业相继组成了一批骨干企业，奠定了西北地区工业的基本框架，这是西北地区工业大规模扩张阶段；"六五"以来，西北地区工业进入了全面发展阶段，交通邮电、通信、能源以及原材料等基础产业发展迅速，形成了以煤炭、有色金属、电力、轻工纺织、石油化工等为主的比较健全的工业体系。

西北段的矿产资源比较富集，是全国重要的能源供应基地。表3–12是西北段主要矿产资源储量，可以看出，西北段的石油、天然气储量占全国的35%以上，铬矿的储量甚至达到全国40%以上，煤炭储量占全国15%左右，钒矿占全国11%左右，铁矿石和锰矿也占到全国的5%左右。分省区看，青海和宁夏的铁矿、锰矿、铬矿和钒矿的储量较少，陕西省的石油储量占全国的 10%，而新疆接近全国的 20%，甘肃省的钒矿接近全国的 10%。

西北地区作为我国重要的重工业基地，在全国工业体系中占有比较重要的位置，其工业发展以资源密集型产业为主，大型国有重工业占据着绝对主导的地位。由于西北地区的工业发展主要依靠的是国家的高强投入，导致农业对工业的支撑力度小，轻、重工业之间，农业和轻工业之间关联度小。计划经济体制对西北地区的工业体系留下深深的烙印，要消除其影响还需下很大的功夫。

表 3 - 12　　2014 年我国西北五省区主要矿产资源储量及占全国比重　　单位：亿吨，亿立方米，万吨

地区	石油	天然气	煤炭	铁矿石	锰矿	铬矿	钒矿
陕西	3.4	6231.1	104.4	4.0	277.3	—	7.9
甘肃	2.1	241.3	32.7	3.7	259.0	123.6	89.9
青海	0.6	1511.8	12.2	0.0	—	3.7	—
宁夏	0.2	294.4	38.5	—	—	—	—
新疆	5.8	9053.9	156.5	4.6	567.2	44.0	0.2
西北合计	12.2	17332.5	344.2	12.3	1103.4	171.3	97.9
全国	33.7	46429.0	2363.0	199.0	21548.0	401.0	910.0
占全国比重	36.2%	37.3%	14.6%	6.2%	5.1%	42.7%	10.8%

资料来源：据国家统计局网站整理。

总体来说，西北段五省区第二产业的产值呈上升趋势，如图 3 - 8 所示，陕西省第二产业绝对量和增量均遥遥领先于其他四省区，甘肃和新疆次之，而宁夏和青海则保持了较为平稳的上升。各省区第二产业增加值的占比除宁夏保持了有波动的平稳趋势，其他省区均有一定幅度的上升，如图 3 - 9 所示。

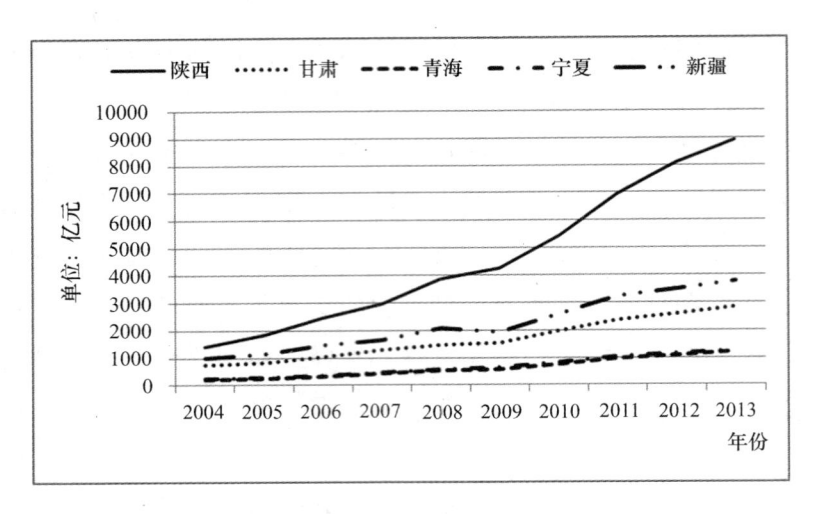

图 3-8 2004—2013 年中国西北段第二产业发展现状

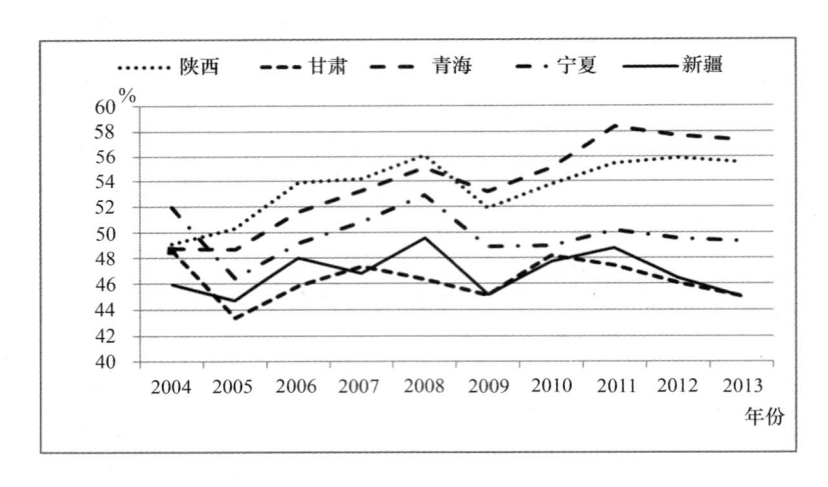

图 3-9 2004—2013 年中国西北段第二产业占比趋势

资料来源：根据历年《中国统计年鉴》整理。

3. 丝绸之路经济带中国西北段第三产业发展现状

改革开放以前，受制于经济发展水平整体偏低、产业结构发展处于较低层次、计划经济对市场的扭曲作用等主客观因素，我国第三产业长期发展缓慢，比重偏低。改革开放后，第三产业有了较高速度的增长，第三产业的主要行业也由传统服务业向新兴服务产业和高附加值服务产业转变。就发展水平来看,近年来我国第三产业的绝对量有了迅速的提高,但第三产业在国民经济中的比重与发达国家相比仍存在巨大差距。

丝绸之路经济带中国西北段的第三产业在西部大开发以来取得迅速发展,其生产总值不断扩大,结构不断调整,对 GDP 增长的贡献不断提高。

虽然从总量上来看,西北段五省区的第三产业增加值和全国平均水平仍有一定的差距,2013 年只占全国的 4.91%,但从比重上来看,西北段五省区第三产业增加值占全国的比重有逐年递增的趋势,2005 年为 4.58%,2010 年为 4.63%,2013 年为 4.91%。

随着经济的发展,第三产业的构成也发生了变化,表 3-13 是西北段五省区 2013 年第三产业主要部分所占比例,我们可看出交通运输、仓储和邮政以及批发和零售业等传统行业所占比重较高,而金融业、房地产业等产业的比重较低。

表 3-13   2013 年我国西北段第三产业各部分所占比例   单位:%

地区	交通运输、仓储和邮政业	批发和零售业	住宿和餐饮业	金融业	房地产业	其他
陕西	11.72	23.07	6.05	12.04	9.05	38.06
甘肃	13.52	17.15	6.22	9.12	6.17	47.82
青海	10.77	18.32	3.41	13.69	4.96	48.84
宁夏	18.73	12.39	4.28	18.55	9.45	36.60
新疆	13.51	15.39	3.87	13.44	7.44	46.35

资料来源:据 2013 年我国第三产业地区总产值计算。

如图 3-10 所示,近 10 年来,西北五省区第三产业的总量均保持了良好的增长势头,尤其是陕西省的增长速度非常快,10 年间第三产业规模扩大了近 6 倍;新疆、甘肃次之;宁夏、青海第三产业发展相对较缓。图 3-11 显示了 10 年间西北五省区第三产业占 GDP 比重的变化，甘肃、宁夏和新疆总体均呈上升趋势，陕西省略有下降，而青海省则呈下降趋势，这与青海省的第二产业增长较大有着密切的关系。

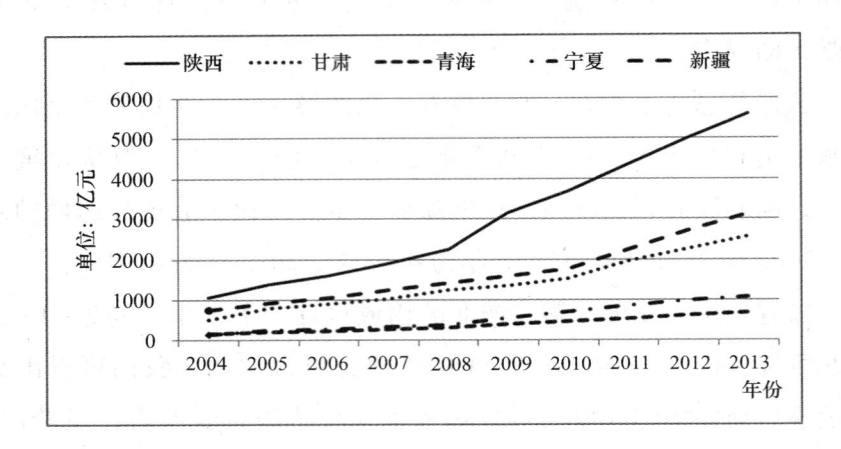

图 3-10　2004—2013 年中国西北段第三产业发展现状

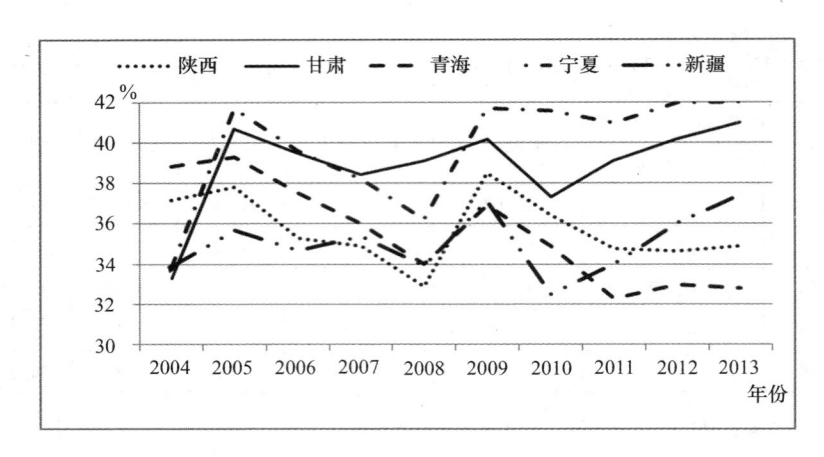

图 3-11　2004—2013 年中国西北段第三产业占比

资料来源：根据历年《中国统计年鉴》整理。

仔细分析，可看出西北段五省区第三产业发展仍存在很多问题：一是整体基数很小，虽然西北地区面积为全国的近乎1/3，但第三产业不足5%。二是地区间差距很大，2013年青海省只有689亿元，而陕西省为5607亿元，是青海省的8倍；与发达地区相比，差距更大，如北京2013年第三产业为14986亿元，是青海省的22倍。

4. 丝绸之路经济带中国西北段战略性新兴产业发展现状

战略性新兴产业是关乎国计民生的关键领域，它不仅能够培育发展新动能，还可以获取未来竞争的新优势，并且可以引领新一轮的科技革命，抓住产业变革的方向。"十二五"期间，我国西北段战略性新兴产业快速发展，包括节能环保、新一代信息技术、生物、高端装备制造、新能源、新材料和新能源汽车等产业得以快速壮大。2015年，国内生产总值的8%为战略性新兴产业增加值，相关的产业创新能力和盈利能力明显提升。新一代通信技术、生物、新能源等领域有一大批企业的竞争力已经迈入国际一流，高铁、通信、航天装备、核电等装备制造业的国际化发展实现突破，区域经济转型升级得到了一批新兴产业集群有力支撑，这些产业集群的资产规模已经突破了千亿元。"大众创业、万众创新"的理念蓬勃兴起，战略性新兴产业广泛融合，加快推动了传统产业转型升级，涌现了大批新技术、新产品、新业态、新模式，创造了大量就业岗位，成为稳增长、促改革、调结构、惠民生的有力支撑。①

三 丝绸之路经济带中国西北段产业空间布局

1. 丝绸之路经济带中国西北段第一产业空间布局

第一产业是人类一切衣食住行的基础，在任何社会，都不能忽视第一产业在国民经济中的基础地位。我国是一个从事第一产业人

---

① 《"十三五"国家战略性新兴产业发展规划》，http://www.gov.cn/zhengce/content/2016-12/19/content_5150090.htm。

口占比大而人均资源少的大国,第一产业是国民经济发展的薄弱环节,其发展和布局也存在不少问题,第一产业布局的合理性不仅是其本身的一个重要发展环节,也是整个生产力布局极为重要的组成部分。

西北段五省区第一产业2013年农牧业占比中陕西为92%、甘肃为89%、青海为96%、宁夏为90%、新疆为95%,由此可知,丝绸之路经济带西北段各省第一产业均主要以农牧业为主,除青海以外的其他省份主要以农业发展为主。

第一产业布局的实质是要安排好各种农林牧渔业活动的空间分布以及经营方式和结构。影响农林牧渔业发展和布局的因素很多,如区位条件、自然资源与环境、第一产业物质基础与投入、劳动力的数量和质量、技术水平、产品供求关系以及政策和体制等。具体来说,影响我国西北段五省区第一产业布局的因素主要存在以下几个问题:生产条件相对东部地区差且投入不足;第一产业劳动力总量大且素质不高;第一产业技术水平低;第一产业产品价格及收入偏低。表3-14是2013年我国西北段五省区人均主要农产品产量,从中可看出宁夏和新疆第一产业发展较好,大部分高于全国平均水平,陕西各产量均低于全国平均水平,甘肃油料产量较高,青海油料和牛奶有较高的产量。

表3-14　　　　2013年我国西北段人均主要农产品产量　　　　单位:公斤

地区	粮食	棉花	油料	猪牛羊肉	水产品	牛奶
陕西	323	1.5	15.8	27.4	3.3	37.5
甘肃	441	2.7	27.0	32.8	0.5	14.9
青海	178	—	56.6	53.4	1.0	47.9
宁夏	574	—	25.8	38.1	22.3	160.1

续表

地区	粮食	棉花	油料	猪牛羊肉	水产品	牛奶
新疆	612	156.4	27.0	52.9	5.9	60.0
全国平均	443	4.6	25.9	48.6	45.5	26.1

资料来源：据中国统计局网站整理。

2. 丝绸之路经济带中国西北段第二产业空间布局

第二产业是国民经济的主导部门，担负着为其他部门提供能源、设备及人民生活必需品的任务，其又是发展速度较快的一个部门，随着产值增长、产品增加以及行业门类增多，第二产业的主导地位也在不断地加强。因此，强化第二产业布局的合理性，不仅关系到其本身的效益，还关系到第一产业和第三产业的发展以及业态平衡等。

第二产业布局从横向看，包括不同部门或行业的企业布局、不同性质的企业布局以及不同规模的企业布局；从纵向看，包括地区布局和厂址的选择。第二产业因为基础建设投资大、物质耗费多，并且厂房建成后不容易搬迁，因此，其布局要持慎重态度，既要看到局部又要看到全体，既要看到近期也要看到长远。第二产业的布局要遵循均衡、效益、生态保护以及政治四个基本原则，在实践中应综合考虑，正确运用布局原则做指导。

丝绸之路经济带中国西北段的五个省份矿产资源都比较富集，是全国重要的能源供应基地，石油、天然气的储量占全国的35%以上，铬矿的储量占到全国的40%以上，煤炭储量占到全国的接近15%，铁矿、锰矿、钒矿占比均在10%左右。分省区看，青海和宁夏的铁矿、锰矿和铬矿的储量较少，甘肃省的钒矿储量接近全国的10%。西北段富集的金属和非金属矿产资源为其工业发展奠定了良好的基础，也同时造成了西北段的工业发展较多地依赖资源，产业布局也重点围绕资源型产业而展开，当前西北段各省份的主导产业都有采煤业、石油开采化工业、天然气开采业和有色金属加工业，重工业所占比重较高。

西北段五省区的第二产业在中华人民共和国成立至1978年以及西部大开发以来的两个不同阶段，均取得了飞速的发展。第一阶段是国家出于备战考虑，重点加大对内地的投入；而第二阶段则是因为区域间发展不平衡的加剧以及东部资源的短缺和内地原料不能充分利用，国家实施西部大开发，由此西北段五省区的第二产业在国家巨大政策支持下得到迅速发展，建成了比较完善的工业体系。

3. 丝绸之路经济带中国西北段第三产业空间布局

第三产业是广义的服务业，丹尼尔认为服务业社会不同于农业社会和工业社会，其核心是处理好人与人关系的协调，因此服务业既包含着经济属性又包含着文化属性，其空间布局更为复杂。复杂性表现在制约服务业的经济因素和非经济因素矛盾以及二者的平衡关系上。第三产业对第一、二产业的发展具有促进作用，其发展的基础和前提是第一、二产业。

我国的第三产业分为流通和服务两大部门，具体可分为四个层次：第一层次是流通部门；第二层次是为生产和生活服务的部门；第三层次是为提高科学文化水平和居民文化素质所服务的部门；第四层次是国家和政党机关、军队、警察、社会团体等。

第三产业的布局一般可以根据第一、二产业的发展水平以及区域的劳动力数量进行布局；同时，因为第三产业主要集中于城镇中，所以也可根据城镇体系进行布局；也可根据人口规模和人均GDP进行布局。因第三产业行业种类多，具体布局要视情况而定。

由前面西北段五省区产业发展现状分析可知，西北段五省区的第三产业发展相对第二产业较为迟缓，其不仅滞后于工业化和城镇化的进程，也滞后于全国平均水平。从第三产业的内部结构看，西北段五省区的生活性服务业所占的比重较大，而与经济增长密切相关的生产性服务部门所占比重相对较小，且与全国的差距越来越大。目前，西北段五省区第三产业主要存在以下三个方面的问题：一是传统服务部门仍占有优势，现代服务部门相对较滞后；二是总体的服务水平和管理水平不高；三是与第一、二产业的发展规模和增速不协调。

深入参与丝绸之路经济带建设，不仅能够向西北段五省区的基建、能源、现代农业等一二产业领域注入新的经济活力，而且可以有效推动金融、文化旅游、商贸物流等第三产业领域的快速发展。首先，有助于提升西北开放水平，促进向西开放。这将给予西北段五省区在更大的空间范围优化生产要素配置，有效提升经济发展水平。其次，有利于加强丝绸之路经济带西北段各省区的空间联系，进而影响该地区第三产业的空间布局。参与丝绸之路经济带建设，将有助于关中城市群、兰白城市群、天山北坡城市群承载能力增强，提升城镇化发展水平，进一步带动丝绸之路经济带中国西北段第三产业发展。再次，有利于提升西北段五省区第三产业发展程度。丝绸之路经济带将依托西北航空、陆路交通运输网络和区位优势，促进资本、人才、技术等生产要素有效配置，缩小西部与东中部地区第三产业发展程度的差距。最后，有利于西北段五省区比较优势的发挥。发展丝绸之路经济带西北段有自身特色的第三产业，将有利于为西北段在丝绸之路经济带建设中进一步对外开展交流合作，特别是与中亚地区在第三产业相关领域开展合作打下基础。西北段五省区在民族、宗教等方面与中亚穆斯林地区有相似之处，在对外贸易、人文交流等方面具有东中部不可替代的优势，骨干企业将可以更好地利用国际和国内两个市场，在交流与竞争中发展壮大。

4. 丝绸之路经济带中国西北段战略性新兴产业空间布局

从西北段战略性新兴产业发展现状和战略规划来看，主要集中在新一代信息技术、高端先进装备制造业、新材料、新能源等方面，但西北段各省区又有所差异，陕甘两省在战略性新兴产业发展方面比较一致，都以新一代信息技术、高端装备制造、新材料、生物技术、新能源、节能环保、新能源汽车等为主，这也与两省在能源资源、空间区位方面的相似性有关，更与丝绸之路经济带为战略性新兴产业提供的平台有关。相比较而言，宁夏、青海和新疆在战略性新兴产业方面各具特色，除了与陕甘相同的新一代信息技术、先进高端装备制造、新材料、节能环保、生物医药产业外，宁夏还有现代煤化工、现代纺织、特色食品及用品等特色新兴产业。从整个西北段来看，战略性新兴产业主要是发挥西北段的资源优势和区位优势，重点发展新一代信息技术、先进高端装备制造、新材料、节能环保、生物医药产业，而这些产业与丝绸之路经济带尤其是中亚段具有较好的合作前景和愿景，将是丝绸之路经济带未来产业合作重点。

第三节　丝绸之路经济带中国东部段产业发展现状与空间布局

一　丝绸之路经济带中国东部段经济环境

1. 丝绸之路经济带中国东部段社会经济状况

丝绸之路经济带中国东部段包括江苏、浙江、广东、福建、海南、上海六省市。其面积为55.8万平方公里，仅占全国土地面积的5.8%；2013年末总人口有3.12亿人，占全国总人口的22.8%。地少人多，经济发展水平较高，2013年末GDP为20.69万亿元，占国内生产总值的34.8%。图3-12为2003—2013年东部六省市和全国人均地区生产总值，可以看出，除海南省外，其他五省的人均地区生产总值均远高于全国人均国内生产总值。

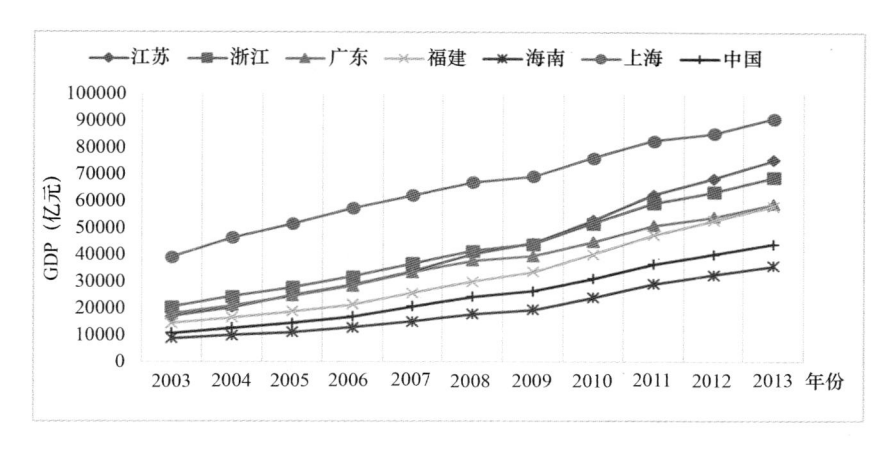

**图 3 – 12　丝绸之路经济带中国东部段六省市 2003—2013 年
人均 GDP 与全国人均 GDP 比较**

资料来源：据 2004—2014 年《中国统计年鉴》整理。

中国东部段拥有良好的空间资源、优越的区位条件和投资环境、较好的社会条件、先进的技术和庞大的市场容量，从而使得其经济发展水平较高，成为我国经济增长的引擎。但其经济发展也受到一些因素的制约，包括贫乏的自然资源、人多地少的特征以及与经济发展不相适应的基础设施和生态环境。

2. 丝绸之路经济带中国东部段各省经济政策

改革开放后，为加快沿海地区的对外开放，以开放促发展促改革，国家先后成立深圳、珠海、汕头、厦门等经济特区；进而开放了温州、福州、广州、湛江、北海等沿海港口城市；接着又在 1985 年陆续开放了珠江三角洲和闽南三角地区等沿海经济开放区，1988 年设立海南省经济特区，并在这些城市和地区建立国家级高新技术开发区、经济技术开发区、保税区等，继而推向中西部地区；而目前重点实施的"一带一路"、京津冀协同发展、长江经济带三大战略更是将东部六省市放在首要位置。

二 丝绸之路经济带中国东部段产业发展现状

近年来,中国东部段依托沿海地区的区位优越条件,发挥地缘与亲缘两大优势,形成以外向型经济为主的经济建设格局,并迅速发展,成为工业发达、第三产业发展飞速的沿海发达经济省份。2013年底,中国东部段的三次产业增加值的结构为5.3∶46.5∶48.2,而同期全国的三次产业增加值的结构为4.9∶48.3∶46.8,中国东部段的三次产业比例与全国平均水平基本一致。

如图3-13和图3-14所示,从产业发展速度来看,中国东部段的第一产业发展增速较为平稳,其占比逐年下降;第二三产业发展增速较快,但第二产业占比呈下降趋势,第三产业呈上升趋势,这也符合产业结构演变的规律。中国东部段三次产业的结构正向着"三二一"型趋势发展。

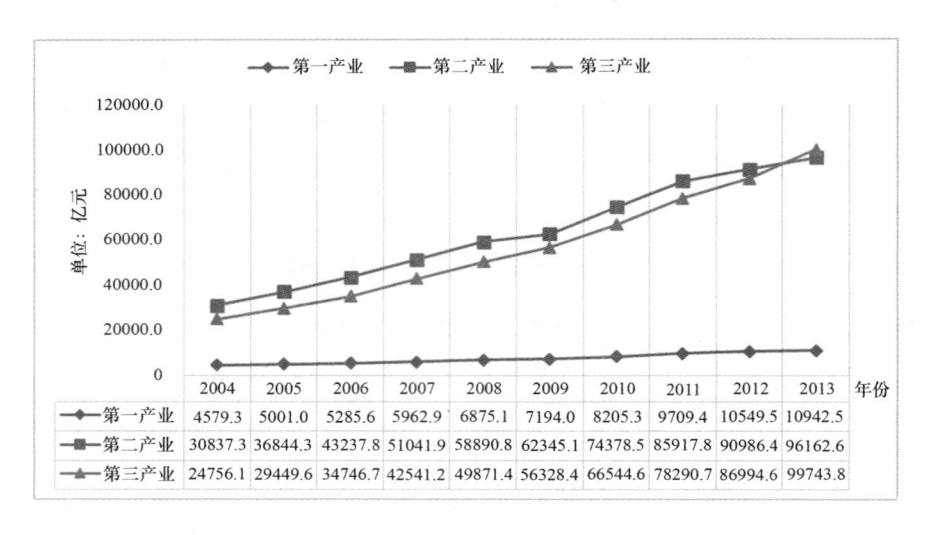

年份	2004	2005	2006	2007	2008	2009	2010	2011	2012	2013
第一产业	4579.3	5001.0	5285.6	5962.9	6875.1	7194.0	8205.3	9709.4	10549.5	10942.5
第二产业	30837.3	36844.3	43237.8	51041.9	58890.4	62345.1	74378.5	85917.8	90986.4	96162.6
第三产业	24756.1	29449.6	34746.7	42541.2	49871.4	56328.4	66544.6	78290.7	86994.6	99743.8

图3-13 丝绸之路经济带东部段六省市2004—2013年
三种产业总产值发展情况

资料来源:据2005—2014年《中国统计年鉴》整理。

| (%) | 第一产业 | 第二产业 | 第三产业 |

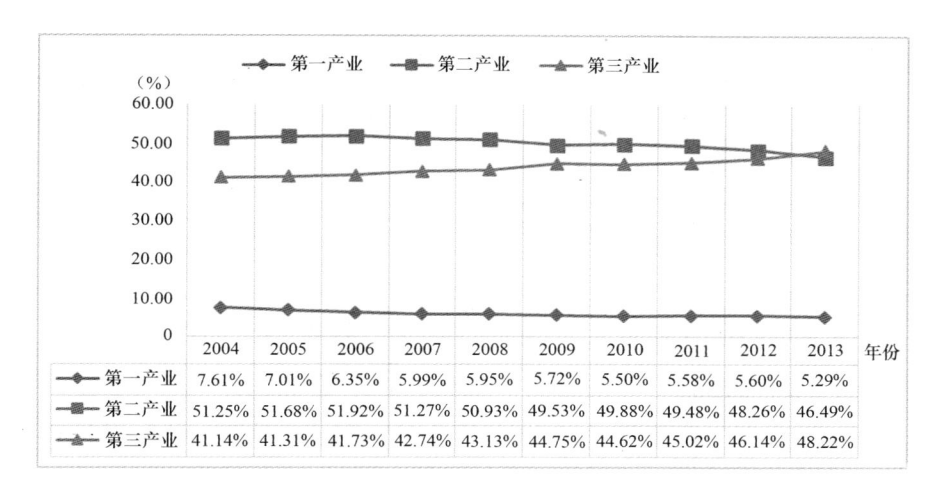

年份	2004	2005	2006	2007	2008	2009	2010	2011	2012	2013
第一产业	7.61%	7.01%	6.35%	5.99%	5.95%	5.72%	5.50%	5.58%	5.60%	5.29%
第二产业	51.25%	51.68%	51.92%	51.27%	50.93%	49.53%	49.88%	49.48%	48.26%	46.49%
第三产业	41.14%	41.31%	41.73%	42.74%	43.13%	44.75%	44.62%	45.02%	46.14%	48.22%

图 3–14 丝绸之路经济带东部段六省市 2004—2013 年
三种产业总产值占比

资料来源：据 2005—2014 年《中国统计年鉴》整理。

1. 丝绸之路经济带中国东部段第一产业发展现状

如表 3–15 所示，中国东部段第一产业以农牧渔为主，农业在第一产业中占绝对的主导地位，占全国农业总产值的 17.4%。随着我国第一产业中占绝对比例的农业、畜牧业的重心北移，中国东部段第一产业增加值在全国的比重逐年下降，从 2003 年的 15.5% 下降到 2013 年的 9.8%。从表 3–15 我们还可看到，牧渔业在中国东部段六省市中占有较大的比例。

表 3–15　　丝绸之路经济带东部段六省市 2013 年第一产业
主要部分产值所占比例　　　　单位：%

地区	农业	林业	牧业	渔业
江苏	51.44	1.74	19.85	21.94
浙江	47.11	4.99	19.25	26.71
福建	41.93	8.95	15.66	30.05
广东	49.42	5.04	22.38	19.72

续表

地区	农业	林业	牧业	渔业
海南	42.40	10.59	19.70	24.06
上海	53.26	2.97	21.64	18.52

资料来源：据2014年《中国统计年鉴》整理。

中国东部段六省市从"九五"开始进行农业生产结构的调整，主要特征包括：缩小种植业生产规模，扩大渔业生产，不断提高水产业和畜牧业在农业经济结构中的比重；另外，对于种植业内部，在稳定粮食生产的同时，适当扩大了经济作物的种植。这些结构的调整，实际上反映了农业结构的不合理性，产品结构和区域结构的不合理，直接导致了农产品难卖和农业增产不增收的问题。

中国东部段六省市的第一产业增加值呈上升趋势，如图3-15所示，广东和江苏总量较高，浙江和福建次之，海南因发展水平较低且规模较小，产值较低，但其第一产业所占比重远高于其他四个发展水平较高的省份，如图3-16所示。

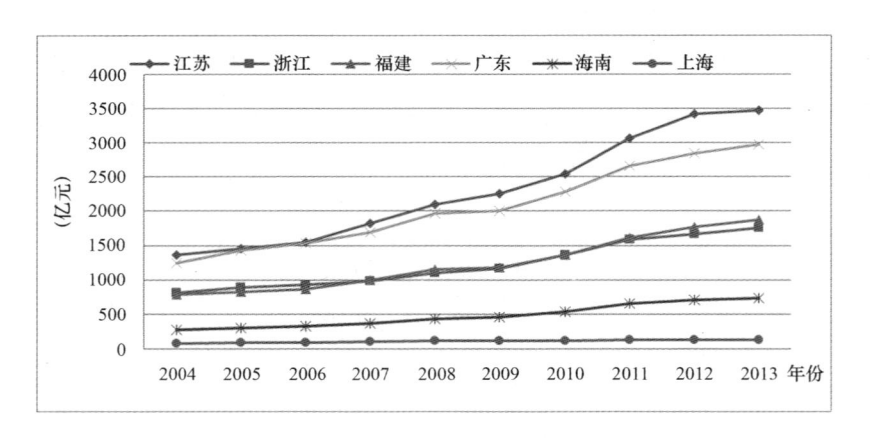

图3-15 丝绸之路经济带东部段六省市2004—2013年第一产业增加值发展现状

资料来源：据2005—2014年《中国统计年鉴》整理。

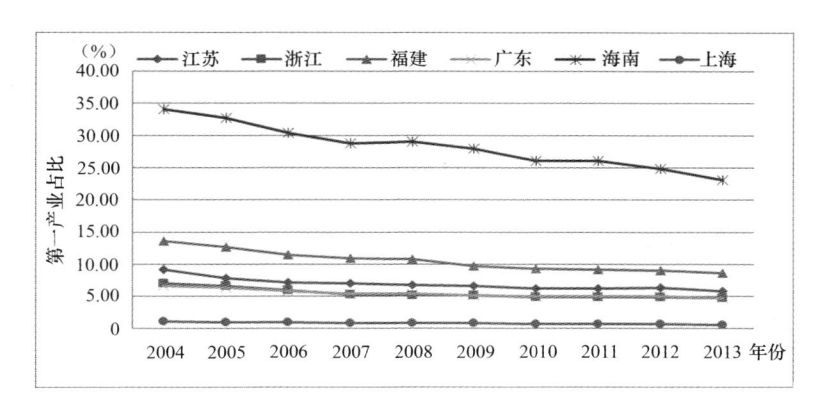

图 3-16　丝绸之路经济带东部段六省市 2004—2013 年
第一产业产值占比

资料来源：据 2005—2014 年《中国统计年鉴》整理。

2. 丝绸之路经济带中国东部段第二产业发展现状

第二产业是中国东部段六省市的主要产业，2013 年中国东部段六省市中四个省份第二产业增加值占比约 50%，其中江苏 48.7%，浙江 47.8%，广东 46.4%，福建 51.81%，上海 36.24%，海南 25.1%。虽然中国东部段六省市总面积仅占全国面积的 5.8%，但其第二产业占到全国的 36.8%。由表 3-16 可知，中国东部段六省市的第二产业以工业为主，除经济发展水平相对落后的海南省之外，其他四省的工业占比均达到 80% 以上。

表 3-16　丝绸之路经济带东部段六省市 2013 年第二产业产值所占 GDP 比例　　单位:%

地区	江苏	浙江	福建	广东	海南	上海
工业占比	88.03	88.73	83.56	93.20	63.25	90.15
建筑业占比	11.97	11.27	16.44	6.80	36.75	9.85

资料来源：据 2014 年《中国统计年鉴》相关数据计算整理。

改革开放以来,东部沿海地区由于受到国家的特殊优惠政策,工业发展迅速,但随着经济的发展,区域间的不平衡加剧,国家先后实施了西部大开发、中部崛起和东北振兴等发展战略,中国东部段六省市的政策优势不再明显,外加中国东部段六省市的劳动力、土地以及自然资源等成本上升,一些加工制造业的利润锐减,将它们转移到相对欠发达地区,无疑是一个好的选择。表3-17为2014年我国中国东部段六省市主要工业产品产量,从中可看出其绝对量要远高于西北段五省区,且轻工业占很大一部分比例。

表 3-17   2014年我国丝绸之路经济带东部段六省市主要工业产品产量

单位:亿支,万吨,万辆,万台,亿千瓦时

省份	卷烟	机制纸及纸板	化学纤维	水泥	钢材	汽车	移动通信手持机	微型计算机设备	发电量
江苏	1021.3	1207.8	1296.3	18027.1	12398.0	107.2	3019.6	7520.7	4320.7
浙江	923.5	1623.1	1839.3	12479.6	3823.4	30.6	987.8	164.3	2941.8
福建	948.6	611.3	376.7	7905.8	2782.8	20.6	3841.8	1284.8	1777.2
广东	1391.9	1870.3	56.0	13429.4	3384.5	199.9	73672.3	2028.7	3875.0
海南	115.0	145.5	0.4	1988.4	27.0	10.8	无	无	231.4
上海	934.2	85.3	47.8	750.6	2322.8	226.9	4384.9	8101.3	958.8

资料来源:据2015年《中国统计年鉴》相关数据计算整理。

中国东部段六省市第二产业增加值的产值呈上升趋势,如图3-17所示,广东和江苏产值最高,浙江次之,福建相对较低,而海南则远落后于前面四省市,并且,海南省的第二产业增加值占比较低,如图3-18所示,这是由其特殊的自然条件及发展战略所决定的,其他四省市第二产业增加值占比几乎达到了一半及以上,但呈下降趋势。

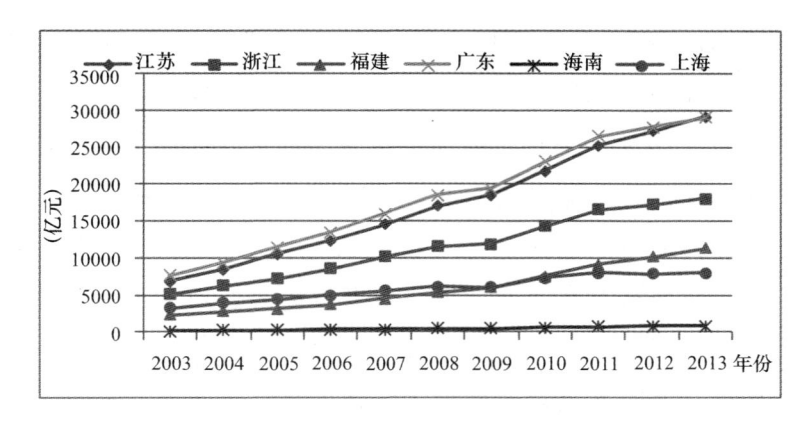

图 3 – 17　丝绸之路经济带东部段六省市 2003—2013 年第二产业增加值发展状况

资料来源：据 2004—2014 年《中国统计年鉴》整理。

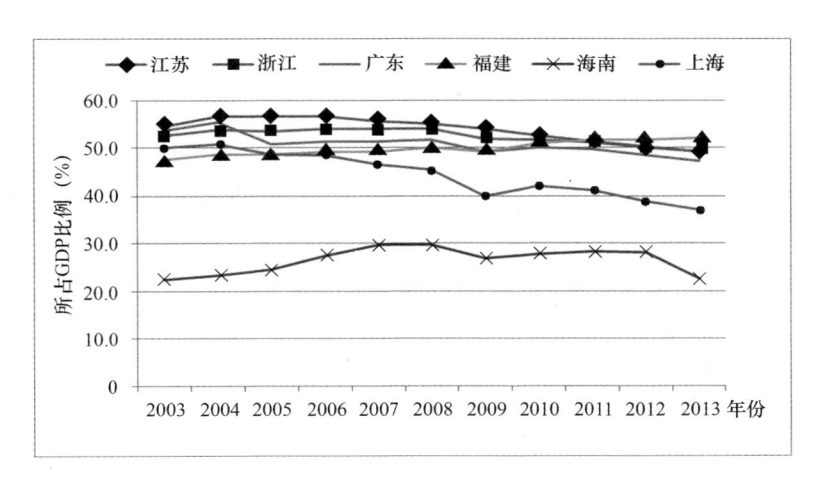

图 3 – 18　丝绸之路经济带东部段六省市 2003—2013 年第二产业所占 GDP 比例

资料来源：据 2004—2014 年《中国统计年鉴》整理。

3. 丝绸之路经济带中国东部段第三产业发展现状

东部沿海地区因为经济相对发达，第三产业的发展水平也相对较高，2013 年中国东部段六省市的第三产业增加值占到全国的

35.9%。2013年中国东部段六省市第三产业占比分别为：江苏45.5%，浙江47.5%，福建39.6%，广东48.8%，海南51.7%，上海63.2%。其中，浙江、广东以及海南三省份接近了发达国家的第三产业占比，50%的发展标准，上海则远超过该标准。

随着经济的发展，第三产业的构成也发生了变化，20世纪90年代以前，传统行业如交通运输、批发零售等在第三产业中占据了主导地位。进入20世纪90年代后，在国家政策的大力支持下，金融业和房地产业等新兴产业取得了迅速发展，如表3-18所示，金融业、房地产业等新兴产业占比几乎与传统行业持平。

表3-18　　2013年丝绸之路经济带东部段六省市第三产业各部分产值占第三产业总产值比例　　单位:%

地区	交通运输、仓储和邮政业	批发和零售业	住宿和餐饮业	金融业	房地产业	其他
江苏	9.58	23.74	4.33	14.02	13.01	35.33
浙江	7.65	23.71	4.25	17.11	12.63	34.65
福建	13.82	21.04	4.15	13.81	14.30	32.88
广东	8.77	23.71	4.69	12.86	14.17	35.80
海南	9.28	22.68	7.26	9.98	19.00	31.79
上海	6.95	26.28	2.34	21.00	9.99	33.44

资料来源：据2014年《中国统计年鉴》整理第三产业地区总产值计算。

与工业相比，第三产业能源消耗少、环境污染低，能够促进消费，有利于实现生产和消费协调发展，发展第三产业并使之壮大是经济发展的必由之路。中国东部段六省市的第三产业发展水平虽相对较高，但其仍处于粗放型和外延扩张型发展阶段，因此在发展中要注意处理和协调好传统与现代服务业的关系，并着力发展第三产业中的主导产业；同时，对不同的行业，要实行分类管理政策。

东部六省市第三产业增加值均有较快的增长，如图3-19所示,且其占比均呈上升趋势,江苏和海南上升的幅度最大,如图 3-20 所示。

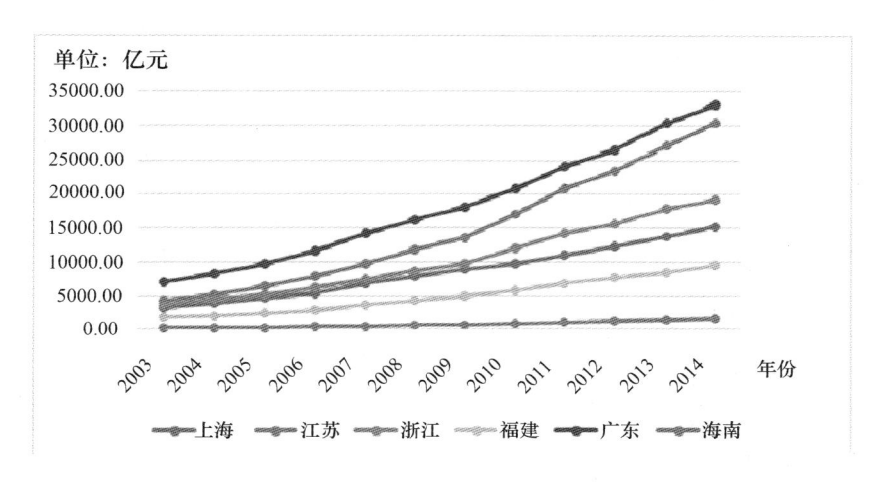

图 3-19 2003—2014 年丝绸之路经济带东部段六省市第三产业增加值折线图

资料来源:据 2004—2015 年《中国统计年鉴》整理。

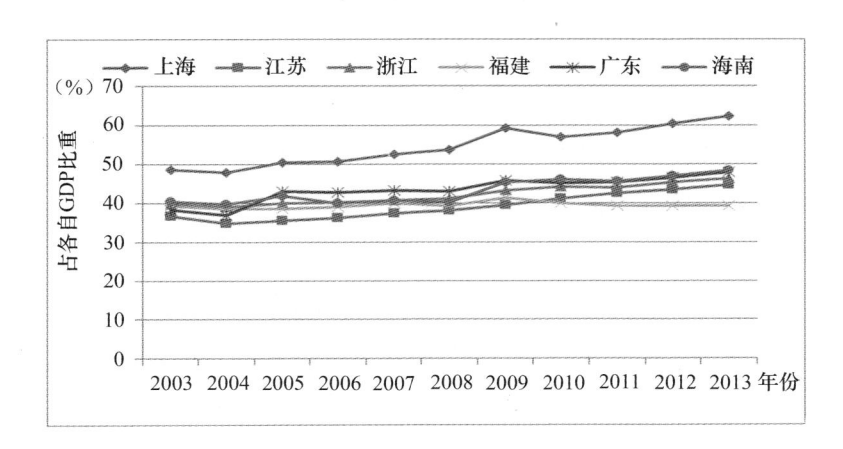

图 3-20 2003—2013 年丝绸之路经济带东部段六省市第三产业产值占各自 GDP 比重

资料来源:据 2004—2014 年《中国统计年鉴》整理计算。

4. 丝绸之路经济带中国东部段战略性新兴产业发展现状

东部段在战略性新兴产业方面相比西北段处在产业链的上游，而且产业发展已成规模化与集群化，产业链相对完善，形成了辐射带动力强、具有国际竞争力的战略性新兴产业集群。主要产业集群围绕长三角和珠三角进行布局，以智慧城市建设、新一代信息技术产业、大数据产业、新能源汽车、新材料、高端医疗设备、3D打印、海洋工程技术产业、临港产业、高技术服务业等产业为主。相比西北段，东部段的战略性新兴产业技术含量更高，处在价值链的上游，与中西部地区形成了很好的产业梯度，具有更为广阔的发展前景，这些产业也是丝绸之路经济带沿线地区与国家未来产业合作的重点，通过西北段的产业输出通道，将我国东部段的优势新兴产业与中亚段乃至欧洲进行产业合作，进一步提升东部段战略性新兴产业国际竞争力。

三　丝绸之路经济带中国东部段产业空间布局

1. 丝绸之路经济带中国东部段第一产业空间布局

东部六省市2013年农牧渔业占比中，江苏为93%、浙江为93%、广东为92%、福建为88%、海南为86%，上海为97.6%，因此其空间布局主要以农牧渔业为主。

与西北段五省区相比，东部段六省市第一产业的布局有如下特点：生产集约化程度高，总体规模较大；雨量充沛、土地肥沃、日照充足，生产条件较好，但人均耕地少；非农产业发达，第一产业市场需求大，对其生产资料的供给也相对较充足。2013年中国东部段六省市第一产业增加值总额为10942亿元，是西北段五省区总额的2.54倍，而其面积仅为西北段五省区的18%。表3-19为2013年我国东部段六省市人均主要农产品产量，可看出东部段六省市人均主要农产品产量除水产品以及海南的牲畜产量外，均低于全国平均水平。

表 3-19　　2013 年中国东部段六省市人均主要农产品产量　　单位：千克

地区	粮食	棉花	油料	猪牛羊肉	水产品	牛奶
江苏	431.7	2.6	19.0	30.4	64.2	7.6
浙江	133.7	0.5	6.9	25.8	100.4	3.3
福建	176.6	0.0	7.7	43.2	175.1	4.0
广东	123.9	无	9.5	26.9	76.9	1.3
海南	214.3	无	12.3	60.8	205.6	0.3
上海	48.0	0.2	0.6	7.9	12.0	11.1
全国平均	443.5	4.6	25.9	48.6	45.5	26.1

资料来源：据中国统计局网站整理。

2. 丝绸之路经济带中国东部段第二产业空间布局

中国东部段六省市的第二产业在改革开放后得到迅速发展，这时候国家实行均衡发展战略，重点发展东部沿海地区。但因其发展倾向性太强，导致出现供水供电、交通紧张及原材料短缺等问题，并日益严重。东部沿海地区的快速发展也容易使得中西部地区产生自我保护，从而使原料更加紧缺，东部地区生产力不能得到充分发挥。有鉴于此，东部地区需要将一部分产业转移到中西部欠发达地区，于是相对于西北五段五省区，东部段六省市的工业中轻工业所占比重较大。

从工业部门看，东部段六省市主要是在老工业基础上求发展的，依靠的是技术和位置优势等，近年来，其发展已趋向于稳定。工业的发展速度与其对外开放的程度呈正相关关系，东部段六省市的开放程度均较内地高，这也使得其第二产业有较快的发展速度。

3. 丝绸之路经济带中国东部段第三产业空间布局

东部段六省市因为属于沿海发达地区，第三产业发展较为迅速，2013年，上海、广东和海南的第三产业增加值在国民经济中所占的比重已经超过第二产业，而浙江和江苏的第三产业所占比重也几乎与第二产业持平。

由前面东部段六省市产业发展现状分析可知，东部段六省市的第三产业发展较为迅速，遥遥领先于全国平均水平。从第三产业的内部结构看，东部段六省市的生活性服务业所占的比重较小，而与经济增长密切相关的生产性服务业所占比重较大，远领先于全国平均水平。

4. 丝绸之路经济带中国东部段战略性新兴产业空间布局

东部段六省的战略性新兴产业大都以智慧城市建设、高端新型电子信息、高端装备制造、高端医学诊疗设备、大数据产业、节能环保等产业为主，但各省区市又有所差异。上海战略性新兴产业主要集中在产业链的高端部分，以智慧城市建设、半导体和传感器、新能源汽车、高端医疗装备等新兴产业为主，这样体现了东部段战略性新兴产业资本密集型和知识密集型的特点。江苏省在战略性新兴产业方面与上海市比较接近，而浙江省更多地放在了能源资源及装备建设方面，重点推进可再生能源综合利用基地，能源综合储运基地，能源科技装备产业基地，安全、高效、智能电网，高效、快捷的热力管网等"五基地"建设。而地处珠三角的广东省主要以高端新型电子信息、生物技术、高端装备制造、半导体照明（LED）、新材料等产业，新一代显示、新一代通信技术、4G和移动互联网、蛋白类生物药、高端医学诊疗设备、基因检测、现代中药、3D打印、北斗卫星应用等为主，并已形成了产业集群，在信息消费、新型健康技术、海洋工程装备、高技术服务业、高性能集成电路等方面也发展迅速。福建省和海南省由于临海的区位优势，除了发展新一代信息技术、新材料、新能源、节能环保、生物和新医药等新兴产业，海洋新兴产业和临海产业也成为它们的主导新兴产业，这也为我国东、中、西部战略性新兴产业合作奠定了基础，在丝绸之路经济带建设背景下，东部段将通过西北段实现与中亚段乃至欧洲的产业合作与往来。

第四节 丝绸之路经济带三区段主导优势产业及布局

区域主导产业指的是在某一区域中起主导作用的产业，其技术先进、增长率高且关联度强，能带动其他产业，对区域整体发展有决定性的意义，在产品的生命周期中处于成长阶段。

美国经济学家罗斯托（W. W. Rostow）在《经济成长的阶段》一书中将区域经济增长划分为不同的阶段，每个阶段都有与之相对应的起主导作用的产业，主导产业的带动作用和扩散效应主要通过前瞻影响、后顾影响和旁侧影响来实现。1957年，日本经济学家筱原三代平（Shinohara Miyohei）提出了选择主导产业的两个基准：收入弹性基准和生产率上升基准。1958年，美国经济学家阿尔伯特·赫希曼（Albert Hirschman）在《经济发展战略》一书中提出赫希曼基准（又称关联效应基准），即以产业关联度强的产业作为主导产业，通过产业间的相互关联影响其他产业的经济活动。

一 丝绸之路经济带中亚段主导优势产业及布局

长期以来，第一产业是中亚国家经济的基础部门，也是就业人口最多的产业；第二产业是中亚国家经济的主导部门，这一特征决定了第二产业发展对中亚地区经济发展具有决定性的意义；第三产业是发展中产业，但其发展速度则相对较快。

表 3-20　　　　　　　　　　中亚段主导优势产业

国别	主导优势产业
哈萨克斯坦	石油开采业，天然气开发业，钨矿、铬矿、铅锌矿、铜矿、铀矿等开采、加工、冶炼工业，小麦、水稻、棉花等农作物种植业
吉尔吉斯斯坦	黄金开采和加工业，水电产业，食品加工业，畜牧业，小麦、烟叶、玉米等农作物种植业
塔吉克斯坦	水电产业，铝锭生产和加工产业，矿产开发业，农牧业
土库曼斯坦	石油和天然气开发，纺织业，棉花种植业
乌兹别克斯坦	石油和天然气开发，有色金属业，机械制造业，棉花、水果、蔬菜等农作物种植业，畜牧业

资料来源：据中国商品网整理。

从当前产业布局来看，中亚国家主导产业布局仍然存在一些问题：首先，农业发展停留在粗放型发展阶段，生产效率低下，对人力、物力、财力资源造成了严重的浪费；同时，外商在农业方面的直接投资很少，几乎是一片空白，这对于农业技术的提升形成了阻碍。其次，以能源和矿产资源为主导的传统型工业占据了很大的份额，但是新兴产业和可再生能源的利用却很低，这就导致传统型的工业产业发展乏力，就连维持工业产业的稳定发展也心有余而力不足，使得工业总产值占 GDP 的比重不断下降。再次，尽管第三产业所占比重较大，但并不代表第三产业发展很好，其发展环境的管理还很不规范，规模与竞争力较弱，仍旧是以交通、通信为主的产业布局。最后，中亚国家属于同质性的国家，这些国家中哈萨克斯坦发展实力明显高于其他国家，吉尔吉斯斯坦与塔吉克斯坦发展滞后，短期内难以赶超其他国家，这使得发展较好的国家吸收的投资越来越多，经济结构与产业布局日趋完善，而落后地区在技术上难以超越发达地区，很难实现经济的跨越式发展，使中亚地区呈现"北强南弱"的梯度差。

中亚国家要充分利用业已形成的梯度差，实现各个国家间的友好贸易往来,推动三次产业的合理布局,实现劳动力、资源、技术的有效运用,提高产业的生产效率,促进整个区域经济协调稳步的增长。

二 丝绸之路经济带中国西北段主导优势产业及布局

从发展阶段看,第一、二、三产业在不同发展阶段对经济发展速度的影响不同。第二产业作为主导产业时,经济发展速度比较快,西北段五省区现在正处在以第二产业为主导的发展阶段,资源相对丰富、工业基础相对完备,形成以采矿业、石油化工、装备制造业、有色金属加工等为主的主导优势产业(见表3-21)。

表3-21　　　　　　　　中国西北段主导优势产业

省份	主导优势产业
陕西	采煤业,钢铁业,化工业,机械制造业,电子
甘肃	冶金业,石油化工业,机械制造业,军工产业,建材业,电力产业,航空航天产业
青海	石油开采业,冶金业,电力产业,建筑业,盐湖化工
宁夏	煤炭业,电力产业,石油化工业,有色金属冶炼业,轻纺
新疆	石油化工业,天然气开采业,采煤业

西北段五省区富集的金属和非金属矿产资源为其工业发展奠定了良好的基础,但也造成了西北段工业发展对资源的依赖性较强,其产业结构调整也是以资源型产业为中心而展开。目前各省区的主导优势产业都有采煤业、天然气开采业、石油开采业及有色金属加工业,以重工业为主。

西北段五省区在自然资源条件、经济发展水平等各方面的相似性很高,因此在其主导优势产业的布局时,不仅要考虑经济效率的最大化,还要考虑经济、社会、环境的协调性,优先发展五省区内有效的优势产业，重点布局，并在空间布局上尽可能照顾到各产业之间的互补性。加强产业政策沟通，进行统筹协调布局，这既可以减少对优质资源的浪费，还能最大可能地避免区域间产业布局的低效率竞争，从而促进各产业协调发展。

同时，西北段五省区在利用自身优势进行产业布局时，并没有获得预期的社会效益和经济效益，反而与东部地区的差距越来越大，因此，在产业布局时，还要遵循政府调节和市场导向相结合的原则，积极探寻将资源优势转化为产业优势的方法，为避免出现产业同质化加强产业政策沟通。

三 丝绸之路经济带中国东部段主导优势产业及布局

中国东部段六省市主要以金融和交通运输等产业为主导优势产业，这为其发展提供了强大的资金和基础设施支撑。东部段六省市除海南省外，其他五省市人均 GDP 相似，第三产业发展水平相当，并且人均 GDP 与第三产业发展水平有明显的正相关关系。2013 年，第二、三产业增加值均达到地区生产总值的 40% 以上（福建第三产业增加值略低，为地区生产总值的 39.1%）。

表 3-22 是东部段六省市的主导优势产业。江苏省目前主导优势产业的发展重点是装备制造业、电子信息业、石油化工业，对纺织、冶金、轻工、建材四大传统优势产业进行转型升级，并围绕创新能力建设、技术装备升级、品牌质量提升，积极推进企业技术改造。浙江省"十二五"规划中提出"大力发展汽车、装备、医药等资金和技术密集型产业，择优发展石化、船舶、钢铁等现代临港工业，着力引进和组织实施一批投资规模大、产业关联强、附加值高的重大项目。有选择地改造提升纺织、轻工、建材、有色金属等传统行业，坚决淘汰落后产能，加快转移过度依赖资源环境的加工制造环节"。广东省目前突出发展战略性新兴产业、先进制造业、

现代服务业以及轻工、纺织、有色金属、建材等传统优势产业和现代农业。福建省的石油化工、机械装备、电子信息三大主导优势产业在"十五"期间就确定下来,其产业布局符合全国规划,增速较快。目前,旅游业等第三产业虽然是海南省的发展方向,但是如果没有第二产业作为根基,其很难实现可持续高速发展,因此需要从根本上加快制造业的发展。

表 3-22　　　　　　　　中国东部段主导优势产业

省份	主导优势产业
江苏	装备制造业、电子信息业、石油化工业、纺织、冶金、轻工、建材
浙江	汽车、装备、医药、石化、船舶、钢铁、轻工、建材、有色金属
广东	高端新型电子信息、新能源汽车、半导体照明、装备、汽车、轻工、纺织、有色金属、建材
福建	石油化工、机械装备、电子信息
海南	石油加工业、石油化学工业、加工制造业、旅游业
上海	金融、信息、商贸

东部段六省市由于独特的地理位置、经济基础以及文化环境等方面的原因,经济发展水平高于中西部地区,虽然国家实施了一系列优惠政策来缩小东西部地区的差距,但是东部地区仍然是我国经济的重心所在。改革开放初期,在国家重点倾斜政策的支持下,较之于后来逐渐开放的中西部地区,东部地区面临的市场竞争更加温和、获得的利益更加显著,在实现"先富"的过程中成为中国对外开放政策的最大受益者,是我国经济效率最高的区域。

东部段六省市正在迈向现代化阶段,第三产业逐步取代第二产业成为主导优势产业,形成技术密集型和资本密集型优势产业。因资源环境约束矛盾日益突出,需将加工业和劳动密集型产业向中西部欠发达地区转移。

第四章

中国西北段在丝绸之路经济带建设中的战略地位

"战略"一词，经济学上是指为了开发核心竞争力，获取一定的竞争优势而设计的一系列综合、协调的约定和行动。如果选定了一种战略，就表示在不同的竞争方式中做出了选择。战略的选择说明该做什么和不该做什么，所以，作为丝绸之路经济带建设的核心部分，中国西北段的战略定位尤为重要。中国西北段的区域发展战略应当体现国家"一带一路"的总体战略意图，根据不同发展背景下国家的整体发展需要和自身的比较优势，承担相应的责任和义务，选择好和定位好区域总体发展战略和各省区市自身发展战略。

在丝绸之路经济带中，从国家总体发展战略来看，中国西北段作为中国东部段与中亚地区相互连接沟通的重要纽带和丝绸之路经济带的核心区，以其自身所具备的各项战略优势，成为中国与中亚经贸合作的战略要道，同时也为实现亚欧经济一体化发挥了其战略通道的作用，是中国向西开放的重要窗口，将不断提高中国的对外开放发展水平。从西北段的发展来说，中国西北段在全国区域发展中，总体发展水平不足，但区位优势和比较优势比较明显。在国家加快丝绸之路经济带建设和全面建成小康社会的战略目标下，西北各省区要明确国家战略定位,积极寻找和发现自身战略机遇,确定自身战略优势和国家战略的有利结合点。因此,中国西北段作为丝绸之路经济带迅速崛起的基础,它在丝绸之路经济带建设中的战略地位是显而易见的,研究和选择中国西北段在丝绸之路经济带的发展战略定位意义重大。

第一节 丝绸之路经济带迅速崛起的基础

一 区位优势

中国西北段的区位优势非常突出,它承接我国东部地区与中亚、西亚以及欧洲大陆的陆路联系。例如,横贯中国东西的陇海铁路就是一条主要的铁路线,它是连接东西部的枢纽,也承担着贯穿欧亚大陆桥的运输任务。加之当前西北航空港建设也已火热进行,一批支线机场正在建设当中,未来西北段畅通的立体空中航线会成为全新的空中欧亚大陆桥。

从地理位置上看,中国西北段是丝绸之路经济带东西贯通的必经之路。例如就新疆和青海而言,丝绸之路经济带东起西安,西进新疆,分北、中、南三道与中亚、欧洲及非洲连接起来,无论从哪一道,都必经新疆,因此新疆在丝绸之路中的重要地位是不可替代的。青海具有得天独厚的地理优势,是古代中原通往西藏"唐蕃古道"的必经之路,也是当代中国青藏铁路、兰新铁路途经的重要节点。

从交通方面看,中国西北段具有畅通便捷的交通运输网路体系,可以支持低成本、高效率的物资运输。就陕西省来说,高铁通道的建设使西安成为连接三大经济带的枢纽。西安作为古丝绸之路的起点,通过贯通南北的高铁干线紧密连接着东部各大经济带,将中国东部发达地区与中国西北与中亚乃至欧洲紧密联系起来。西安铁路集装箱中心站，东连郑州中心站，西接兰州中心站，南靠重庆、成都中心站，北邻包头、呼和浩特集装箱专办站，地处西北，具有连东进西、承南起北的功能作用。西安铁路集装箱中心站是丝绸之路经济带上中国西北段唯一一个国际货运中心站，是我国内陆省份向西对外开放的物流通道，将成为我国和中亚地区进行双边贸易的黄金走廊。随着西咸新区空港新城的建设，西安已成为中国东部连接中国西北与中亚的重要铁路航空枢纽，为我国产品走向中亚及欧洲打开了通道。

再看青海省，铁路枢纽的作用日益重要。作为兰新铁路与青藏铁路的重要节点，青海将通过密集的铁路网络连接国内各主要经济带；在空运方面，随着格尔木机场二期工程的开工建设，青海省"一主八辅"的机场格局已在形成；西气东输的管道由此经过，贯通东西的光缆在此对接，随着与新疆、西藏两省区电网的并网发电，青海与周边省市的交通联系日益紧密。

此外，宁夏作为古丝绸之路北线的重要节点城市与丝绸之路经济带内的重要增长极，在今后的丝绸之路经济带建设过程中将发挥更大的作用。

二 特色产业优势

1. 民族文化产业

我国的穆斯林人口主要集中于中国西北段。2010年全国人口普查统计显示，中国西北段穆斯林人口总共1740.87万人，占全国穆斯林总人口的85.67%，其中新疆穆斯林人口达到1340万人，占西北段省区穆斯林人口的78%，甘肃、宁夏、青海穆斯林人口都超过100万人，只有陕西穆斯林人口最少，只有13.9万人。

西北段的伊斯兰文化源远流长，民族风情浓郁，是丝绸之路经济带民族文化交流的优势所在。在国家丝绸之路经济带的建设中，西北段已经建立了多个国家级民族文化产业园、穆斯林物流园区和重点经济（工业）开发区（园）等，它们已经成为丝绸之路经济带沿线各地区发展民族文化产业的重要平台，并且很多地区已有了一定的产业基础。

表 4-1　　　　　西北段穆斯林人口及清真寺统计　　　　单位：万人，座

西北段	穆斯林人口数	清真寺数量
新疆	1340	24000
宁夏	220	4000
甘肃	137	2500
青海	115	930
陕西	13.9	118
合计	1825.9	31548

资料来源：据 2010 年第六次人口普查统计整理。

(1) 宁夏

清真餐饮和穆斯林用品是宁夏的民族特色优势产业，目前已经形成了清真食品产业体系和少数民族服饰、文字印刷品、建筑装饰用品等为主的特色产业体系。近年来，宁夏的相关产业正以每年20% 以上的增幅高速发展。在清真餐饮食品方面，先后培育出夏进乳业、伊品生物等一批知名清真品牌，形成了以吴忠为代表的奶制品产业、以中宁为代表的枸杞特色产业、以中卫为代表的特色林果产业等。在穆斯林用品方面，宁夏已经成为全国穆斯林服饰的集散中心，形成了吴忠和宁夏穆斯林用品产业园区。如宁夏伊佳民族服饰有限公司目前是世界穆斯林服饰及用品生产和销售行业巨头，采用高科技的生产线，处于国内领先水平，产品 95% 以上出口中亚、中东等国际市场。

(2) 甘肃

甘肃省是回族、东乡族、撒拉族分布较多的省区之一,当前的特色民族产业以民族特色小吃及以牛肉拉面、甜胚、灰豆为代表的民族特色餐饮业为主。当前甘肃省清真产业主要是食品行业,主要有三个区域特色民族餐饮。甘肃省最为出名的小吃是"兰州拉面",尤其是以回族经营的牛肉面最为正宗,属于典型的清真食品,还有"兰州手抓"为代表的牛羊肉类食品。其次是以张家川回族自治县为主的清真食品基地,主要清真食品为面食类和牛羊肉类,其中面食类食品品种多,花样新,如油锅盔、馓子、凉粉等为代表的面食王国。第三个区域是临夏回族自治州,其清真食品以牛羊肉、乳制品、农副产品为主,如以"东乡手抓"为主题的牛羊肉,已经走向全省。

表4-2　　2013年甘肃省清真食品生产经营企业情况调查

单位:家,人,万元

清真食品生产经营企业	数量	企业员工数	有清真饮食习惯的少数民族员工数	年生产总值	年上缴税额
生产加工企业	203	10972	5991	209366	4950.9
个体工商户	7229	59303	37083	118523	2277.21
清真餐饮企业	2684	28660	16890	242006	18581.8
清真屠宰企业	227	2711	1725	49631	1600.5
合计	10343	101646	61689	619526	27410.41

资料来源:由甘肃省民族事务委员会清真食品管理办公室直接提供。

(3) 青海

青海的民族特色产业主要发展方向是品牌化和规模化。据第六次全国人口普查统计数据,青海省目前有穆斯林人口115万人,青海省有清真食品加工企业超过300多家,清真餐饮服务企业和个体经营户超过5000家,2013年青海省清真食品年产值达80亿元,出口达到 13 亿元。青藏高原由于其海拔较高，生态环境较好，境内所产的牛羊肉、青稞等由于体现了纯天然、原生态等特点一直深受中亚、中东伊斯兰国家的消费者青睐，涌现出"藏羊""雪舟三绒""高原绿色"等全国著名品牌。这些企业在青海发展的同时，积极扩大在东部沿海地区的餐饮业务。据统计，仅化隆一县在外地从事民族特色餐饮业的青海人超过 10 万，带动了东部地区和青海当地的经济发展。同时，青海省正在积极筹备建设中国（西宁）国际清真产业园区及西宁韵家口轻工业产业园区，打造具有民族特色的新兴产业。

（4）新疆

改革开放后，新疆地区民族特色产业不断发展，涌现出一大批民族特色品牌，如香巴拉、大盘鸡、阿尔曼等知名品牌。为了促进清真食品产业更好更快发展，乌鲁木齐市政府 2012 年出台了《关于加快特色餐饮业发展建设中国清真美食之都的实施意见的通知》，对清真食品产业投资项目给予资金支持，并对工作人员的生产技术和管理进行培训。这项政策的实施大大地鼓励了民族特色餐饮业的发展。2013 年，乌鲁木齐市饮食服务行业协会发布了《新疆维吾尔自治区特色餐饮业发展规划（2011—2015 年）》，规划中计划将新疆基本建成设施网点布局合理、业态多元、经营主体充满生机、相对发达和完善的现代产业体系；同时，打造新疆成为具有西部民族特色和异域风情，能够满足国内外需求的餐饮消费市场。

（5）陕西

虽然陕西省的穆斯林人口在西北段最少，但其清真食品业的发展也不甘落后。2014 年，陕西省召开了"首届丝绸之路经济带清真食品企业合作交流会"，邀请了中东、中亚伊斯兰国家的清真食品代表企业进行交流。西安市的"回坊"是陕西著名的清真食品生产销售基地，被称为"清真美食一条街"，以清真小吃为主要形式，如牛羊肉泡馍、烩羊杂、胡辣汤、葱油饼等数百种小吃应有尽有，目前商户达到600多户。西安三宝双喜集团是陕西省目前最具影响力的清真速冻食品有限公司，注册资本3亿元，以速冻水饺、速冻汤圆等为代表，产品不但销往北京、广州等全国各大城市，还销往马来西亚等中东阿拉伯国家。此外，汉中市也是陕西省重要的清真食品生产基地，西乡县信一清真食品厂以酱卤牛肉干、金丝牛肉等为代表的品牌已经成为陕西十大著名食品特产之一，获得"全国少数民族特需商品定点企业"的殊荣。还有农业龙头清真食品企业——汉中市春雨农业产业开发有限责任公司，主要生产蕨根系列产品、荞麦系列产品，被认定为陕西著名品牌。

2. 旅游产业

西北段是中华民族文化的重要发祥地之一，其旅游资源数量大、种类多，在旅游业方面是极具特色和吸引力的区域之一。地理环境的独特性、悠久的历史文明及众多民族的聚居，使得西北段拥有了秀丽的自然风光、丰富的古代文化遗存及多姿多彩的民族风情。这些丰富多彩的旅游资源让西北段特色旅游产业的发展不断壮大，同时带动了整个地区的经济发展。

中国西北段现有世界文化遗产4处，国家重点风景名胜区16处，国家级重点文物保护单位566处，加之绚丽多彩的民俗风情，为西北段旅游业的崛起夯实了基础。旅游业作为西北段一项新的支柱产业，借助丝绸之路经济带建设的东风迅速地发展起来。西北"丝绸之路"文化旅游具有独特的优势，这是一条多姿多彩的民族文化旅游带，在这条旅游带上，既拥有沙漠戈壁、雪山森林、草原绿洲等神秘粗犷和奇异的自然景观，也有长城、城堡、古道、石窟等体现古代高超建筑技术的历史遗存，更具有浓郁民族风情的人文景观，如边城风貌、民族风格建筑等，尤其是在牧区，游、行、食、住、娱、购都能够体现出浓郁的民族特色，加之这些各具特色的景点都比较集中而且呈串珠状分布，即主要集中分布在山前或河流沿岸的条带状绿地上，旅游资源的地域集中性分布正好与经济相对发达地带相契合，从而有利于旅游产业的开发和发展。

三　资源优势

1. 能源矿产资源

能源矿产资源是西北段经济发展的一大优势，在全国具有举足轻重的战略地位。西北段各种陆地能源矿产资源种类全、储量大，有利于开发建设成为强大综合性能源基地。

（1）煤炭资源

由于几亿年来的地质变化，西北段成煤地质条件好，煤层深度浅且储量大，预测储量约为3万亿吨，占全国预测资源总量的64.4%。西北段煤炭的保有储量达3373亿吨，占全国总储量的1/3。陕西、新疆、宁夏三地煤炭资源储量均居全国前六位，其中陕北、陇东、天山和宁夏地区的煤炭储量占整个西北段的90%以上，全国煤炭储量过千亿吨的神府煤田就坐落在这一地区。西北段的大型煤田多坐落在铁路沿线、黄河上游，开采、运输便利的同时也便于沿河设立大型火电厂就近发电。因此，充分利用西北段煤炭资源，有利于变资源优势为经济优势，也为当地化工冶炼、重装备制造业发展提供了便利。

（2）油气资源

我国的油气资源主要集中在西北的五大盆地。新疆地区油气盆地石油预测资源量约为209亿吨，天然气预测量约为10万亿立方米，约占全国总储量的25%。西北段已探明的石油储量以准噶尔盆地为最。随着东部地区开发较早储量较低的老油田逐渐枯竭，西北段石油资源将迎来一个新的开发高潮，这也是西北段经济发展的一个重要引擎。随着全国天然气分布的勘探工作稳步进行,初步证实西北段天然气储量约4300亿立方米,约占全国陆地天然气储量的60%。

(3) 水电资源

西北段地处我国一、二阶梯上,多条大河经此地由东部地区出海。海拔落差大,水能资源丰富,据初步测算,水能发电最大可开发量约为4194万千瓦,约占全国的11%。西北段水力资源多集中在黄河上游各主要干流与长江支流,其中水资源最丰富的黄河上游地区是我国主要的水能基地之一。水电可开发装机容量和电量达到25157兆瓦和947亿千瓦时,分别占西北段水电资源的78.7%和65.5%,其中龙青段装机容量和电量达到17130兆瓦和594亿千瓦时,分别占西北段水电资源的53%和41%。西北段水电资源丰富,特别是黄河上游地区的水电资源,有着较好的调峰性能,这一点是黄河、长江中下游水电无法比拟的。例如龙羊峡电站总库容为247亿立方米,调节库容为193.5亿立方米,具有多年调节性能;刘家峡电站总库容为57亿立方米,调节库容为41.5亿立方米,具有不完全年调节性能。充分利用黄河水资源优势,将资源优势转化为能源、经济优势,是西北段经济发展的必然选择。

2. 以金属和盐类为主的矿产资源

西北段矿产资源丰富,有多条巨型成矿带穿过,有色金属和盐矿储量大,品质高,能够支持地区工业发展,西北段正稳步向全国金属原材料基地迈进。

表4-3　　中国西北段主要矿产储量占全国和西部地区的比例　　单位:%

矿产名称	西北占全国比重	西北占西部地区比重
煤	14.6	61.1
石油	36.2	99.2

续表

矿产名称	西北占全国比重	西北占西部地区比重
天然气	37.3	54.7
铁矿	6.2	28.2
铜矿	13.3	36.9
铅矿	15.5	40.5
锌矿	17.8	35.1
镍矿	76.7	86.2
金矿	14.2	51.4
磷矿	2.2	3.8
钾盐	97.1	97.4
钠盐	80.9	90.5

资料来源：据《中国统计年鉴》（2014）整理。

有色金属资源在西北段各省区均有分布，相对东部省份的有色金属资源而言，有种类繁多、储量较大、纯度较高等优势。已探明的镍矿储量占全国的76.7%，已探明的铜、铅、锌等有色金属储量在全国的比重都很高。青海的盐湖矿产资源具有储量大、品位高、类型全的特点，茶卡盐湖是国内著名天然结晶盐湖，湖内出产的盐经过初步加工即可作为食用盐出售，初步探明的储量达4.4亿吨以上。察尔汗盐湖位于柴达木盆地中南部，总面积5800多平方公里，该盐湖以钾盐为主要成分，伴生有锂、镁、碘等多种矿物。设立在察尔汗盐湖的青海盐湖钾肥股份有限公司是当前国内最大的钾肥生产企业，年产量400余万吨。柯柯盐湖也是青海省最大的食用盐生产基地之一，其食用盐产品畅销全国12个省区，也出口至中亚、东南亚等国家，以"绿洁"冠名的精制盐和藏青盐是国家认定的A级绿色食品，具有无污染、品质好的特点。

四 工业基础优势

1. 石油天然气与化学工业

西北段被称为我国石油工业的战略交接区，石油冶炼工业发达，技术完善。同时，全国四大天然气产区有三个在西北。新疆维吾尔自治区拥有准噶尔盆地、塔里木盆地和吐哈盆地三大石油天然气生产基地，已经形成了以克拉玛依、乌鲁木齐、库尔勒、泽普等石油化工产品生产加工基地。甘肃省已建成兰州石油化工园区、白银精细化工园区和金昌化肥基地，包括兰州石化炼油、乙烯、润滑油、合成树脂、合成橡胶和炼油化工催化剂六个生产基地，白银市异氰酸酯和锂盐生产基地，金昌市磷铵、镍盐等产品的生产基地。青海省的察尔汗盐湖开发较早，相关产业经过多年发展已相对完备。随着近年新疆对罗布泊盐湖高投入、大力度的开发，新疆的盐湖也得到了较好的利用。

2. 有色金属、稀有金属为重点的冶金工业

西北段有色金属与稀有金属能源丰富，有着"有色金属长廊"之称的黄河上游沿线，铝、镁、铅、锌、铜、稀土、纯硅产量占全国总产量的20%以上。甘肃省被称为我国的"有色金属之乡"，河西走廊的金昌市金川集团已成为我国最大的镍生产基地，此外，还有副产品铜、钴、金、银、铂、钯、锇、铱、钌、铑等贵金属。甘肃中部地区的白银市，自中华人民共和国成立以来，就是我国铜制品生产基地，也盛产金、银、铝、铅、锌等有色金属；在铜冶炼方面，技术创新成果获中国有色金属工业科学技术一等奖，炼锌新型焙烧炉和黄钾铁矾工艺技术，达到国际领先水平，获中国有色金属工业科学技术一等奖。当前，随着冶炼工业的不断发展，西北段凭借独特的矿产资源优势，资源指向型工业体系已然初具雏形。

3. 电力能源工业

（1）常规电力能源工业

西北段水力发电、火力发电、风能发电工业齐头并进。主要原因在于该地水电资源尤为丰富。西北段充分利用黄河的水利优势，先后在龙羊峡至青铜峡河段设立了一批水电站，是国家重点开发的水电基地之一。在水电资源优势鲜明的同时，西北段煤炭资源丰富，具有大量的适用于煤粉生产的低硫、低磷、低灰、高发热量的优质动力煤。

（2）新能源电力能源工业

由于得天独厚的自然条件，西北段太阳能和风能资源非常丰富，当前的新能源开发主要是光伏发电和风能发电。截至2015年，西北段光伏发电累计装机容量2166万千瓦，占全国总量的51%，新增装机容量608万千瓦，占全国总量的40.18%，为我国光伏制造业提供了有效的市场支撑。在风电产业方面，2015年西北段累计在建装机容量1347万千瓦，发电量402亿千瓦时。

五 科技优势

相对于中亚国家，西北段在高新技术方面有一定的优势。西北段的不同省份通过自身所具备的优势形成了不同的高新技术产业发展模式。西安与兰州两个高新区作为西北两个重要研发平台，在数字电路、集成电路与新兴电子元件等方面优势突出，自动化仪表、数控机床等高附加值工业产品在国内有着良好的声誉。

西安高新技术产业开发区成立于1991年，是国内最早的高新区之一。多年来的发展，使得西安高新区各项综合指标稳居国内56个高新区前列。西安高新区各项转化成果中，超过九成拥有自主知识产权，为国内各高新区树立了榜样。西安在充分利用现有优势工业产业的基础上，努力打造了一批国内一流的重装备制造业企业，相关生产线上的产业工人超过8万；当地高校及研究院所在相关方向有国家级实验室20余家，传感、电气自动化相关大型企业过百家；围绕多条汽车生产线及周边零配件的企业稳步发展，相关产业已初具规模。

兰州高新区把培育自主创新能力作为重要突破口，充分利用高层次人才、技术、资金等各种创新资源。兰州高新区现有企业2300户，其中高新技术企业136户，先后培育和引进了奇正藏药、兰港石化、亚盛集团、莫高股份、可口可乐等知名的国内外高新技术企业。兰州高新区按照"发展高科技、实现产业化"的建区宗旨，突出发展具有地方优势的新材料产业和生物工程与新医药产业，先后建成了软件园、留学人员创业园和大学科技园等专业园区。

新疆和宁夏也凭借自身区位条件和资源优势大力发展高新技术产业，已经形成了新能源、新材料、先进装备制造、生物医药、煤炭石油化工等支柱产业和高新技术产业群。加之近几年在甘肃和陕西相继建立了国家级新区，使得西北段在丝绸之经济带建设中充分体现了其强大雄厚的科技优势，为经济带建设的长效发展提供了良好科技保障。

2012年8月，兰州新区设立，这是国务院批准的第五个国家级新区，也是西北第一个国家级新区。兰州新区分为现代农业示范园区、空港物流园区、临空产业园区、装备制造业园区、新兴产业园区、循环产业园区、生态休闲区等十个园区。综合产业区主要布局汽车产业和机器设备业，在南部主要布局以信息产业带动的高新技术产业；石化产业区主要结合国家石油储备库和西固石化进行产业转移和产能扩展；装备制造产业区布局以兰石集团、兰通厂等为主的高端装备制造业。

2014年1月，西咸新区设立，这是我国的第七个国家级新区，以创新城市发展方式为主题。西咸新区是关中—天水经济区的核心区域，将西安市和咸阳市连接起来，其区位优势明显，交通四通八达，工业基础良好、历史文化资源丰富、高新科技人才众多，拥有经济发展和产业升级的硬件和软件。西咸新区将建成为带动关天、辐射西部、面向全球培育战略性新兴产业的重要基地、科技创新资源聚集基地、科技成果中试与转化基地以及科技人员创业基地。西咸新区重点发展公共科技服务、高科技研发和创业孵化、高技术企业总部经济和高端生产性服务等产业，寻找创新发展新动能，成为丝绸之路经济带西北段的发展动力。

六　政策优势

西部大开发"十三五"规划中明确提出，以推进"一带一路"建设为统领，充分发挥西部各省（区、市）比较优势，在对外交流方面，要着重抓住政策沟通、基础设施连通、双边贸易畅通、建设资金融通、民间文化交流相通，加快推进中蒙、中国与中亚、西亚等国际经济走廊境内段建设，提升对西部地区开发开放的支撑能力；加强与长江经济带综合立体交通走廊等衔接；加强现代产业基地建设，积极推进国际产能和装备制造合作，探索与相关国家合作建设高标准的产业集聚区；提升重点省会城市国际化水平和辐射带动能力，打造西部地区对外开放重要门户和枢纽。结合外方意愿，稳步推进外国在西部地区设领事馆；支持"一带一路"重点旅游城市间增开国际航线，拓展国内段业务；完善多层次对外交流合作平台体系，夯实"一带一路"沿线国家和地区民心相通、共同发展的民意基础。①

---

① 部分引用了《"丝绸之路经济带"甘肃建设总体方案》、《关于融入"一带一路"加快开放宁夏建设的意见》中的原文。

此外，与丝绸之路经济带建设相关的各项政策也在西北各个省份陆续推出。作为古丝绸之路的起点，陕西省在西咸新区建立了丝绸之路经济带能源金融贸易中心园，出台了一系列针对丝绸之路经济带建设的能源、金融和贸易投资的优惠政策。其中，对能源、金融贸易类国有企业和跨国公司区域性或全球性资金管理中心入驻园区的，将按15%的税率征收企业所得税。这一系列优惠政策为丝绸之路经济带沿线国家的共同发展提供了便利条件，为中国西部及陕西建设丝绸之路经济带提供了强有力的政策保障。

甘肃省人民政府也制定和印发了《"丝绸之路经济带"甘肃建设总体方案》（简称《方案》），《方案》从交通、能源、物流等方面进行规划，提出要把甘肃省打造成为丝绸之路经济带上的黄金段。其中，物流交通基础实施方面，努力建成向西开放的纵深支撑和重要门户、丝绸之路的综合交通枢纽和黄金通道、经贸物流和产业合作的战略平台、人文交流合作的示范基地。与此同时，甘肃省还将进一步地精简行政审批事项，改革企业赴国外开展商务活动程序，简化出入境人员审批手续，缩短审批时间。加快退税进度，保障及时足额退税，为企业提供更加便利的服务。

宁夏回族自治区提出了《关于贯彻落实国家〈丝绸之路经济带和21世纪海上丝绸之路建设战略规划〉重要政策举措的分工方案》，在基础设施互联互通、能源合作、高新技术制造业、金融领域、文化交流等领域进行合作，扩大经济社会交流范围。2015年，宁夏回族自治区党委通过了《关于融入"一带一路"加快开放宁夏建设的意见》，提出要全面落实宁夏内陆开放型经济试验区规划。要把宁夏回族自治区打造成辐射西部、面向全国、融入全球的中阿合作先行区、内陆开放示范区、丝绸之路经济带战略支点。与此同时，《共建丝绸之路经济带宁夏规划》也正在积极地规划和制定。

为了贯彻国家"一带一路"的发展倡议，支持青海成为丝绸之路经济带战略基地和重要支点建设,青海省印发了《金融支持青海省融入"丝绸之路经济带"建设指导意见》(简称《意见》)。《意见》将加大对青海省对外交通网络建设,使其成为丝绸之路经济带上的重要交通枢纽,把青海省建设成西北地区能源战略储备基地,通过金融优惠政策支持企业发展,从东部地区和国外发达地区引进先进技术,增强对外出口和投资企业的国际竞争力。根据国家建设"一带一路"重大倡议,为加快高原清真食品和餐饮产业发展,青海省编制了《青海省高原清真产业发展规划(2015—2020)》。

为了能够推动党中央关于"一带一路"倡议的顺利实施,2014年新疆维吾尔自治区党委下发实施意见,贯彻落实《中共中央关于全面深化改革若干重大问题的决定》,提出要充分发挥新疆的地缘、人文、资源等比较优势,进一步加快中哈霍尔果斯国际边境合作中心和喀什、霍尔果斯经济开发区的建设,争取在新疆设立中国—中亚自由贸易园区,大力发展面向中西南亚乃至欧洲的出口加工基地。新疆维吾尔自治区也审批并通过了《推进新疆丝绸之路经济带核心区建设的实施意见》和《推进新疆丝绸之路经济带核心区建设行动计划(2014—2020)》等一系列政策。这些政策旨在积极承接产业转移,加快新疆产业结构优化调整,加强新疆与周边国家以及相邻省份之间的优势经济社会资源整合,在丝绸之路经济带建设中共同发展。2014年3月,新疆维吾尔自治区公布了《关于在喀什、霍尔果斯经济开发区试行特别机制和特殊政策的意见》,鼓励两个经济开发区先行先试,努力建成我国向西开放的重要窗口。

第二节 连接丝绸之路经济带中亚段与中国东部段的重要桥梁

一 向西开放的前沿区

在 2012 年中国(宁夏)国际投资贸易洽谈会上,李克强总理指出，要加快向西开放，不断拓展我国西部内陆省份对外开放的程度。当前，我国不断推出新政策扩大对外开放格局，向西开放的理念日益深入人心。丝绸之路经济带战略提出之际，西部主要城市、口岸正在不断完善基础设施建设，积极推动与中亚国家经济、贸易、文化往来。这一系列举措充分证明了中国政府高度重视扩大内需与扩大开放相结合、西部大开发与西部大开放相结合、向发达国家开放与向发展中国家开放相结合的发展理念，全面提升中国对外开放格局。

而我国西北段依靠其自身的优势，充分体现了其为向西开放的前沿区的地位和作用。丝绸之路经济带倡议提出以来，我国西北段政府积极响应、认真调研，并根据各省区实际情况做好了相应规划。陕西省提出要做丝绸之路经济带的"新起点"，新疆提出要做丝绸之路经济带的核心区，甘肃省提出要打造成为丝绸之路经济带"黄金段"，宁夏提出建成辐射西部、面向全国、融入全球的内陆开放示范区、中阿合作先行区和丝绸之路经济带支撑点，青海省提出要建成丝绸之路经济带上重要的战略通道、商业物流中心、特色产业基地和人文交流中心。

就西北段而言，陕西作为丝绸之路经济带的"新起点"，有着较强的制造业基础，交通网络相对发达完善。随着丝绸之路经济带战略的开展，陕西省有望发挥自身制造业优势，从"新起点"到"新高度"。

新疆与中亚诸国毗邻，总面积160余万平方公里，占我国国土总面积的约1/6，石油、天然气能源丰富，矿产开发、冶炼工业发达。从地缘关系来看，新疆属于中国西部最边远的省份，也是与俄罗斯、中亚等国家边界线最近的省份。新疆的地理位置决定了新疆在与中亚各国的交往中占有独特的地缘优势。但由于新疆地区地广人稀，距离中国东部沿海距离较远，故宜发展面向中亚乃至亚欧大陆腹地的外向型经济，发挥产业优势，增进与中亚国家间贸易往来，提升自身经济水平。

宁夏回族自治区地处我国西部黄河上游，西部和北部紧邻内蒙古，东部和西部与甘肃省相连，是我国的重要民族聚居区域，境内穆斯林人口众多，是我国与中亚、中阿经济文化交流的重镇，当前中阿合作论坛在省会银川设有永久会址。2012年宁洽会中阿论坛上，李克强总理宣布在宁夏回族自治区设立国家级内陆开放型经济试验区，努力发展内陆开放型经济，积极完善区域开放新格局。以中阿博览会为代表的一系列中阿对话交流平台为中国与阿拉伯国家进行政治交流、经贸往来、文明对话提供了新的机会。

甘肃省东西狭长，地接新疆、青海、宁夏、内蒙古等西北主要省份，河西走廊东联内地，西接新疆，交通位置优越，是丝绸之路经济带上的黄金段，是内地通往新疆与中亚地区的必经之路，仓储、物流产业发达。甘肃境内有多条铁路经过，整个陇海线贯穿甘肃东西，还有兰西铁路、包兰铁路、兰渝铁路、京兰铁路等；航空港建设方面，拥有飞机场三个，便利的交通使得甘肃成为丝绸之路经济带上的黄金发展区域。

二 丝绸之路经济带的核心段

丝绸之路经济带所涵盖的国家和地区的范围不断扩大，其具备的时代意义也早已突破古丝绸之路文化、贸易的局限，散发出更为耀眼的光芒。我国西北段作为丝绸之路经济带的中间地段，将发挥积极的辐射带动作用。

从地缘角度来看，新疆接壤中亚诸国，为渝新欧铁路出境省份，并连接了哈萨克斯坦、俄罗斯、白俄罗斯、波兰、德国，形成了国际大通道，成为国内能源进出枢纽。新疆是我国边界线最长、毗邻国家最多的省份，周边与俄罗斯、哈萨克斯坦、吉尔吉斯斯坦、塔吉克斯坦、巴基斯坦、蒙古、印度、阿富汗八国接壤，现有17个开放口岸，其中15个是陆路口岸，2个为航空口岸，是亚太与欧洲两大经济圈的重要节点和枢纽。随着新亚欧大陆桥的贯通以及正在规划修建中的中吉乌铁路、中巴铁路，新疆初步形成了铁路、航空、管道、公路四位一体的立体化交通运输体系，作为我国向西开放的最前沿，新疆已成为联系中国内地与中亚地区的重要枢纽。乌鲁木齐已经建成了3个国家级开发区和1个出口加工区、1个国家一类口岸和7个国家二类口岸，近200个各类商品交易市场，形成了铁、陆、空多元化、多功能的口岸开放格局和覆盖新疆、辐射中亚地区的多层次、多渠道贸易网络。

宁夏银川也在打造面向中东地区的空中新驿站。银川是我国通往中东、中亚的国际航路"雅布赖航线"中距离内陆最近、空港优势明显的西北段省会城市。随着银川河东机场开放对迪拜、首尔等城市的国际航班并定期发送往返哈萨克斯坦的货运专机，宁夏从中国的内陆省区一跃成为借助空港优势对外开放的前沿阵地。经由银川往返各国际主要城市的航线赢得了"空中丝绸之路"的美誉。这为国内无海港优势的内陆城市发展开放型经济，积极参与经济全球化分工做出了良好的示范。

从能源角度来看，丝绸之路经济带所经之处不仅有石油、天然气等化石能源的产出国（如沙特阿拉伯、哈萨克斯坦等），也有着如风能、太阳能等可再生资源潜力巨大的国家与地区。而中亚国家的能源运输会给丝绸之路沿线各省带来油气管道建设的投资机会，能积极推动当地其他能源基础设施的建设。中国西北段在石油、天然气的开发、加工和能源储备方面，可以成为我国与中亚国家在这一方面的长期战略合作基地，同时基础设施和商贸通关管理也可以促进中亚国家向东南亚等国家的贸易规模扩大。

从文化交流方面来说，新疆地处亚欧大陆多元文化交流融合的主要地区，形成了独具特色的多元文化、民族、宗教氛围。不同的民族、信仰、文化在这里碰撞。作为世界唯一四大文化（古印度文化、古希腊文化、波斯伊斯兰文化、古代中国文化）的交汇地，境内的维吾尔、哈萨克、柯尔克孜、塔吉克、俄罗斯等民族都是跨国界而居，新疆地区的少数民族与境外同族在信仰、生活习惯等方面有很多相通之处，也有着广泛的文化认同，有利于新疆进一步扩大对外交流。

在这方面，甘肃和宁夏以及青海地区也有着类似的民族文化优势，它们的发展都对对外文化交流的提升有很大的帮助。正是这些独特的区位、人文、资源优势，西北段首先成为丝绸之路经济带建设的战略核心区。

三 承东启西的战略枢纽

在丝绸之路经济带建设过程之中，西北段凭借自身的区位和资源优势，在物流和产业转移两个方面具有承东启西的战略枢纽作用。

1. 物流方面

陕西省正在加快空中丝绸之路的建设，进而搭建承东启西的物流平台。目前西安至国内的货运航线有广州、杭州、南京、深圳等城市，国际货运航线有西安至首尔、仁川、阿姆斯特丹等城市，航空物流产业集聚优势日趋明显。西安咸阳国际机场是我国主要的干线机场、国际定期航班机场和全国十大机场之一。截至2014年，西安咸阳国际机场开辟的通航点达136个，航线达269条，年运输起降、旅客吞吐量、货邮吞吐量分别达到27万架次、3300万人次和21万吨，是全球60余个主要空港之一。在国际航空客运运输方面，为了响应国家"一带一路"建设，目前西安咸阳国际机场已经开通了近30条国际航线，主要包括西安至巴黎、西雅图、首尔、莫斯科、曼谷、新加坡、吉隆坡、冲绳、大阪等航线，实现了在航空客运、货运直通欧洲、亚洲和美洲的计划。①

甘肃省作为丝绸之路经济带上的黄金要道，2014年甘肃省在武威市设立了保税物流中心，"天马号"国际货运专列的运行增加了中国内陆东南沿海进出口货物业务到中亚和俄罗斯以及欧洲国家的贸易。2015年7月兰州新区综合保税区也开通了中国—中亚货运班列"兰州号"，较好地承接了我国东部地区向中亚地区的物资运输，促进了我国进出口货物的运输。在空中丝绸之路建设方面，甘肃省内现有8座机场，2014年，共计完成旅客吞吐量755.7万人次、货邮吞吐量4.88万吨、运输起降7.02万架次。在国际航线方面，现在已经开通了兰州至首尔、曼谷、新加坡、台北的国际和地区航线，大大提高甘肃省空中物流的国际化水平。

而在新疆，政府在积极为"空中丝路"的建设而努力。目前新疆共有16个运输机场，运营航线184条，其中国际航线27条，通航15个国家81个城市。开通除拉萨外的所有省会城市航线，实现了与莫斯科、伊斯坦布尔、迪拜、阿拉木图、首尔等亚欧重要枢纽的互联互通。在国际道路运输方面，截至2014年，新疆已与巴基斯坦、哈萨克斯坦、吉尔吉斯斯坦、蒙古等国家开通了国际客货运输线路共107条。2016年贯通的西欧—中国西部国际公路走廊（简称"双西公路"）可以连通中国连云港、新疆、中亚和俄罗斯的圣彼得堡，全长8000多公里，大大缩短欧亚之间的运输时间，这也为东部向西部的物流运输起到了重要的枢纽作用。

2. 产业转移方面

目前，东部地区产业向陕西等中西部转移的趋势不断增强，尤其以长江三角洲、珠江三角洲等地的产业转移为主，资源密集型产

---

① 部分引用了《西安航空城实验区发展规划（2013—2025）》和《甘肃国际陆港华东物流基地合作协议》中的原文。

业逐渐向资源输出地转移。产业转移的规模也在不断地加大，东部沿海城市有大量产业亟待向西部地区转移。东部地区众多劳动力密集型企业正在向技术、资本密集型转变，并且存在由个别产业或个别企业转移向多个产业、产业集群集体转移的趋势。将东部正在转型的企业落户到西部地区，不但解决了东部产能过剩、产业过于密集的问题，同时也给西北段带来了提高自身经济社会发展水平的机遇。

宁夏作为全国第二批加工贸易梯度转移重点承接地，面对东部产业转移这一机遇，大力开展招商引资，引进了一大批外商投资企业，目前工业外来投资企业创造的价值已占全区工业的1/4，并且已成为宁夏工业发展的一支重要力量。宁夏通过招商引资引进了国电集团、神华集团、康师傅控股公司、徐州矿务集团有限公司、中国冶金集团公司、西部发展控股有限公司、江苏阳光集团、浙江世贸有限公司、张裕葡萄酒业公司、华电国际集团和德国莱茵集团、加拿大铝业集团、英国道森公司、韩国三星等一批有影响力和带动能力的大集团、大项目。这一系列举措极大地促进了宁夏地区的经济社会发展。

新疆也在承接东部地区产业转移方面进入了一个新的阶段。2012年，针对新疆的资源优势，一批大企业、大集团相继落户新疆。这些企业的投资领域主要包括能源矿产开发、纺织业、装备制造业、特色农产品加工等。目前，作为拥有全国煤炭资源储量40%的能源战略重地，新疆承接转移的主要产业为原材料掘进，尤其是石油化工产业。新疆凭借得天独厚的环境优势，棉花资源高质且丰富，市场广阔并且产业基础好，已经有东部地区的一些纺织龙头企业向新疆地区进行产业转移。同时，甘肃和青海也在积极地利用自身所具备的优势，努力成为能够承接我国东西部产业转移的重点基地。

正是我国西北段在物流业和东西部产业转移等方面具有承东启西的枢纽作用，这不仅对西北段经济的快速增长、经济结构调整和产业升级以及对外开放的水平提升都有着很强的促进作用，而且将会大大推动沿线国家与地区经济贸易的不断扩大。

第三节　中国—中亚经贸合作往来的战略通道

丝绸之路经济带中国西北段与中亚五国毗邻，中国在西北段与中亚邻国边界长度约 3400 公里。中亚五国领土面积约 400 万平方公里，人口 6600 余万。在历史、环境、地缘等因素作用下，中国西北段与中亚诸国在宗教信仰、民俗文化、生活习惯等方面较为相似。自 1991 年中亚五国独立以来，大力发展国民经济，积极推进国家建设，注重加强对华关系。2014 年中国与中亚国家贸易额达到 450 亿美元，较建交初期增长 100 余倍。与此同时，双边人文领域的合作也不断深化。中亚地区拥有重要的区位优势、丰富的自然资源、悠久的历史文化。借助丝绸之路经济带这一重要平台，中国西北—中亚地区发展潜力巨大，有望成为世界经济的新增长极。

历史上，古丝绸之路作为东西方文明交流的重要通道，起到了不可磨灭的作用。在当今世界经济全球化趋势下，丝绸之路经济带建设具有促进区域经济发展合作的重要现实意义。中亚地区位于亚欧大陆腹地，是亚欧大陆东西交流、南北联系的必经之路，有极其重要的战略意义，同时，中亚地区与中国西北段毗邻，双方贸易与文化交流紧密，也是我国向西开放的首要地区。虽然丝绸之路经济带面积辽阔，国家众多，但是中国西北段—中亚段作为丝绸之路经济带向西辐射的第一环，具有重要的历史与现实意义。

一　中国—中亚经贸物流一体化的关键节点

近年来，中国与中亚国家在交通运输各个领域的合作都取得了巨大的成就，并形成了公路、铁路、航空、管道以及电信"五位一体"的综合交通运输系统。丝绸之路经济带自北向南三条线路全部经由中国西北向中亚、西欧地区延伸，在我国为数众多的陆路通道中，仅此一条能够联系波罗的海、英吉利海峡等欧洲主要航道以及波斯湾和印度洋等重要石油物资航道。亚欧大陆是中国西部的主要出海通道，也是我国内地与中亚、西亚和欧洲、北非等国家和地区开展贸易、金融以及文化交流合作的前沿区。丝绸之路经济带中国西北段的新疆维吾尔自治区有着国内最多的陆路边境口岸，在两地经贸联系中，建立了喀什与霍尔果斯国家级经济开发区，形成了以19个国家级开发区、62个自治区级开发区为节点的经贸体系，中国西北与中亚地区经济贸易联系通过这一体系得以加强。

二　中国—中亚段经贸合作通道的战略意义

当今中国正在加快推动产业结构升级，将过剩产能逐渐向西部地区转移。通过丝绸之路经济带中国西北段—中亚段建设，并以此实现我国向西开放的重要部署，对于我国调整产业结构，转移非优势产能具有重要意义。充分利用丝绸之路经济带这一连接中国西北与中亚地区的重要经贸合作通道，有以下几个方面的重要意义：

一是在我国构建全方位、宽领域的对外开放格局中贡献力量，有利于提高中国西北段的经济开放水平。我国西北段在承接东部地区产业转移的同时努力扩大向西开放水平，通过丝绸之路经济带建设，积极开拓面向中亚国家乃至欧洲国家的外向型经济，进而提高我国西部地区经济发展水平，拓宽我国西北段对外开放层次。

二是推进我国西部地区城镇化建设，推动我国西部地区都市圈与经济带合理配置，有利于推动西部地区西安、重庆、成都、兰州、西宁、乌鲁木齐等丝绸之路经济带沿线重要节点城市发展，加快以这些城市为中心的关中城市群、成渝城市群、兰白西城市群、天山北坡城市群、银川平原城市群尽快发育成型，在促进我国西部地区城镇化建设过程中为丝绸之路经济带建设提供有力支持。

三是改善国内人口分布状况，打破东西部地区长期以来人口地域分布不均的情况。随着丝绸经济带建设，将会有更多人口向经济带沿线城市群集聚，这将有助于优化国内人口分布，推动西部地区经济持续发展。与此同时，中国与中亚五国在产业结构、资源配置等方面存在较多互补之处。丝绸之路经济带建设能够在一定程度上协调中国与中亚地区产业布局，发挥各自的比较优势，通过区域合作促进中国西部地区与中亚地区经济发展。

丝绸之路经济带建设对中国西北段提出了产业转型合作的必然要求，与丝绸之路经济带沿线国家，特别是中亚诸国的贸易联系不应局限于能源与矿产资源，而是要开展全方位、多层次的交流合作，积极引导沿线发展中国家参与到经济全球化的产业分工中，与沿线国家一道加快产业转型升级，深入开展区域经济合作。

第四节　亚欧经济一体化的战略通道

丝绸之路经济带辐射区域辽阔，是亚太经济圈与欧洲经济圈的重要纽带，辐射40多个国家，覆盖30多亿人口。通常，我们把丝绸之路经济带划为三个区域，即核心区、重要区和扩展区。中亚经济带是丝绸之路经济带的核心区，主要包括中亚五国。环中亚经济带是丝绸之路经济带的重要区，包括中亚五国与南亚、西亚诸国。亚欧经济带为丝绸之路经济带的扩展区，包括环中亚、欧洲、北非诸国。丝绸之路经济带作为一个地跨亚欧大陆的重要经济通道，对于推动亚欧经济一体化建设，具有重要的促进作用。

一　丝绸之路经济带的建设是推进亚欧经济一体化的重要手段

丝绸之路经济带涵盖了40多个国家和地区，关联超过世界一半的人口。以中亚五国为代表的众多沿线发展中国家都面临着加速经济增长、提高民众生活水平的重大挑战。完成这一目标需要丝绸之路经济带沿线各国优势互补，加强区域经济合作。推动丝绸之路经济带建设，有利于增进亚欧大陆国家间的人文交流、贸易互利和政治互信。

推动丝绸之路经济带建设，有利于建立区域一体化的世界经济体系，形成新的增长极。当今世界，通过加强区域经济合作促进国家经济社会发展已经成为必然要求。以欧盟、东盟、北美自由贸易区为代表的区域经济合作组织通过加强内部协作，共同应对世界经济一体化挑战，已然成为活跃在国际舞台上的重要力量。新经济增长极的构建离不开国家地区间的共同协作。就丝绸之路经济带而言，中国地处亚欧大陆东端，与日韩隔海相望，是亚欧大陆上经济相对发达的地区，位于亚欧大陆西端的西欧地区是世界最重要的经济体之一，而地处亚欧大陆中段的中亚地区与中国西部地区虽然具有重要的地缘优势，但经济状况却不容乐观。这一区域自然资源丰富，具有一定的工业基础，各国政府对经济民生问题较为重视，有着广阔的发展前景。近年来，我国正不断加大对西部地区发展的重视程度，积极推进西部地区经济发展水平的提高，大力发展西部地区基础设施建设，不断引导东部地区向西部进行产业转移。毗邻的中亚地区拥有丰富的能源与矿产资源，石油、冶炼产业相对发达，近年来正在积极吸引外资推动当地经济发展。因此，中国与中亚、欧洲国家共建丝绸之路经济带，在推动中国西部与中亚地区经济发展的同时，对加强亚欧大陆内部国家间经济、文化联系，推动区域经济一体化方面有着重要意义。

二 亚投行和丝路基金是实现亚欧经济一体化的重要平台

2013年10月，中国提出了筹建亚洲基础设施投资银行的倡议。2014年10月，中国、哈萨克斯坦、英国等21国的授权代表或财政部长北京聚会，决定共同成立"亚投行"。2014年11月，中国倡议设立丝路基金，这是加快丝绸之路经济带建设、加速亚欧经济一体化进程的又一重要举措，该基金旨在为"一带一路"沿线国家基础设施建设提供资金支持，全面推动区域经济合作。

推动亚欧经济一体化进程，加快丝绸之路经济带建设离不开互联互通，而互联互通不仅是基础设施的联通，还包括政策沟通、贸易畅通、资金融通、民心相通。而要实现后"四通"的前提就是要建设基础设施的互联互通。丝绸之路经济带沿线国家，特别是中亚五国在苏联解体后基础设施建设趋于停滞，大量铁路、公路干道急需维护，不少通道等级低、路况差、安全隐患大。基础设施的落后严重阻碍了相关地区的经贸发展。亚投行和丝路基金为成员国家在基础设施建设、矿产能源开发和产业合作等有关项目提供金融支持，必将推动亚欧经济一体化进程取得实质性进展。

亚投行的成立符合中国与中亚国家进一步发展密切经济合作关系的美好愿景。中亚国家的政治稳定和持续发展关系到丝绸之路经济带沿线国家的整体发展，中亚地区的经济稳定也会影响中国的持续发展。亚投行的成立必将给中亚各国经济发展提供新的选择，也将有助于实现中亚地区交通通道的多样化与加强中亚国家同欧洲的经济联系。中亚各国与中国有着共同的发展目标和广泛的合作基础，发展中的中亚国家、西亚国家都对中国基础设施建设的优势有迫切的需要。

第五节　全面实现中国向西开放的战略通道

丝绸之路经济带自北向南三条线路全部经由中国西北向中亚、西欧地区延伸，在我国为数众多的陆路通道中，是唯一一条能够通往波罗的海、英吉利海峡等欧洲主要航道，也是我国东部地区与亚欧大陆诸国贸易往来和文化交流的重要窗口，是实现丝绸之路经济带"政策沟通、设施联通、贸易畅通、资金融通、民心相通"的关键区域。

中国西北段是我国与亚欧大陆腹地国家开展区域合作交流的开放前沿，要积极面对丝绸之路经济带建设带来的机遇和挑战。中国西北段在丝绸之路经济带建设中的战略地位突出，要定位好和发挥好各省份的比较优势。新疆维吾尔自治区作为我国向西开放的最前方，起着重要的窗口作用，加强与中亚、南亚、西亚等国家的交流与合作，是提升外向型经济发展水平的重要途径，要把新疆打造成为丝绸之路核心区。陕西省是丝绸之路经济带新的起点，甘肃省是丝绸之路经济带黄金段，宁夏回族自治区是丝绸之路经济带的黄金支点，青海省是丝绸之路经济带的战略基地和重要支点。要把西安打造成为我国西北内陆地区开放的新高地，继续提高兰州和西宁的开放水平，把银川建设成为内陆开放型经济试验区，在新的时期推进和提高中国西北段的对外开放水平，寻找经济发展新动能。

丝绸之路经济带中国西北段的建设，将有助于实现我国产业结构调整，打造东西双向开放的新格局。中国西北段作为亚欧经济合作中的重要节点，理应是东部地区能源类产业的转移与优化升级的首选地区。充分利用接近中亚、中东石油天然气产地的优势，发展成为我国重要的能源产业基地，把中国西北地区推向丝绸之路经济带能源产业升级的前沿，大力发展工业能源产业、电力生产、石油炼制与化工、煤化工及天然气化工，以及更高端化工市场的精细化工生产，合成材料生产，化肥农药生产等。也可以把西北打造成丝绸之路经济带能源金融中心，能源工程技术与装备业务服务区，更大地增强丝绸之路经济带的内部集聚效应和外部辐射能力。可以说，丝绸之路经济带中国西北段建设，对于全面实现我国向西开放的根本性战略和加深我国与亚欧各国经济文化交流影响深远。因此，丝绸之路经济带中国西北段建设既是现阶段经济带建设的重中之重，也是亚欧大陆上东亚经济圈与西欧经济圈经贸联系的必由之路。

第五章

丝绸之路经济带建设对中国西北段产业结构调整与产业空间布局的影响

改革开放初期,在邓小平同志"一部分地区先富起来、先富带动后富、逐步实现共同富裕"的战略思想指导下,国家对全国生产力布局和区域规划进行了重新梳理,将经济发展的重心放在了东部沿海地区,经济政策开始向东部沿海倾斜,而西北段却没有成为改革开放的直接受益区,大西北为东部地区的经济发展做出了很大的要素贡献,付出了牺牲生态环境的代价,而东部地区的市场所获得的不仅是这些资源的最终使用权,更是这些资源在产业链间流通带来的生生不息的市场活力。

20世纪90年代,从新形势下中国发展的战略需要出发,我国提出了西部大开发战略,并于2000年开始正式实施。西北各省份在结合自身特点和优势的基础上形成了一定规模的产业格局,特别在矿产和能源方面,由于蕴藏量丰富,一直是西北地区的主导产业,但由于技术和资金限制,这些本应成为全国范围内最具竞争力的产业只能停留在矿物能源的开采和浅层次加工上,而那些高附加值的深加工环节却一直被东部地区所垄断。

丝绸之路经济带建设是我国西部发展面临的重大战略机遇,提高西北段建设水平和开放水平,有利于东中西区域协调发展,同时也有利于加强中国—中亚互联互通和贸易往来,为中国西部提供一个开放通道。从这个意义上说,丝绸之路经济带发展战略不仅是西部大开发战略的升级版,也是中国对外开放的新阶段,在解决中国西部地区发展问题上,它改变了西部大开发战略实施以来东部地区的单方面拉动局面,变为东部拉动、中亚推动的双动力引擎共同促进的局面。①

第一节 丝绸之路经济带建设对中国西北段产业结构调整与产业空间布局提出新要求

2013年9月7日中国国家主席习近平在哈萨克斯坦提出共同建设"丝绸之路经济带"的构想,从而形成一个连接东西、贯通亚欧的经济带。陆上丝绸之路经济带东部地区是经济发展充满活力的亚太地区和中国东部发达地区,中间是资源、能源丰富的中亚地区和中国的西部地区,一路向西则是欧洲发达经济体。

中国西北段由于其特殊的地理环境和资源禀赋,在我国经济增长和产业优化方面有着重要的地位和作用,在经历了改革开放和西部大开发之后,其产业结构有了明显改善,但存在的问题仍然很多,丝绸之路经济带构想的提出对西北段产业结构与空间布局状况带来机遇的同时也提出了新的要求,如何充分利用好丝绸之路经济带建设的契机,在丝绸之路建设大背景下优化产业结构和空间布局是对西北段新的考验。

---

① 郭爱君、毛锦凰:《丝绸之路经济带:优势产业空间差异与产业布局战略研究》,《兰州大学学报》(社会科学版)2014年第1期。

丝绸之路经济带建设的实施为西北段的发展指明了新方向，对西北段产业结构的调整和产业空间布局起到了指导性的作用。作为丝绸之路核心地带的西北段，要想在新时期抓住机遇，就必须协调好自身的产业状况和整个丝绸之路经济带的产业布局，防止出现整个经济带各个地区产业布局的雷同，有效避免地区间恶性竞争。

丝绸之路经济带建设使得西北段成为我国向西对外开放的前沿地带，尤其是新疆维吾尔自治区处于西北段的最西区域。改革开放初期，新疆和中亚国家就有经贸往来，特别是1983年霍尔果斯、吐尔尕特通商口岸的开通更是将两个地区的经贸往来从幕后拉到了台前，商贸领域有了不断扩大的趋势，而且随着1996年上海合作组织的成立使双边经贸合作取得了更快的发展。但沿边贸易并没有给西北段带来想象中的好处。一方面，除了新疆以外，陕西、甘肃、宁夏和青海四省区在沿边贸易中发展极其缓慢，在2001—2004年西北段与中亚国家进出口贸易总额占西北段进出口贸易总额的比重中，新疆长期处于西北段的领先地位。近年来，虽然情况有所好转，但新疆在西北段中的出口占比始终远超其他四省区，以2014年为例，位于新疆的生产经营单位出口总额达到234.83亿美元，占西北段总出口额的48.74%，占西北段出口额的一半；而陕西省占28.91%，甘肃省占11.07%，青海省占2.34%，宁夏占8.93%，都远小于新疆。也就是说，西北段的陕西、甘肃、青海、宁夏四省区的对外贸易仍处于弱势地位，而且这些省区与中亚国家贸易更是在其对外贸易中居于次要的地位。但这也说明西北其余四省区在未来还有很大的发展空间，特别是在丝绸之路经济带建设的新时期，这四省区可以发挥后发优势，在出口贸易中占据一席之地。

表 5-1　　2014 年中国西北段经营单位出口产值及其比重

经营单位所在地	陕西省	甘肃省	青海省	宁夏回族自治区	新疆维吾尔自治区
出口总额（千美元）	13929257	5331350	1128327	4302806	23482546
出口额占西北段总出口额的比重（%）	28.91	11.07	2.34	8.93	48.74

资料来源：据国家统计局数据计算。

另外，中国新疆的沿边贸易虽然比较可观，但其出口商品中很大一部分都是中亚国家与我国中东部地区的贸易交流，新疆的对外贸易在很大程度上变为通道经济，从而出现贸易产业的空洞化，继而沦为发展中的"经济洼地"。

随着丝绸之路经济带的实施和连接欧亚的交通运输线的彻底贯通，中国与中亚各国的经济往来必定越发密切，西北段的产品输出主体将不再仅仅是我国中东部地区，而且还将包含中亚甚至丝绸之路经济带沿线的其他国家。中亚地区资源丰富，经济发展总体比较落后，而中国东部地区经济较为发达，两者之间在产品贸易方面具有较大的互补性。在这种情况下，西北段要竭力摆脱"通道经济"的尴尬局面，不能仅仅沦为两者之间的运输通道，而应该主动出击，借助自己的中心地位和交通运输成本优势，大力发展相对于东部地区具有比较优势的矿产能源行业、农牧业等产业和相对于中亚地区具有优势地位的食品制造业、轻纺工业和机电制造业等产业。

西北段必须改变以往偏"重"偏"农"的单一产业结构，大力发展相对于东部地区具有劣势但相对于中亚五国具有优势的产业，从而形成全面的产业体系。为此，必须合理规划产业空间布局，努力提高产业规模与效率。

一 丝绸之路经济带建设对中国西北段交通运输业提出了新要求

交通运输是一个国家或地区经济发展和对外开放交流的先决条件。只有交通运输这条动脉打通了，落后地区才能摆脱闭塞的环境，增进与其周边发达地区的交流，从而缓解地区发展差异，并为不同地区的共同发展创造有利的条件。随着中国改革的进一步深化和中国西进战略的进一步实施，中国和中亚各国的经济贸易往来必将越发频繁，而这对双边的交通运输都提出了更高的要求。在大力建设丝绸之路经济带的今天，中国要把交通运输建设特别是西北段的交通运输建设当作向西开放、加快丝绸之路经济带建设的首要任务。

20世纪90年代以来，中国和中亚国家在交通运输方面均取得了重大进展。中国的陇海线、兰新线、北疆线、南疆线横穿西北，与中亚国家紧紧相连，构成了新亚欧大陆桥的主动脉，为沿边贸易提供了极为便捷的通道。这条大动脉将沿线的各个国家地区连成了一个密不可分的整体，一方面促进了中国与中亚五国的商贸往来，另一方面为中国西北段经济的发展提供了外向动力。

中国和中亚地区的公路相互衔接，由中国连云港出发经由西安、兰州至霍尔果斯的G30国家高速公路与欧洲E40号公路相连，贯通中亚。在航空方面，中国同哈萨克斯坦、乌兹别克斯坦和塔吉克斯坦的首都直通航线都已经贯通。在管道运输方面，中哈石油管道一期工程已经于2005年竣工，中哈原油管道肯基亚克—库姆克尔段于2009年建成，实现了由哈萨克斯坦西部到中国新疆的全线贯通。到目前为止，一个以铁路为主体，同时包括公路、航空和管道运输的贯通中国和中亚五国的交通网已经初步形成。

一直以来，中国与中亚国家签订了一系列的运输协定，如《中国与中亚国家双边汽车运输协定》等，这些都为丝绸之路经济带的交通运输畅通打下了坚实的法律基础。在运输便利化方面，中国与中亚国家的合作也取得了很大的进展，建立起了丝绸之路经济带的运输走廊，使货物贸易得以畅通无阻，为丝绸之路经济带的建设打下了坚实基础。

然而，中国特别是中国西北段省份与中亚五国现有的交通条件依旧还不完善，在大力建设丝绸之路经济带的今天，并不能满足新的发展需求。因为中国西北段与中亚的交通运输线路承载的不仅仅是西北与中亚诸国的商品贸易，而且还承载着中国东部发达地区和丝绸之路经济带西端欧洲发达经济体之间的经贸往来，不再是以往的距离短、数量少的商品贸易和经济往来。近年来，随着中国与中亚国家经济贸易合作的不断加强，中国与中亚的贸易额也大幅度增长，原来的交通线路已经难以承载日益扩大的经贸往来。在能源领域，中国的能源问题日渐严峻，对石油和天然气的需求日益扩大，这也对交通运输体系提出了更高的要求。在新的历史机遇期，通过丝绸之路经济带倡议的实施，中国与中亚国家进一步扩大建设包含公路、铁路、航空以及管道运输在内的交通运输网络已成必然趋势。

二 丝绸之路经济带建设对中国西北段沿边口岸建设提出了新要求

自 1983 年以来，中国新疆面向与其接壤的哈萨克斯坦、吉尔吉斯斯坦、塔吉克斯坦三国一共开放了 11 个陆路一类口岸。其中，中国和哈萨克斯坦有阿拉山口、霍尔果斯、巴克图等 7 个口岸；中国与吉尔吉斯斯坦有吐尔尕特、伊尔克什坦和别迭里口岸；中国和塔吉克斯坦有卡拉苏口岸。如表 5 - 2 所示。

表 5 – 2　　　　　　　　　面向中亚的沿边通商口岸

国别	口岸名称	类别	口岸所在地区	开放时间	说明
哈萨克斯坦	霍尔果斯	一类	伊犁地区	1983 年	双边季节性开放口岸及第三国人员开放
	阿拉山口	一类	博尔塔拉蒙古自治州	1992 年	常年开放铁路、公路口岸，对中哈两国及第三国人员开放
	巴克图	一类	塔城地区	1992 年	双边常年开放口岸及第三国人员开放
	吉木乃	一类	阿勒泰地区	1992 年	双边常年开放口岸
	阿黑土别克	一类	阿勒泰地区	1992 年	双边季节性开放口岸
	都拉塔	一类	伊犁地区	1992 年	双边常年性开放口岸
	木扎尔特	一类	伊犁地区	1992 年	双边季节性开放口岸
吉尔吉斯斯坦	吐尔尕特	一类	克孜勒苏州	1983 年	双边常年开放口岸
	伊尔克什坦	一类	克孜勒苏州	1998 年	双边常年性开放口岸（正在协商）
	别迭里	一类	阿克苏地区	未定	双边季节性开放口岸（正在协商）
塔吉克斯坦	卡拉苏	一类	喀什地区	1997 年	双边季节性开放口岸（尚未与对方商谈）

边境口岸的开放大大促进了中国西北段特别是新疆与中亚五国的商品贸易合作。但随着丝绸之路经济带建设的提出，中国与中亚经济合作的进一步加深，现有的口岸设施和数量已经难以满足商品贸易的需求，特别是现有的边境口岸基础设施建设比较落后，很多口岸处在山坳上，路况比较差，常年通关都受限制，即使是通货量较多的阿拉山口，其公路口岸一天中也只有七个小时的开关时间。因此，从质量和数量上提高沿边通商口岸的建设势在必行。

三　丝绸之路经济带建设对中国西北段能源矿产资源优势产业提出了新要求

中国西北段具有丰富的矿产资源，如煤炭、石油和天然气的存储量极为丰富，铁、铬、锰、金、铜、铝等有色金属和稀有金属的含量也高于东部沿海地区，如新疆的煤炭储量一直位居全国首位。因此，西北段在能源工业、采掘业和原材料工业等方面显示出了很强的优势，逐步形成了以石油化工、能源矿产、装备制造业等优势产业，形成了西北段高度倾斜于能源、原材料工业的超重型工业部门结构。

改革开放以来，随着工业化进程的不断推进，国家对能源等资源性产品的需求不断扩大，这更是促进了西北段能源、矿产资源的大规模开发。从"七五"到"九五"，西北段建成了一系列石油、天然气生产基地，陕北和宁夏建立了煤炭重化工基地，新疆和青海建立了石油、天然气生产基地，甘肃建立了镍、钴及其他有色金属生产基地等。这些基地促进了西北段能源和原材料工业的进一步扩张，使工业部门结构进一步向重化工业倾斜。

但随着丝绸之路经济带倡议全面推进，中国通向中亚的门户彻底打开，中国西北段的这种优势地位将被大幅度削弱，甚至彻底打破，因为中亚地区相比较中国西北具有更加丰富的石油、天然气、有色金属、稀有金属等矿产资源存量，中亚各国在采矿、石油化工等方面也形成了一大批企业。在未来，随着交通运输设施的进一步完善，交通运输成本的进一步降低，中国东部地区势必会扩大与中亚国家在资源型产品方面的贸易，一旦两者开始绕开西北段直接对话，那么西北段的经济将会受到巨大的影响。

因此，为了使西北段继续保持在资源型产业方面的优势地位，必须提高西北段资源型重工业的技术水平和管理水平，实现整个产业的技术化和现代化。为此，西北段必须努力运用规模经营来进行生产，因为产业效率的提高和现代化与企业的规模经营是分不开的，只有企业规模扩大了，才有能力运用先进的技术和管理理念。另外，在引进技术和外资上，国家要给予适当的优惠政策，在西部优先引进世界能源矿产工业的高新技术、设备和管理方法，使中国西部的传统产业加入世界传统产业技术先进水平的行列。

第二节 丝绸之路经济带中亚段和中国东部段产业发展对中国西北段产业布局的影响

合理的产业布局需要综合考虑本土资源禀赋和境外有经济往来的国家和地区的产业结构,作为中国中东部地区和中亚五国的交接地带,中国西北段如何规划自己的产业布局势必受到中亚段和中国东部段的产业状况的影响。

随着中亚段与中国西北段和东部段的贸易往来更加频繁、经济联系更加密切,地区间的产业状况更加深刻地影响着彼此的发展。因此,分析丝绸之路经济带中亚段和中国东部段的产业状况对于中国西北段的产业布局显得尤为重要。

一 中亚段产业发展对中国西北段产业结构调整和产业空间布局的影响

中亚五国与中国在资源禀赋、产业结构等方面互补性最强,一直以来我国都将中亚国家视为理想的贸易国和投资国。

中亚段和我国西北段具有一定的相似性,两地借助自身的资源禀赋,在以煤炭、石油和天然气为主的能源行业和以金属矿产为主的矿产资源开采与加工行业都达到了一定的发展高度。丝绸之路经济带的建设将中亚和中国特别是中国西北段密切地联系在一起,双边贸易也势必随之扩大,在这样的背景下,中亚的产业状况势必对我国西北段的产业状况产生显著影响。

1. 能源开发领域。中亚国家拥有丰富的煤炭、石油、天然气等传统化石能源,是世界主要的能源出产地,其资源密集程度比我国西北段还要高。我国是能源消费大国，随着丝绸之路经济带的建设，双边贸易通道的畅通和贸易的扩大化，势必会大量从中亚进口石油、天然气等化石能源，这不可避免会对我国西北段的能源产业产生不利影响，因为中亚的能源更加富足和廉价，中东部地区很可能会绕开西北，直接从中亚进口化石能源。

但在短时间内，这种影响还不会太过明显。一方面，由于中亚各国在能源开发上的技术水平还很低，如塔吉克斯坦，虽然拥有丰富的煤炭资源，但由于受到资金和技术的限制，煤炭的开发水平还很低，因此还不能对西北段的能源产业产生足够的威胁。另一方面，由于经济条件比较困难，中亚各国为了发展自身优势产业，必定会积极吸引外资。而一直以来，中国始终在关注着中亚，在中亚各国投入大量的资金，这种投资带来的效益也会在一定程度上降低中亚能源产业对西北段的不利冲击。

2. 基础设施领域。如今，中亚五国在交通、能源和电信等方面的基础设施建设还很落后，在很大程度上已经成为制约中亚经济发展的重要因素。而中国西北段虽然在基础设施方面落后于中国中东部地区，但却比中亚各国更具优势。因此，西北各个省份一方面可以发挥我国在跨国项目建设上的技术优势和资金优势，积极参与中亚的基础设施建设，从而获得投资收益。另一方面，西北段可以通过积极向中亚国家出口机械设备、移动通信产品等高科技产品，从而获得出口收益。

3. 矿产资源领域。与能源领域相似，中亚五国铁、铜、铀等金属矿产储量极其丰富，甚至超过了中国西北段，但由于其资金的缺乏和开采加工技术的落后，始终不能实现大规模、低成本开发，基础设施的薄弱又限制了其对外出口能力。虽然在长期来看借助其资源禀赋可能对西北段采矿业产生不利影响，但短期内反而对西北段的资本"走出去"带来了很大的机遇，通过投资中亚各国金属矿产开采加工，或利用技术优势投资入股，西北段会获得可观的收益。

4. 轻工业领域。中亚各国轻工业较为落后，经济发展主要依靠能源和金属矿产的出口，本国大量的轻工产品，如服装、食品、医药等都需要从国外进口。随着贸易的扩大化，西北段在轻工业产品上的出口量进一步增加，西北各省应该抓住机遇，积极发展轻工制造业，获取出口利润。此外，由于中亚各国的轻工业还很落后，虽然拥有丰富的资源，如棉布、棉纱、生丝、皮毛和甘草等，但却缺乏生产能力，每年需要从其他国家进口大量的轻工产品。凭借技术和资金优势，西北段可以积极投身于中亚国家的轻工业产业建设上，通力合作，这一方面有利于带动中亚国家的经济发展，另一方面可以获得不小的投资收益。

二　中国东部段产业发展对中国西北段产业结构调整和产业空间布局的影响

目前，由于人口和产业的过度集聚，东部沿海地区问题重重，一方面面临着环境和资源的巨大压力，另一方面产业结构亟待调整，而且东部与西部地区的产业分布不平衡现象也很严重。要解决这些问题，产业转移是不可避免的。对我国西北段来说，抓住产业转移的机遇，是实现经济发展的重要途径。借助东部地区的产业转移，西北段省区要努力实现产业升级和结构合理化，而且还要注意其负面影响，如果胡乱承接转移产业，可能会打乱西部地区的产业格局，甚至还会恶化其经济发展环境。

新时期，丝绸之路经济带建设使西部和东部再次联系到一起。通向中亚甚至欧洲的贸易大通道的打通，一方面会给西部地区带来很大的经济效益，另一方面东部地区也不会放过新一轮的发展机会，必将会加大向西出口的规模，而这势必会给我国西北各省份的产品输出造成很大的威胁。特别是在轻纺工业、高新技术产业和服务业等方面，西北段也始终和东部沿海地区存在很大差距，很难和东部地区竞争。另外，如今我国的市场环境已经从根本上改变，"短缺经济"从整体上结束，在世界范围内，工业产品逐步进入相对过剩阶段，西部地区那种以资源禀赋为中心的传统工业化战略也会受到严峻挑战。

总之，东部段的产业优势会在丝绸之路经济带建设背景下更加凸显，西北段在承接东部段产业转移的同时，也面临着来自东部地区相同产业部门的挑战。西北段要想发挥自身与中亚比邻的优势，就要通过产业结构调整，加大出口产业的投入力度，将运输成本优势转化为竞争力，将东部产品"拒之门外"。

第三节 丝绸之路经济带中国西北段产业结构调整与产业空间布局面临的机遇和挑战

产业结构调整与产业空间布局对地区经济的发展有着至关重要的作用，合理的产业结构是地区经济高速、持续发展的基础。随着丝绸之路经济带倡议的推进，中国与中亚各国的关系日益密切，作为与中亚诸国毗邻的西北段势必会面临外部市场的巨大转变，在这种新背景下，中国西北段产业结构与布局状况有必要进行重新梳理与规划，以应对外部市场的挑战。

此外，近年来，随着我国供给侧结构性改革和产能过剩调整，东部地区的产业升级使传统产业的生存空间越来越小，收益也越来越低。东部地区在逐渐转移传统产业的同时大力发展高新技术产业，这进一步提升了东部地区的经济质量。除此之外，东部地区还借助发达国家和地区重工业资本转移向我国的契机，加大了重工业的发展力度。由于东部地区的资金密集型、技术密集型产业的发展,传统产业受到了严峻的挑战。在市场利益驱动下,东部地区一些落后的传统产业纷纷开始向中东部地区迁移。对于西北段来说,承接东部地区传统制造业的转移不仅有利于东部地区产业的升级,更能优化自身的产业结构,从而摆脱偏"重"偏"农"的畸形产业结构。这些传统制造业相对于中亚国家来说具有很大的优势,以往沿边地区出口的制造品多来自东部地区,随着制造业西移,这部分产业的收益将被西北段吸纳,从而摆脱以往那种仅仅沦为"通道经济"的尴尬局面。

一 中国西北段产业结构调整与产业空间布局面临的机遇

丝绸之路经济带建设构想,是中国深化全方位对外开放格局重要步骤,是中国国内自身发展与外贸增长的需要,对促进中国东西部均衡协调发展具有重要意义。共建丝绸之路经济带以来,中国西北段与中亚、南亚、西亚等国家、地区在能源、矿产、旅游、文化等领域实现了资源的优化配置。中国政府提出和中亚国家共同进行丝绸之路经济带建设,体现了中国外交的主动性,努力开拓国内国外两个市场,利用国内国外两种资源的开放策略,建设丝绸之路经济带,亚欧各国面临许多机遇。

第一,丝绸之路经济带沿线国家在外贸合作发展方面已经有了良好基础。对于中国来说,中亚地区地缘位置显要,并且拥有经济社会发展需要的石油、天然气、有色金属、稀土等能源矿产资源。中国依靠相对快速发展的经济、便捷的交通运输基础设施等因素,成为中亚各国发展经济贸易的重要伙伴国。目前,中国与中亚国家共同开发了石油、天然气、铀矿等资源,共同修建交通设施,中国与中亚国家的经贸合作呈现了良好的合作态势。2013年,中国与中亚四国(除土库曼斯坦)的贸易额达402亿美元。

第二,中亚地区是实现丝绸之路经济带互联互通的中心地带,中国西北段又是中国向西开放开发的前沿。人员和贸易往来的密切，客观上需要更为便捷的交通通道，中国西北段—中亚国家就成为中国与欧洲、中东等地区之间便利的交流通道。中国西北段由于其历史渊源、地缘优势和区位优势，成为我国丝绸之路经济带规划实施的重点区域。西北段的新疆、甘肃、宁夏、青海、陕西五省区，自古丝绸之路以来，就和中亚、西亚和欧洲国家有广泛的经贸往来。因此，丝绸之路经济带的经济合作更容易引起中亚等国的共鸣和响应。西北段各省区由于靠近中亚和西亚，从自身的经济社会发展条件和区位优势，更加容易成为中国向西开放以及进行经贸合作、产业分工与合作的首选地区。在丝绸之路经济带推动下，中蒙俄、中国—中亚—西亚、中国—中南半岛、新亚欧大陆桥、中巴、孟中印缅等国际经济合作走廊建设将逐步建成，这将大大提高中国内陆地区的开放水平。

第三，抓住"一带一路"建设契机，推进国际产能合作，构建开放型创新体系。中国对中亚五国出口的商品主要为工业制成品，而中亚五国向中国出口的商品主要为能源和矿产品。中亚地区和中国西北段在产业侧重点上不尽相同，这使得两个地区在产业布局上又有合作的基础，西北段可以和中亚国家在能源矿产加工和销售方面加强合作。合理的产业空间布局将是西北段发挥自身中间人优势的重要手段，也是丝绸之路经济带快速发展的重要前提，是经济增长的主要驱动力。

因此，丝绸之路经济带的规划和发展，对西北段各省区来说，是提高对外开放水平，增强产业竞争力的重要机遇。

二　中国西北段产业结构调整与产业空间布局面临的挑战

丝绸之路经济带建设的中心地区是中亚。在欧亚大陆的两头经济发达，处于中间区位的中亚地区属于经济欠发达地区，虽然中亚地区能源矿产丰富，但交通基础设施水平较低，与欧亚大陆两端的发展存在巨大落差。此外，中国西北段与中亚五国都是能源矿产资源丰富的地区，在产业空间布局上有相似性，这不可避免地造成了两个地区产业的竞争性。因此，丝绸之路经济带建设对促进中国—中亚经济一体化有重大的意义。但受地缘政治和国家管理制度差异的影响，从倡议的推出到具体落实还有较长的距离。

第一，中亚和中国西北段在经济资源和产业布局上具有相似性和竞争性。由于地缘关系，中亚国家和中国西北段各省区在自然条件、矿产能源分布、工业行业的产品供给方面有一定的趋同性。在农业方面，中亚国家的棉花种植业、畜牧业较为发达，由此导致纺织业、牛羊毛皮革等产品的供给和我国西北段的新疆、宁夏、甘肃、青海四省区的棉纺产业、牛羊肉制品、毛皮革的产品市场非常相似，在一定程度上形成了竞争的局面。在工业方面，中亚国家矿产资源丰富，石油、天然气、风电等能源工业也比较发达，这些方面也是我国西北段开放开发的重点产业。所以，中国西北段的特色产业，面对中亚国家来说，已不再是特色，相反，有些行业还显示出竞争力不足的情况，如石油化工。

第二，中亚五国政治局势基本保持稳定，但面临一定的政治风险。近年来，中亚地区群体性事件和恐怖事件时有发生。例如，仅2011年哈萨克斯坦就发生了6起恐怖事件和7次袭击警察的事件，其中"哈里发战士"组织成员发动和参与的国际恐怖主义活动危害更是极其巨大。在中国西北段新疆区域，也出现了日益蔓延的"东突厥伊斯兰运动"，中亚伊斯兰极端主义对各国现政权和地区安全构成了严重威胁。

第三，中国—中亚国家在文化社会等方面的交流较少，影响产业合作的一体化进程。中亚国家民族众多，宗教信仰多样化，是多种思想和文化的交汇点，也是最容易出现沟通困难的地区之一。如吉尔吉斯斯坦南部与北部分别由不同的部族派别领导，矛盾冲突不断。因此，经济、社会、文化等方面的交流必须建立在各国政治社会稳定的前提下。

第四，大国在中亚地区的影响力博弈也会影响中国与中亚之间的经贸合作。由于历史的原因，虽然中亚国家从苏联独立已经20多年了，但俄罗斯在中亚、东亚地区还有一定的影响力，中国与中亚、西亚等国家、地区间的经济合作还受到来自俄罗斯、日本、印度等国家的竞争和掣肘。此外，美国和俄罗斯在吉尔吉斯斯坦均拥有军事基地，这势必影响到中国与吉尔吉斯斯坦的双边贸易政策和经济交流合作。

共建丝绸之路经济带，对沿线国家和中国西北段来说，提供了许多的发展机遇，也有许多的挑战。丝绸之路经济带的建设是一个整体系统工程，既要考虑到经济效益，也要考虑到国家之间的地缘政治影响，涉及文化差异、社会制度的不同，不能一蹴而就。中国除了要加强能源开发、产业合作、基建共建、人文交流，应更多关心民生项目，体现出共同发展。丝绸之路经济带的共同建设，需要稳定的国内环境与和平的国际环境，中亚地区还存在很多安全隐患，需要各国加强政治互信、维护安全的合作，为丝绸之路经济带的发展升级创造有利的条件。

总的来说，丝绸之路经济带建设战略的提出对实现西部再次大开发和大开放以及加强中国—中亚互联互通和贸易往来是一个重要的战略机遇期。随着丝绸之路经济带建设不断深入，这对中亚段、中国西北段、东部段的经贸合作、物流一体化、优势产业的合作与资源整合等提出了更高的要求。在丝绸之路经济带建设中，中国西北段作为我国向西开放的重要区域，对加强国际产能合作，打造西北地区对外开放的重要门户和枢纽，有重要的促进作用和引领作用。随着我国西北地区与中亚、西亚、俄罗斯、欧洲等区域经济贸易的加强，将极大扩大内陆地区特色优势产业对外开放，增加利用外资规模，提升引进外资质量，有序开展对外直接投资。同时，也会积极促进加工贸易从中亚等区域和我国东部区域向西北地区有序梯次转移。在产业合作方面，西北地区与东中部和东北地区、西北省（区、市）之间依托现有机制，建立完善合作平台，开展跨区域合作。引导东中部地区产业向西部地区有序转移，尤其是东部地区制造业到西北沿边地区投资设厂、建立基地，共同开拓周边国家（地区）市场。在合作机制方面，可以培育多层次开放，充分发挥公共外交、民间外交、地方交往等多种交流形式的作用，完善西部地区对外交流合作体系。然而，我国西北段省区要逐步走向和中亚国家与我国中东部地区的"五通"，还面临很大的挑战，尤其是在地缘政治、基础设施、社会制度、文化交流、社会价值认同等方面。此外，中亚和中国西北段在经济资源和产业布局上具有相似性和竞争性。在地区安全方面，也存在很大的隐忧，这为经济一体化增添了部分不确定性。但是，我们坚信，丝绸之路经济带建设的成功，将是各个沿线国家共同的追求目标，只有形成合作、开放的格局，才会出现双赢局面。

第六章

丝绸之路经济带中国西北段产业关联与空间布局实证分析

丝绸之路经济带建设需要全面分析西北段产业的关联情况。本书通过产业关联度、产业趋同度和区位熵三个维度对丝绸之路经济带西北段产业现状进行分析，从而对丝绸之路经济带西北段产业结构调整与产业布局给出合理建议。产业关联度分析部分主要利用现有的投入产出分析方法，以及以此为基础的感应度系数和影响力系数来衡量、分析和反映产业关联强度，并通过前向和后向的关联关系阐释中国西北段对其他区段的产业产生直接和间接的影响。产业趋同度部分通过工业结构相似系数测算了丝绸之路经济带西北段五省区之间的产业趋同程度、西北段与东部段的产业趋同程度，分析了西北段内部产业同构问题的成因，为丝绸之路经济带西北段产业结构调整提供了现实依据。区位熵部分则通过对丝绸之路经济带西北段内部五省区和段间的区位熵测算，为西北段产业空间布局和未来的发展方向提供了有力支撑。

第一节 丝绸之路经济带中国西北段产业关联度分析

一 产业关联度的理论依据

1. 产业关联的含义

产业关联是指经济系统中各产业之间以各自的投入品和产出品为链接纽带形成的供给与需求关系,这种联系通过直接或间接方式广泛且复杂的存在于各产业之间。产业间关联关系尤其是主导产业的关联研究是产业经济研究的重要基础,是经济决策的重要方法。产业之间通过产品、价格、生产技术、劳动就业、投资等作为依托或纽带将不同产业连接起来,构成了产业关联的实质内容。

2. 产业关联的分类

产业对国家或地区经济的影响程度有方向和大小之分,可以按照不同的标准对产业关联进行分类。

(1) 前向关联和后向关联

按产业产品应用的方向产生的相互间供给与需求关系,可以将产业关联划分为前向关联和后向关联。前向关联是指该产业的产品是作为另一产业继续生产的生产要素,生产工序先于另一产业,该产业与其他产业形成了前向关联。这种关联关系也可能是连续的、递进的,直至延续到最后一个产业,生产出最终产品为止,因此又称为顺向联系。相应地,后向关联是指另一产业为该产业提供产品,作为该产业的生产消耗。后向关联对经济发展起"拉力"作用,前向联系对经济发展起"推力"作用。如体育产业的前向关联产业为旅游业、影视业、广告业、商业等,前者对后者起推动作用,而其后向关联产业为建筑业、体育用品制造业、服装业等,这些产业拉动了经济发展。

(2) 单向关联和多向关联

单向关联是指互相联系的产业间，一个产业部门向其他产业部门提供产品作为其生产过程的直接消耗，但其他产业生产的产品不再返回该产业作为原料或生产工具的生产过程。如棉花、棉纱、棉布和服装的关联关系，前者为后者的原材料，而后者不再返回前者生产过程。

相应地，多向关联是指一系列产业间，该产业为其他产业部门提供产品，作为其生产过程的直接消耗，而其他产业生产的产品又返回该产业进入其生产过程。如煤炭业前向关联着钢铁业，而钢铁业生产出的产品又直接或间接通过矿山机械业进入了煤炭的生产过程，形成了多向关联。

(3) 直接关联和间接关联

直接关联是指两个产业之间直接提供产品、服务、技术等而存在的联系。如旅游业与房地产业、餐饮业之间的关联。间接关联是指两个产业之间通过其他一些产业部门的中介作用而产生的生产技术方面的联系。如汽车工业与石油设备制造业无直接关联关系，但汽车业和石油设备制造业通过石油炼化业相互关联。

(4) 战略关联

战略关联是指按照某种产业在一国或地区经济发展战略中所处的地位不同划分产业关联类型。这些分类方法一般没有明确的界定，近些年学者们提出了相关的判定标准，公认的主要划分方法有主导产业、先导产业、支柱产业、重点产业、先行产业等。

3. 产业关联度分析的理论综述

产业关联度分析使得产业之间的联系可以用定量的方法加以研究，厘清不同产业之间的供给与需求关系，及其相互拉动或推动的程度，从而揭示现有产业的相互关联关系，为产业发展制定产业政策、寻求产业发展方向提供技术支持,在经济决策中有着重要而广泛的应用。产业关联度分析的思想源远流长,但其深入研究的分水岭是美国哈佛大学教授、著名经济学家华西里·列昂惕夫创建的投入产出分析法。

(1) 早期的产业关联分析思想

处于重商主义时期的法国人弗朗斯瓦·魁奈于1758年发表了其代表作《经济表》,对资本主义社会各阶层间的财富尤其对当时"纯产品"的生产、流通、分配制度的运行过程,用简明的图示说明一国的总产品在生产阶级、土地所有者阶级和不生产阶级之间流通和交换行为,以及怎样作用于每年的再生产服务中,这体现出了早期的产业关联分析思想。

马克思提出的社会资本再生产理论,把社会生产划分为生产资料和消费资料的生产两大类,把每类产品从价值上分为不变资本、可变资本和剩余价值三个组成部分,通过经济运行中各种资本相互交错、互为条件的不断循环运动而实现的社会总资本的再生产。社会总产品的实现过程中两大部类必须保持恰当比例,生产资料的生产必须优先于消费资料的生产,并保持积累与消费的合理比例。马克思关于生产与消费关系的论述体现了把国民经济作为整体来思考的经济思想,也是产业关联分析的思想萌芽。

1874年法国经济学家瓦尔拉斯在其著作《纯粹经济学要义》中提出了一般均衡理论,用数学公式阐述了一个经济体系处于均衡状态时,市场上会存在一系列的市场价格和交易数量。在这个价格和交易量的组合上,消费者、企业主和生产要素提供者均能得到自己最大的好处,所有消费品和生产要素的价格将出现一个确定的均衡值。瓦尔拉斯进一步认为,在"完全竞争"的假设条件下,销售生产要素的总收入必将与销售消费品的总收入相等,经济可以处于稳定的均衡状态。瓦尔拉斯的产业关联分析使用了数学模型来分析产业间的关联,这是对产业关联分析的重大突破。

20世纪20年代苏联中央统计局首次对社会产品编制了棋盘式平衡表,该表又称为"矩阵式平衡表",棋盘式平衡表的横向表示该地区生产的某种产品的去向,纵向表示某地区从何地调入某种产品①。同一产品在许多地区间既有调出,也有调入,非常具体地描述了部门或地区间的产品流转关系,棋盘式平衡表为投入产出法的产生奠定了直观的经验基础。

(2)产业关联分析的基本工具——投入产出法

1936年俄裔美籍经济学家列昂惕夫(Leontief)在棋盘式平衡表等的基础上,将数学和经济学相结合,运用现代数学方法建模分析,扩展了矩阵表的应用领域,编制了投入产出表,并于1953年出版了《美国经济结构研究》一书,该书中提出了投入产出技术理论,解释了投入产出技术的基本原理,并指出了投入产出表的具体编制方法。投入产出法采用数量分析方法探寻经济体系中关联产业之间的投入产出依存关系,提高了经济分析的科学水平,主要用于调整产业结构、制定国民经济发展规划、研究价格决策等领域的研究。

投入产出表反映一定时期各部门间相互联系和平衡比例关系(如表6-1所示)。投入产出表的横向表示产出,并细分为中间使用、最终使用和出口三个部分,以反映产出的最终去向;表的纵向表示投入,并细分为中间投入和增加值两个部分,反映投入的价值去向。投入产出表以投入和产出为坐标轴分为四个象限,左上角第Ⅰ象限是基本部分,主栏为中间投入,宾栏为中间使用,数值反映行与列部门之间的技术经济联系,每个数值有两层含义,既表示行

---

① 陈正伟:《投入产出分析技术》,西南财经大学出版社2013年版,第13—15页。

表6-1 投入产出表

产出\投入		中间使用			最终使用								出口	进口	总产出
		产品部门1	...	产品部门n	中间使用合计	最终消费				资本形成总额			最终使用合计		
						居民消费			政府消费	固定资本形成额	存货增加	合计			
						农村居民消费	城镇居民消费	小计							
中间投入	产品部门1	第Ⅰ象限				第Ⅱ象限									
	...														
	产品部门n														
	中间投入合计														
增加值	劳动者报酬	第Ⅲ象限				第Ⅳ象限									
	生产税净额														
	固定资产折旧														
	营业盈余														
	增加值合计														
总投入															

所示部门对相应的列所示部门的投入,又表示列所示部门对行所示部门的消耗;右上角的第Ⅱ象限主栏为中间投入、宾栏为最终使用,反映各部门产品的最终使用情况,主要去向为最终消费、资本形成、进出口等;左下角的第Ⅲ象限主栏为增加值、宾栏为中间使用,反映国民收入的初次分配;右下角的第Ⅳ象限主栏为增加值、宾栏为最终使用,反映国民收入的再分配,但在实践中第四象限对再分配过程的解释力有限,有时并没有该部分数值。

投入产出表根据使用的计量单位划分为实物型和价值型投入产出表。前者主要以产品的实物单位进行计量,无法用实物计量的服务类产品采用货币计量,我国早期的投入产出表属于此类。它主要用于反映国民经济中各类实物产品的投入与产出的相互联系,相当于一张综合的物资平衡表。后者以货币为计量单位,反映全部用货币计量的中间产品价值、最终产品价值、毛附加价值以及总产值。

(3)投入产出法分析的主要系数

投入产出分析法中的主要系数包括完全消耗系数、影响力系数和感应度系数。

完全消耗系数是指某一部门生产最终产品的过程中,消耗其他各部门的产品或服务数量。该指标能全面而深刻地反映各部门相互之间直接和间接的依存关系,计算原理是将全部的直接消耗系数和间接消耗系数加总。

直接消耗系数的计算公式即 $A_{ij} = X_{ij}/X_j$ ($i, j = 1, 2, 3, \cdots, n$)。直接消耗系数矩阵通常用字母 A 表示。

$$A = \begin{pmatrix} a_{11} & a_{12} & \cdots a_{1n} \\ a_{21} & a_{22} & \cdots a_{2n} \\ \cdots & \cdots & \cdots \\ a_{n1} & a_{n2} & \cdots a_{nn} \end{pmatrix}$$

完全消耗系数通常用字母 B 表示，其矩阵的计算是建立在直接消耗系数矩阵的基础之上，完全消耗系数矩阵计算公式为 $B = (I - A)^{-1} - I$。其中，A 为直接消耗系数矩阵，I 为单位矩阵，矩阵 (I - A) 为列昂惕夫矩阵。

在投入产出表的基础上，可以使用影响力系数和感应度系数来测算各部门对经济的拉动和推动作用。前者指某部门生产最终产品对其他各部门生产产品的需求波及程度。后者指其他部门生产最终产品时需要该部门提供的产品产出量。

二 中亚段产业关联度分析

丝绸之路经济带中亚段五个国家位居亚欧大陆腹地，中亚五国均为 1991 年苏联解体后独立出来的主权国家。区域总面积为 400.6 万平方公里，比中国西北段的面积大 100 万平方公里，五国总人口为 6808 万人[①]，比中国西北段少近 3000 万人（见表 6-2），呈现出典型的地广人稀特征，在自然环境、经济发展水平等方面具有较高的相似性。中亚五国均为远离海洋的内陆国家，地形以平原和丘陵为主，气候干燥，矿产资源丰富。中亚段五国整体水资源短缺且在域内分布不平衡，塔吉克斯坦和吉尔吉斯斯坦境内的地表水资源占到中亚段五国的 2/3 以上。

表 6-2　　　　　　　　2013 年中亚五国基本概况

单位：万平方公里，亿美元，美元，万人

国家	面积	GDP	人均 GDP	人口数量
哈萨克斯坦	272.5	2248.6	13048	1720
土库曼斯坦	49.1	411.4	7853	684
乌兹别克斯坦	44.7	567.4	1892	3007

---

① 据 2013 年 12 月底五个国家人口数据计算。

续表

国家	面积	GDP	人均 GDP	人口数量
吉尔吉斯斯坦	20	72.3	1264	577
塔吉克斯坦	14.3	85.06	1036	820
合计	400.6	3384.76	4972	6808

资料来源：据中国驻中亚五国经济商务参赞网站整理。

由于中亚五国的石油、天然气储量仅次于中东地区，有色金属及稀有金属尤其是铀矿的储量丰富，且同属于苏联的加盟共和国，产业结构上接受苏联的统一安排；在1991年独立后，经济发展的先天条件不足，产业结构主要以能源、矿产资源及棉花的初级加工为主，大量的轻工业品和高级服务业都需要进口。但由于21世纪初国际能源和原材料价格维持高位运行，使中亚五国财政收入快速增加，投资和接受外资数量增长明显，在原资源优势的基础上，新的经济增长点在逐步培育。

1. 哈萨克斯坦

哈萨克斯坦是中亚地区最发达的国家之一，2015年GDP达到1843.61亿，人均GDP达10508.4美元，相比2013年和2014年人均GDP有所下降，按世界银行公布最新收入分组标准，哈萨克斯坦尚未稳步进入高收入国家。哈萨克斯坦矿产资源丰富，石油天然气的储量居世界第七位，是世界十大产煤国之一，锌、钨、铀的储量均居世界第一，是国际上重要的能源和原材料基地（见表6-3）。哈萨克斯坦地广人稀，人口密度仅为6.3人/平方公里，全国可耕地面积多，是世界上第六大粮食出口国和第一大面粉出口国，主要农作物包括小麦、玉米、大麦、燕麦、黑麦，其中小麦占到粮食作物产量的90%左右。哈萨克斯坦牧场面积大，是畜牧业生产大国，皮革出口量排在世界前10位，但从2014年起禁止出口生牛皮。

表 6-3　　　　　　　　　哈萨克斯坦自然资源储备情况

自然资源	储备情况
石油和天然气	探明储量为 100 亿吨，可开采量石油 21 亿吨，天然气 2711 亿立方米
煤	煤炭已探明的储量超过 340 亿吨，全国有 47 个采煤区，是世界十大产煤国之一
铬	储量占全球储量的比例为 23%，世界第二位，可开采 100 年以上
锌	储量占全球储量的比例为 13%，探明矿量 3470 万吨，居世界第一位
铅	储量占全球储量的 19%，世界第四位；储量和开采量在亚洲均排第一位
铜	储量占全球储量的 10%，总储量居世界第九位，亚洲均排第一位
钨	储量占全球储量的比例为钨 50%，居世界第一
铁	储量占全球储量的为 10%
铀	探明铀矿 70 座，目前开采 23 座，储量超过 90 万吨，占全球储量的 19% 左右，居世界第一
钼和磷	储量居亚洲第一位

资料来源：据外商投资促进网整理。

近几年哈萨克斯坦政府开始加强宏观调控，从多渠道积极引进外资，实行自由浮动汇率，除继续重点发展能源、矿产等资源型传统产业外，哈萨克斯坦已积极着手推动服务业的发展。根据哈萨克斯坦统计委员会公布的数据，2013 年、2014 年哈萨克斯坦货物进出口贸易额分别为 1068.4 亿美元、998.9 亿美元，贸易总额有所下降，但近年来贸易顺差保持在 460 亿美元左右。

哈萨克斯坦的主要出口目标国为意大利、中国、荷兰和法国，出口目标国的集中度较高，面向上述四国的出口额合计占哈萨克斯坦出口总额的 58%。哈萨克斯坦的主要进口来源国为中国、德国、美国和乌克兰，同样呈现出高度集中的特性，2013 年从这四个国家进口的总额占到了总进口额的 51.4%。哈萨克斯坦的国际贸易逆差主要来源地为德国、美国和韩国，而顺差主要来源地为意大利、荷兰和中国。

根据哈萨克斯坦统计署资料，哈萨克斯坦的出口结构中，矿产品、贱金属及制品、化工产品占据了最主要的份额，2013年，哈萨克斯坦开采石油和凝析气8173.1万吨，出口石油和凝析气6815.8万吨，出口量占开采总量的83.39%，国内需求仅占16.61%；出口的主要化工产品是硫黄、黄磷、浓缩铀、三磷酸钠、三氧化铬、硝铵炸药、聚丙烯以及氮磷肥料等。但存在的最大问题是出口商品结构过于集中，上述三类商品出口额占到总出口额的94.4%，且石油和凝析气的出口额更是占了总值的66.93%。从进口结构中，机电产品、运输设备、贱金属及制品和化工产品占据主要份额，其中进口的化工产品主要是聚乙烯、洗涤剂、除草剂和其他日化产品等，进口集中度比出口集中度小，上述四类产品进口额占进口总额的64.8%。其他主要进口商品为纤维素浆、纸张占进口总额的4.9%；塑料橡胶进口额占进口总额的4.5%。

据哈萨克斯坦统计委员会数据，2015年哈萨克斯坦与中国货物贸易额为105.7亿美元，比前两年均有所下降。其中，哈萨克斯坦与中国的出口贸易额和进口贸易额分别为54.8亿美元和50.8亿美元，哈萨克斯坦对中国的贸易出超4亿美元。中哈两国互为重要的贸易伙伴，中国继续是位于俄罗斯之后的第二大贸易伙伴，哈萨克斯坦向中国出口最多的矿产品占贸易总量的40%以上，处于二三位的贱金属及其制品和化工产品分别占30%和20%左右，三类主要产品的出口量占贸易额的90%。哈萨克斯坦从中国大量进口机电产品和运输设备，另有贱金属及其制品、化工产品、纺织品及原料。

2. 乌兹别克斯坦

根据世界银行数据，2015年乌兹别克斯坦的GDP约667.33亿美元，排世界第75位。尽管人均GDP仅有2132.0美元，在世界上排名第126位，但增长速度在中亚国家甚至全世界都位居前列。乌兹别克斯坦经济发展正处于起步阶段，产业链较短。国民经济优势产业过于集中，支柱产业为被形象地称为"四金"的黄金、黑金（石油）、蓝金（天然气）、白金（棉花）。乌兹别克斯坦自然资源丰富，年产黄金 80 吨左右，产量居世界第八位，石油和天然气储量丰富，是世界十大天然气开采国之一，白银、锌、铝矾土等金属矿藏也较为丰富；制造业中机械制造、有色金属、纺织等工业比较发达（见表 6-4）；乌兹别克斯坦有较为丰富的地表和地下水资源，适宜发展农业经济，棉花种植业在其农业发展中具有举足轻重的地位，生产量和出口量分别占到世界的第四位和第二位。其他重要的农业产业有桑蚕业、畜牧业以及蔬菜瓜果种植业。

表 6-4　　　　　　　乌兹别克斯坦主要产业发展状况

主要产业	发展概况
黄金	黄金产量近年持续增加，2014 年达到 102 吨，产量跃居世界第 7 位
白金（棉花）	棉花产量和出口量近年来均位于全球前十位，年产籽棉约 335 万吨以上，皮棉产量超过 100 万吨。棉花产值约占农业产值的 40% 左右
乌金（石油）	储量、产量均居中亚第二位，石油探明储量 1 亿吨（6 亿桶）
蓝金（天然气）	储量、产量均居中亚第二位。天然气储量达 1.1 万亿立方米，天然气资源丰富
水果和蔬菜	乌土质较好、四季分明，适宜发展农业。年产果蔬产品 1700 万吨，其中 400 万吨对外出口，目前为世界十大果蔬产品出口国之一
畜牧业	以生产和出口毛、肉为主，羔羊皮和羊毛出口量居世界前三位
养蚕业	年产蚕茧高达 1.6 万吨，位居世界第六位
有色金属业	铜储量居世界第 10 位，镉储量居世界第 3 位，钼储量居世界第 8 位
机械制造业	乌有 300 多家机械制造企业，其中大型机械厂 94 家。乌兹别克斯坦是中亚段国家中最重要的机器制造国，占比为 2/3

资料来源：据商务部欧洲司《中亚五国优势及特色产业介绍》整理。

据现有的公开数据，2013 年乌兹别克斯坦国际贸易额为 288.9

亿美元，外贸依存度高达50%，其中与独联体国家贸易额123.2亿美元，占总贸易额的42.6%，与其他国家贸易额165.8亿美元，占总贸易额的57.4%。2013年乌兹别克斯坦的出口总额150.9亿美元，进口总额138亿美元，顺差12.9亿美元。从进出口目标国来看，2013年向独联体国家出口额71.6亿美元，占出口总额的比重为47.4%，向其他国家出口额79.3亿美元，占出口总额的比重为52.6%；2013年乌兹别克斯坦从独联体国家进口额51.6亿美元，占37.4%，从其他国家进口额86.5亿美元，占62.4%。

从进出口商品的比例来看，出口的主要产品及占比依次为：能源载体和石油产品31.1%，服务16.2%，食品9.8%，棉花7.7%，黑色和有色金属6.3%，机械和设备5.5%，化工产品和制品4%，其他19.4%；进口的主要产品及占比依次为：机械和设备44.1%，化工产品和制品14.3%，食品9.7%，黑色和有色金属7.9%，能源载体和石油产品7.3%，服务5.8%，其他10.9%。

据中国商务部发布的数据，2014年中国与乌兹别克斯坦贸易额为42.71亿美元，中国对乌兹别克斯坦持有贸易顺差10.79亿美元。从双边贸易的商品结构来看，中国向乌兹别克斯坦出口的主要商品为工程机械类设备及器具，空调、冰箱等家用电器电机，电气、音像设备及其零配件、塑料及塑料制成品、钢铁制品；而中国主要从乌兹别克斯坦进口天然气、棉花、天然铀等当地初级农产品和资源类产品。

3. 土库曼斯坦

土库曼斯坦为国土面积49万平方公里的内陆国家，2014年底的GDP为479.32亿美元，人均GDP为8920美元，在中亚五国中位居第二位，近年来经济增长速度较快，2014年经济增长率高达10.3%。土库曼斯坦绝大部分土地是沙漠，且独立以前长期作为苏联的原料供应地，因此经济结构单一，经济发展的外部依赖性很强，大部分生活用品都需要进口。

土库曼斯坦国土面积中的80%被沙漠覆盖，但其沙漠下蕴藏着丰富的石油和天然气资源，石油和天然气资源就成了该国的支柱产业。据英国石油公司统计，土库曼斯坦天然气储量名列世界第四位，仅次于俄罗斯、伊朗和卡塔尔。土库曼斯坦的芒硝、碘、有色金属等矿产资源也十分丰富。

土库曼斯坦气候干旱，农业以种植业和畜牧业为主，因其夏季气温高，日照足，非常适宜棉花生长，土库曼斯坦主要农作物包括棉花、小麦和稻米等，土库曼斯坦的农业产业结构决定了其拥有较丰富的纺织原料，如棉花、蚕茧、羊毛等。土库曼斯坦依托其发达的棉毛蚕等纺织原料产业，生产符合国际标准的纺织产品，大型纺织企业生产的纺织产品中出口比例达到90%以上，产品远销美、加、法、德、瑞士等工业发达国家。

土库曼斯坦的外贸总额整体呈现增长态势。2014年外贸总额达364亿美元，外贸逆差18亿美元。近年来，土库曼斯坦已经与世界上100多个国家开展了经贸合作，逐渐从原料出口国向生产国和高科技含量成品出口国过渡，因此，国家鼓励进口先进技术、设备、机床，近年来在进口结构中，上述产品占80%以上。土库曼斯坦的主要贸易伙伴有中国、俄罗斯两个邻近大国，伊朗、土耳其、阿联酋、乌克兰、格鲁吉亚等周边国家，意大利、美国等发达国家，贸易结构中出口产品主要以石油和天然气相关产品为主，依次为天然气、石油产品、原油、皮棉和液化气；主要的进口商品为机械设备、原材料、交通工具、日用消费品和食品。

4. 塔吉克斯坦

塔吉克斯坦是中亚五国中国土面积最小、人均GDP最低的国家，2013年塔吉克斯坦人均GDP仅为1036美元，刚超过世界银行界定的低收入经济体人均GDP 1005美元的标准。塔吉克斯坦自然资源中有石油、天然气、有色金属、贵重金属、煤、石盐、硼、石类产品等50多种矿物质。铀储量在世界居重要地位，占独联体首位，境内还蕴藏多种建筑材料。其中金、银矿总储量分别达429吨和7500吨，世界上第二大银矿区坐落于塔吉克斯坦；锑储量在亚洲占第三位，仅次于中国和泰国；煤炭探明储量共计46亿吨，数量仅次于越南。

塔吉克斯坦因有大量的冰川融水，因此水力资源非常丰富，水力发电站数量多、装机容量大，电力工业成就巨大，年发电总量居世界第八位，人均拥有量世界第一，不仅能满足国内的需要，还可向周边国家出口。受益于塔吉克斯坦充足的电力，铝锭生产和加工业产值占其工业总产值的40%以上，铝锭的出口额更是占到其出口额的70%左右，成为该国名副其实的支柱产业。塔吉克斯坦尽管电力资源丰富，但铝原料氧化铝储备不足，大部分铝原料从俄罗斯等国进口。

总体来讲，塔吉克斯坦经济基础薄弱，结构单一。工业主要集中在采矿业、轻工业和食品工业。塔吉克斯坦的出口商品主要有铝、皮棉、贵金属和干果，进口的主要商品有机器设备、服装、粮食、家电、医药品等，进口来源国依次为俄罗斯、哈萨克斯坦和中国。塔吉克斯坦山区面积占国土面积的93%，耕地面积极其有限，属大陆性气候，夏季干燥炎热，降水多集中在冬、春两季。农业生产结构单一，主要以种植业的棉花和养蚕业、畜牧业的牛、羊、马三种动物养殖为主，种植粮食作物以小麦、大麦、水稻、土豆等为主。

5. 吉尔吉斯斯坦

吉尔吉斯斯坦国土面积仅为20万平方公里，人口数量为577万，2013年人均GDP为1264美元，是中亚五国中人口最少、经济较为落后的国家。吉尔吉斯斯坦的矿藏储量在五国中排第三位，比哈萨克斯坦和乌兹别克斯坦少，但仍旧较为丰富。现已探明吉尔吉斯斯坦储有丰富的金、钨、锡、汞、锑、铁等矿产，锑产量占世界第三位，汞储量占世界总储量的20%，是世界主要的产铀国，黄金探明储量已超过500吨。吉尔吉斯斯坦的多晶硅纯度较高，可广泛用于太阳能电池板的生产，发展空间广阔。

吉尔吉斯斯坦农牧业的比重相对较高，工业发展水平低，以生产加工原材料为主，优势产业为依托自然资源的采矿业、电力开发、有色金属业，制造产业以机器制造、木材加工、建材业，食品等轻工业为主，旅游和服务行业是经济的重点发展方向。吉尔吉斯斯坦还拥有丰富的水利资源，人均水资源居全球前列，发电量比塔吉克斯坦略少，目前水利发电能力仅开发了10%，若加强水电开发能力，电力将成为其重要的出口商品。吉尔吉斯斯坦水利资源丰富，种植业和畜牧业都发展较好，农业在国民经济中占有重要地位，农业产值占GDP的比重在40%左右。农作物以小麦、玉米、燕麦、烟叶、棉花等为主。畜牧业发展方面，吉尔吉斯斯坦拥有大量的天然牧场，具有发展畜牧业的良好条件，主要发展制糖业，奶、肉、油脂制品加工、果蔬加工、烟酒加工等。

吉尔吉斯斯坦的出口贸易结构中，主要出口商品为：黄金、煤油、水泥等资源类产品，蔬菜、牛羊皮、棉花等农牧类产品，服装、无机化学品、电灯等初级工业品，其中出口金额最大的商品为非货币黄金，绝大多数出口到瑞士；服装绝大多数出口至哈萨克斯坦；吉尔吉斯斯坦的进口贸易结构中，主要进口商品为汽油、柴油等能源，服装和药品等轻工业品以及二手车，其中从中国进口的服装交易额占该产品类的85%以上，从俄罗斯和哈萨克斯坦进口大量的石油天然气。除此之外，吉尔吉斯斯坦还进口小麦、大米、面粉、肉类、饮料、植物油等。吉尔吉斯斯坦的贸易伙伴主要是俄罗斯、中国、哈萨克斯坦、瑞士和土耳其。其中前八大出口目的国依次为：瑞士、哈萨克斯坦、阿联酋、乌兹别克斯坦、俄罗斯、土耳其、塔吉克斯坦和中国，前八大进口来源国依次为：俄罗斯、中国、哈萨克斯坦、日本、德国、美国、土耳其和乌克兰。

在对中亚五国的产业发展现状和对外贸易结构进行分析后发现，中亚五国农牧业发展较好、矿产资源的开采与初加工领域的资源优势明显，能源开发在世界上的地位不断提升，制造业门类较少、轻工业处于起步阶段，服务业局限于零售业、餐饮业、交通运输业、电信服务业等传统领域，整体呈现出"三、二、一"产业梯度布局，但这种布局并不是产业高级化发展的结果，而是由于第二产业发展较弱、农业产值发展比重较低造成的。中亚五国与中国产业结构存在较强的互补性，在能源与石化工业、装备制造业、新能源产业、基础设施建设、环境治理等领域开展广泛的合作。

表6-5　　　　　　　　　　中亚五国的支柱和优势产业

国家	支柱和优势产业
哈萨克斯坦	石油、天然气、煤炭等能源产业比重高，黑色金属工业较为发达。优势产业为矿产资源业，服务业层次和比重逐步提升
乌兹别克斯坦	在世界上影响最大的是棉花种植业，其产量和出口量占世界第五位和第二位；资源类产品石油天然气储量较多；铀矿、黄金等矿产资源开采
吉尔吉斯斯坦	种植业和畜牧业为主的农业较为发达，黑色金属和其他金属非金属矿产资源开采与加工；电力工业；中亚段五国中轻工业发展相对较好
塔吉克斯坦	丰富电力保障下的有色金属冶金工业，并由两头在外的铝锭生产与加工业引领；棉花种植及加工也比较发达
土库曼斯坦	天然气工业为支柱产业，石油产业次之；农业以棉花种植为主并因此推动了较好的棉纺织产业；电力工业

资料来源：据《对外投资合作国别（地区）指南》（2011）相关资料及其他资料整理。

三 中国西北段产业关联度分析

1. 中国西北段产业现状

丝绸之路经济带中国西北段的五个省份矿产资源都比较富集,是全国重要的能源供应基地,石油、天然气的储量占全国的35%以上,铬矿的储量占到全国的40%以上,煤炭储量占到全国的接近15%,铁矿、锰矿、钒矿占比均在10%左右(见表6-6)。分省区看,青海和宁夏的铁矿、锰矿和铬矿的储量较少,甘肃省的钒矿储量占全国的近10%。

表6-6　　　　西北段主要矿产资源储量及占全国比重

单位:万吨,亿立方米,亿吨,万吨

地区	石油	天然气	煤炭	铁矿石	锰矿	铬矿	钒矿
全国	336733	46429	2363	199	21548	401	910
陕西	33712.64	6231.14	104.38	3.99	277.27		7.87
甘肃	21150.01	241.28	32.69	3.71	259.00	123.63	89.87
青海	6284.94	1511.79	12.17	0.03		3.68	
宁夏	2313.96	294.40	38.47				
新疆	58393.63	9053.88	156.53	4.56	567.17	44.01	0.16
西北合计	121855.2	17332.49	344.24	12.29	1103.44	171.32	97.9
占全国比重	36.19%	37.33%	14.57%	6.18%	5.12%	42.72%	10.76%

资料来源:据《中国统计年鉴2014》相关数据计算。

西北段富集的金属和非金属矿产资源为其工业发展奠定了良好的基础,也同时造成了西北段的工业发展较多地依赖资源,产业结构是围绕资源型产业而展开的,当前各省份的主导产业都有采煤业、石油开采化工业、天然气开采业和有色金属加工业,重工业所占比重较高。(见表6-7)。

未来中国西北段产业发展将做好承接东部产业转移,注重培育工业经济新的增长点,积极布局产业结构调整。中国西北段产业结构的发展方向应与丝绸之路经济带中亚国家,以及中国东部段产业结构的产业发展相适应,因此,当前西北五省的产业发展重点方向已经清晰。

表6-7　　　　　　　　中国西北段优势资源和主导产业

省份	优势资源	当前主导产业	未来发展支柱产业
陕西	煤炭、石油、黑色有色金属、非金属	采煤业、钢铁业、化工业、机械制造业、电子	节能及新能源汽车、航空、航天、能源装备、高档数控机床与工业机器人、轨道交通装备、现代农业机械装备、原材料工业、装备工业、电子信息、消费品工业
甘肃	黑色有色金属、非金属、煤炭、石油	冶金业、石油化工业、机械制造业、军工产业、建材业、电力产业、航空航天产业	石化通用装备、新能源装备、电工电器装备、高档数控机床、节能环保装备及产品、农机装备、信息技术产业、生物医药和高性能医疗器械、新材料、有色金属深加工
青海	石油、盐	石油开采业、冶金业、电力产业、建筑业、盐湖化工	盐湖化工、有色冶金、能源化工、特色轻工、建材产业
宁夏	煤炭、非金属矿	煤炭业、电力产业、石油化工业、有色金属冶炼业、轻纺	煤炭、电力、冶金、建材、化工、装备制造、轻纺、食品医药
新疆	煤炭、石油、天然气、金属矿	石油化工业、天然气开采业、采煤业	石油和化学工业、矿产资源、软件与信息服务业、电子信息业、装备制造业

陕西省产业发展重点为:煤炭、油气、电力、新能源为代表的能源工业;化工、有色金属、黑色金属、建材、新材料为代表的原材料工业;高档数控机床和机器人、节能与新能源汽车、航空航天

装备、节能环保装备、先进轨道交通装备、电力装备为代表的装备工业；以集成电路、智能终端、软件和信息服务为代表的电子信息产业；以食品、医药、纺织品为代表的消费品工业。

甘肃省产业发展的重点为：石化通用装备（石油钻采、炼油化工、煤化工、海洋石油工程和高端真空装备）；新能源装备（风电、光伏发电和光热发电装备）；电工电器装备（新一代智能化输配电装备）；高档数控机床（高档数控金切机床和高档数控锻压机床）；节能环保装备及产品（高效锅炉窑炉、高效换热节能、高效电机及变电、余热余压利用、蓄热传热和新型节能建材、节能铝材料、高效照明产品等节能设备和产品）；农机装备（制种及农产品加工机械、大型农业机械、高效节水灌溉装备）；信息技术产业（集成电路、电子元器件、电子级晶体硅材料、软件和信息技术服务业）；生物医药和高性能医疗器械（现代中药、生物制品和高性能医疗器械）；新材料（有色金属、化工和其他新材料）；有色金属深加工（铜、铝、稀土、镍钴和稀贵金属产业链）。

青海省产业发展的重点以钾、镁、锂、钠、氯循环产业为主的盐湖化工；有色冶金和金品特钢业；油气勘探提炼、新型煤化工为主的能源化工；天然饮用水、民族服饰、清真食品为主的特色轻工；水泥、玻璃为主的建材产业。

宁夏回族自治区产业发展重点为：煤炭、电力、冶金、建材、化工、装备制造、轻纺、食品医药这八个行业，并重点发展以下四个方面：第一，打造世界煤制油高地，形成煤化工、石油化工、现代纺织产业链。第二，建设现代纺织示范区，打造国际重要的羊绒产业核心区；建设东方葡萄酒之都；建设清真食品和穆斯林用品基地。

新疆维吾尔自治区的产业发展重点为：输变电设备；风电、光伏发电为代表的新能源装备；农牧机械及农副产品加工装备；汽车及零部件；石油及化工装备；工程及建筑机械；矿山机械；节能环保及通用机械；基础制造工艺及通用基础零部件；轨道交通装备。

2. 西北段与中亚国家产业关联度的定性分析

从地缘上看，西北段由新疆与中亚五国接壤，拥有3000多公里的边境线，以我国兰新铁路、陇海铁路的新欧亚大陆桥为交通主线，在开拓中亚、欧盟市场，扩大国际贸易方面具有得天独厚的条件。

尽管从资源禀赋和经济发展阶段来看，丝绸之路经济带的这两段产业结构应该存在大量的重复性，但是由于中亚国家是在1991年苏联解体后形成的国家。中亚五国原产业结构都是在苏联的大框架下定位的，从其长期推行的"劳动分工"政策中，中亚五国是苏联重要的原料生产地和能源供应区，着重发展了采掘业、化工业等重工业以及农牧业，经济结构极为单一，对苏联的其他地区经济发展存在很强的依附性。这种历史的惯性再加上苏联解体初期，中亚五国国内政局不稳定，使得中亚五国在解体后短期内无法完善经济结构，导致直到现在中亚五国的优势仍然在初级产品的加工上，而加工工业落后，大部分的日用消费品都不得不依靠进口，农业、轻工业、重工业比例失调。

从贸易规模和结构上来看，中国与中亚五国与1992年建交初期双方贸易规模仅为4.6亿美元，经过20年的加速发展，双边的贸易交往日益密切，贸易额总体呈逐年上升的趋势，到2012年双边贸易额达到459.43亿美元，增长了接近100倍。从中国与中亚五国的贸易合作程度来看，中国目前已成为中亚段哈萨克斯坦、土库曼斯坦两国的第一大贸易伙伴，乌兹别克斯坦、吉尔吉斯斯坦两国的第二大贸易伙伴，塔吉克斯坦的第三大贸易伙伴，中国对中亚五国出口贸易总额和进口贸易总额分别占中国对"一带一路"沿线国家的3.78%、4.33%。从贸易结构来看，中国出口到中亚五国的商品以制成品为主，进口商品以资源、能源类为主，表现出较强的贸易互补性。但是，贸易总量的快速增长弥补不了贸易结构的缺憾，我国对中亚五国出口的产品以工业制成品为主，包括机电产品、金属制品、运输设备、纺织服装等，而从中亚五国进口的商品较为单一，主要以能源、矿产品、农产品为主（见表6-8）。这说明我国与中亚五国的经济联系主要集中于上述一般制造业、能源资源类和劳动密集型产业，信息技术等高端制造业及金融现代服务业联系较少，贸易结构较为单一。

表6-8　　　　近年来中国对中亚五国主要贸易商品一览

贸易对象	贸易方向	主要贸易商品
哈萨克斯坦	出口	机电产品、金属制品、运输设备
	进口	矿产品、石油、粮食
吉尔吉斯斯坦	出口	服装、机电产品、烤烟、谷物
	进口	能源、畜牧业产品
塔吉克斯坦	出口	粮油、轻纺、化工产品、机电产品等
	进口	化肥、矿产品、原棉
乌兹别克斯坦	出口	机械设备、运输工具、机电产品、茶叶、纺织服装
	进口	有色金属、原棉、皮革、化工品
土库曼斯坦	出口	机械及配件、金属制品、运输工具、茶叶、石油天然气设备等
	进口	原棉、天然气、纺织品原材料等

在中亚五国经济发展不均衡的背景下推动丝绸之路经济带建设，可以充分发挥中亚国家和西北段产业互补性的优势。除哈萨克斯坦外其他四国的棉花生产产量和牧业发展均较高，但是中亚五国工业基础薄弱对棉花、毛、皮的加工能力不足，而中国西北段中华人民共和国初期就有大量的毛纺织企业，现在三毛等从事纺织业的企业已成为上市公司，纺织业技术成熟且开工率不足，这种产业上的互补性为两个地区开展纺织业合作奠定了良好的基础。这种合作

可以使西北企业到中亚五国投资建厂或与当地企业合资建厂，也可以从中亚五国运回原料来中国西北生产。

中国西北段有色金属和钢铁冶炼技术较为成熟，有多个规模较大、技术实力较强的企业，可以充分利用中亚五国丰富的矿产资源发展金属冶炼和深加工业。同时中国西北段装备制造业发展较好，在陕西、甘肃、新疆都布局有实力雄厚的装备制造业，可以为中亚五国提供石油天然气钻采设备、金属矿和煤矿勘探开采设备、输变电设备、石油化工设备、筑路设备、农业现代化机械设备，以及新能源类的太阳能、风能发电设备等。

中亚五国丰富的石油、天然气资源为中亚五国与中国的贸易合作提供了广阔的空间。中国长期快速的经济增长催生了巨大的能源需求，但目前进口石油来源地以中东地区为主，而该地区政局动荡、战事频发，再加上经过马六甲海峡的海运通道风险较大。丝绸之路经济带建设的实施可以使中亚五国的资源稳定地向中国出口，这也契合了中亚五国将能源类产业作为支柱产业的定位，中亚地区丰富的石油资源通过中国西北段进入中国无须长距离的海上运输，运输成本低廉、运送安全、风险较小。对于中国来讲，从中亚五国进口石油、天然气可以满足中国日益扩大的石油供应缺口，使石油进口来源多元化，增加中国进口石油天然气的安全性。

从以上的分析可以看出，中国西北段与中亚五国同属资源富集区且经济发展阶段相似，但由于所经历的历史政治因素、主导产业选择的不同，经济发展上具有较强的差异性和互补性，在能源合作、矿产资源利用、轻工业贸易等方面具有广阔的合作空间，从产业结构角度，中国西北段与中亚五国可以建立起互通有无、各取所需的区域性分工体系。

3. 西北段产业关联度的定量分析

（1）西北段产业直接前向关联效应

产业直接前向关联效应指某产业的发展变化（技术上的改进，价格的上涨或下降等）对下游产业的直接影响，每个区域内的各产业都有可能向各区域各产业提供中间投入，形成区域间产业直接前向关联，其中前向关联效应的大小可以通过感应度或感应度系数来衡量。

由于我国每五年编制一次全国性的投入产出表，且投入产出表发布会滞后三年左右，2012 年投入产出表没有区域间的数据，为了从整体上说明各区域的直接前向关联指数，故本书根据 2007 年中国 17 部门 8 区域投入产出表，将每一区域 18 个部门的产值相加得到的总产出，即简化为每个区域仅有一个产业部门，并定义区域间的中间投入矩阵为 $X = (x^{RS})_{m \times m}$，$R$ 表示行，S 表示列。中国 17 部门 8 区域简化的中间投入矩阵如下，该行向量 R 表示该区域对纵向上各列区域的投入，列向量 S 表示该区域从横向上各行区域所获取的投入（见表 6 – 9）。

区域间产业直接前向关联指数的计算公式为：

$$L_{F(R)} = \frac{\sum_{s=1}^{m} x^{RS}}{x^R} \times 100$$

其中，$LF（R）$ 为 R 区域的前向关联指数。进一步对 $L_{F(R)}$ 在各区域分解，即得到了区域间中间需求系数 L_F^{RS}，它可以反映出 R 区域的中间产品生产对 S 区域的市场依赖程度。x^R 为 R 区域各产业的全部产出，x^{RS} 为 R 区域各产业向 S 区域各产业提供的中间产品，m 为区域数。根据该计算公式计算出我国区域间产业直接前向关联指数（见表 6 – 10）。

表 6-9　中国 17 部门 8 区域简化的中间投入矩阵

		中间使用							
		东北区域	京津区域	北部沿海	东部沿海	南部沿海	中部区域	西北区域	西南区域
中间投入	东北区域	326602940	11954833	19960396	17224934	12608538	14974762	6212248	7635875
	京津区域	6626036	171569686	36274407	9515830	5315967	6743917	4947436	2443489
	北部沿海	10146839	37823404	698500512	22838670	15116528	38731690	16033762	6681672
	东部沿海	3836834	5450511	14440053	1021559692	45755510	45181388	7822178	6851513
	南部沿海	10335445	8743753	15312822	29588415	555366269	30553183	14308390	32646260
	中部区域	4667810	6153290	39689297	73502432	34449943	680437046	11596552	8933419
	西北区域	6149894	6253495	18786021	25807382	15599422	21171036	189444754	12258862
	西南区域	3091370	1627722	7142510	13739346	24758051	10510485	7504959	335678307
	总投入	649645564	444401876	1287558317	1951238218	1251337588	1414303270	474562212	715542503

资料来源：据 2007 年中国区域间投入产出表（17 部门 8 区域①）整理。

① 八大区域的划分如下：东北区域（黑龙江、吉林、辽宁）、京津区域（北京、天津）、北部沿海区域（河北、山东）、东部沿海区域（上海、江苏、浙江）、南部沿海区域（福建、广东、海南）、中部区域（山西、河南、安徽、湖北、湖南、江西）、西北区域（内蒙古、陕西、甘肃、宁夏、青海和新疆）和西南区域（四川、重庆、广西、云南、贵州和西藏）。

表 6-10　　　　　　　　我国区域间产业直接前向关联指数

	东北区域	京津区域	北部沿海区域	东部沿海区域	南部沿海区域	中部区域	西北区域	西南区域	合计
东北区域	50.27	1.84	3.07	2.65	1.94	2.31	0.96	1.18	64.22
京津区域	1.49	38.61	8.16	2.14	1.2	1.52	1.11	0.55	54.78
北部沿海区域	0.79	2.94	54.25	1.77	1.17	3.01	1.25	0.52	65.7
东部沿海区域	0.20	0.28	0.74	52.35	2.34	2.32	0.40	0.35	58.98
南部沿海区域	0.83	0.70	1.22	2.36	44.38	2.44	1.14	2.61	55.68
中部区域	0.33	0.44	2.81	5.20	2.44	48.11	0.82	0.63	60.78
西北区域	1.30	1.32	3.96	5.44	3.29	4.46	39.92	2.58	62.27
西南区域	0.43	0.23	1.00	1.92	3.46	1.47	1.05	46.91	56.47

说明：本表根据 2007 年中国区域间投入产出表（17 部门 8 地区）相关数据计算得出，数据保留小数点后两位。

从计算结果可以看出西北区域对各区域的依赖程度较高，前向关联指数之和为 62.27，仅小于东北区域的 64.22。分区域看，西北段除与自身的直接前向关联系数较高外，对其他区域经济的依赖程度或产业联系紧密程度从紧到松依次为东部沿海区域、中部区域、北部沿海区域、南部沿海区域、西南区域、京津区域、东北区域（见表 6-11）。其中由上海、江苏、浙江构成的东部沿海区域与由山西、河南、安徽、湖北、湖南、江西构成的中部区域与西北区域的产业关联度较高，其原因为东部沿海区域三个省经济发达、产业科技发达、服务业发展好，因此西北段对其的依赖程度较大，

表 6-11　　　丝绸之路经济带西北段与全国八大区域产业间
直接前向关联指数排序

地区	西北	东部沿海	中部	北部沿海	南部沿海	西南	京津	东北	合计
西北	39.92	5.44	4.46	3.96	3.29	2.58	1.32	1.3	62.27

而中部地区的六个省份经济较为发达、资源丰富、劳动力众多,且在地理上与西北段较近,西北区域对中部地区的依赖程度较强。

(2) 西北段产业直接后向关联效应

产业后向关联是指某产业对其他产业部门通过需求发生的关联,在区域间投入产出表中,每一个区域各产业可能需要从各区域各产业得到中间产品作为中间投入,形成了区域间产业直接后向关联。

为了从整体上说明各区域的直接后向关联指数,根据2007年中国17部门8区域投入产出表,将每一区域18各部门的产值相加得到的总产出,即简化为每个区域仅有一个产业部门,并定义区域间的中间投入矩阵为 $X = (x^{RS})_{m \times m}$,$R$ 表示行,S 表示列。区域间产业直接后向关联指数的计算公式为:

$$L_{B(R)} = \frac{\sum_{R=1}^{m} x^{RS}}{x^S} \cdot 100$$

其中,$L_{B(R)}$ 即为 S 区域的后向关联指数,进一步对 $L_{B(R)}$ 在各区域分解,即得到了区域间投入产出表中常用的投入系数,它反映了 S 区域的生产对 R 区域的中间产品的依赖程度。x^S 为 S 区域各产业的全部产出,x^{RS} 为 S 区域各产业从 R 区域各产业获得的中间投入,m 为区域数。根据该计算公式计算出我国区域间产业直接前向关联指数(见表6-12)。

表6-12　　　　　　　我国区域间产业直接后向关联指数

	东北区域	京津区域	北部沿海区域	东部沿海区域	南部沿海区域	中部区域	西北区域	西南区域
东北区域	50.27	2.69	1.55	0.88	1.01	1.06	1.31	1.07
京津区域	1.02	38.61	2.82	0.49	0.42	0.48	1.04	0.34
北部沿海区域	1.56	8.51	54.25	1.17	1.21	2.74	3.38	0.93
东部沿海区域	0.59	1.23	1.12	52.35	3.66	3.19	1.65	0.96

续表

	东北区域	京津区域	北部沿海区域	东部沿海区域	南部沿海区域	中部区域	西北区域	西南区域
南部沿海区域	1.59	1.97	1.19	1.52	44.38	2.16	3.02	4.56
中部区域	0.72	1.38	3.08	3.77	2.75	48.11	2.44	1.25
西北区域	0.95	1.41	1.46	1.32	1.25	1.50	39.92	1.71
西南区域	0.48	0.37	0.55	0.70	1.98	0.74	1.58	46.91
合计	57.18	56.16	66.02	62.21	56.66	59.98	54.34	57.74

从计算结果可以看出西北区域的生产对全国八大区域的中间产品的依赖程度较低，合计值仅为 54.34，远低于北部沿海和东部沿海的后向关联指数，是全国八大区域的最低值。分区域看西北区域的后向关联度即西北区域的生产对八大区域各产业中间产品的依赖程度从强到弱依次为北部沿海区域、南部沿海区域、中部区域、东部沿海区域、西南区域、东北区域、京津区域（见表 6–13）。其原因主要是北部沿海区域的河北、山东与西北区域交通便利、工业发达，西北段的主要产业如有色金属产业的原料从山东、河北购进的数量较多。

表 6–13　丝绸之路经济带西北段与全国八大区域产业间
直接前向关联指数排序

地区	西北区域	北部沿海区域	南部沿海区域	中部区域	东部沿海区域	西南区域	东北区域	京津区域
西北	39.92	3.38	3.02	2.44	1.65	1.58	1.31	1.04

根据石敏俊、张卓颖等人对 2002 年全国投入产出表进行调整核算后得出的中国省区间投入产出模型计算出的中国区域间产业影响力系数、区域间产业感应度系数，我们可得出我国西北段的产业影响力系数和感应度系数。

表 6-14　西北段区域间产业影响力系数较高的五个产业

	陕西		甘肃		青海		宁夏		新疆	
1	金属制品业	2.38	金属制品业	2.33	木材加工及家具制造	2.73	纺织服装、皮革	2.11	纺织服装、皮革	2.75
2	其他工业	2.12	纺织业	2.02	造纸、印刷业	2.48	航旅运输业	2.03	航空货运业	2.40
3	电机及家电制造业	2.10	通信设备、计算机制造业	2.00	汽车制造业	2.36	城市公共交通运输业	1.79	金属制品业	2.31
4	建筑业	2.04	石油加工及炼焦	1.98	其他工业	2.06	石油加工及炼焦业	1.77	电机及家电制造业	2.20
5	锅炉及其他专用设备制造业	1.96	旅游业	1.95	锅炉及其他专用设备制造业	1.83	金属制品业	1.71	通信设备、电子计算机制造业	2.14

在区域间投入产出分析中，区域产业影响力系数反映某一区域某一产业增加一单位最终使用时，对除本区域外其他各区域所有产业所产生的生产需求影响，数值越大，表示该产业对区域外生产拉动作用越大。西北段区域间产业影响力系数较高的五个产业（见表 6-14），可以看出西北段对其他省份影响较大的产业主要分布在金属制品业（有三个省排在前五）、石油加工及炼焦业、锅炉及其他专用设备制造业、纺织服装皮革业、电机及家电制造业。

表 6-15　西北段区域间产业感应度系数较高的五个产业

	陕西		甘肃		青海		宁夏		新疆	
1	石油和天然气开采业	5.08	石油加工及炼焦	11.96	石油和天然气开采业	13.62	钢铁及有色金属冶炼加工	9.00	石油和天然气开采业	15.96

续表

	陕西		甘肃		青海		宁夏		新疆	
2	住宿业和餐饮业	4.70	金属制品业	6.26	钢铁及有色金属冶炼加工	6.22	电力、热力的生产和供应业	6.64	农业	7.62
3	农业	4.66	煤炭开采和洗选业	4.47	铁路货运业	5.93	化学工业	4.84	批发和零售贸易业	5.70
4	批发和零售贸易业	4.48	电力、热力的生产和供应业	4.35	电力、热力的生产和供应业	5.71	石油和天然气开采业	4.62	化学工业	4.19
5	化学工业	3.50	化学工业	3.86	批发和零售贸易业	4.70	煤炭开采和洗选业	4.43	租赁业和商业服务业	2.64

在区域间投入产出分析中，区域间产业感应度系数反映当前国民经济各部门均增加一个单位最终使用时，需要该地区该部门为其他区域各部门的生产而提供的产出量，系数越大，其他地区各部门对该产业的需求依赖越大。通过对西北段区域间产业感应度系数较高的产业（见表6-15）进行筛选，全国其他地区对西北段产业需求依赖较大的产业主要有石油和天然气开采业、石油加工及炼焦、金属制品业、钢铁及有色金属冶炼加工、化学、电力热力的生产和供应业、农业。这些产业是西北段的传统优势产业，西北段的矿产资源以能源矿产、大宗有色金属矿产和非金属矿产为主，是我国重要的资源富集地区。西北段的资源开发长期以来有力地支撑了当地经济的发展，形成了一批大型企业和城市，加速了西北段工业化和城镇化进程，这为丝绸之路经济带的建设构建了良好的经济和交通基础条件。

表 6-16　区域影响力系数和感应度系数均较高的西北段主导产业

省区	产业名称	区域影响力系数	区域感应度系数
陕西	锅炉及其他专用设备制造业	1.28	1.37
	化学工业	1.23	2.29
	石油加工业及炼焦	1.20	1.20
甘肃	金属制品业	1.38	1.56
	化学工业	1.23	2.29
	锅炉及其他专用设备制造业	1.18	1.09
青海	锅炉及其他专用设备制造业	1.31	1.27
	化学工业	1.14	1.08
	钢铁及有色金属冶炼加工	1.13	2.18
	金属矿采选业	1.10	1.93
宁夏	石油加工业及炼焦	1.41	1.59
	钢铁及有色金属冶炼加工	1.36	1.33
	化学工业	1.24	1.79
新疆	食品加工业	1.23	1.08
	化学工业	1.12	2.91
	钢铁及有色金属冶炼加工	1.10	1.50
	锅炉及其他专用设备制造业	1.06	1.12

综合考虑区域影响力系数和区域感应度系数（见表 6-16），选取区域影响力系数和感应度系数均较高的行业可以看出，西北段的主导产业有较高的相似度，主要集中在锅炉及其他专用设备制造业、化学工业、石油加工及炼焦业、钢铁及有色金属冶炼加工业。

本章根据现有的数据做了丝绸之路经济带三区段的产业关联度分析，由于缺乏中亚国家的投入产出表数据，中亚五国与中国西北段、东部段的关联分析采用了定性分析法。综合上述定性分析与定量分析的结果，丝绸之路经济带三区段之间既有竞争又存在巨大的合作空间，三区段处于不同的经济发展阶段，在资源禀赋、人力资源、生产技术水平等方面的比较优势，既有趋同的地方又有差异的地方。要通过丝绸之路经济带产生区域经济发展的新动力，必然要求三区段将各自的优势产业发展纳入经济带产业协同发展的轨道当中，避免产业同质化布局，防止形成低水平的重复产业。丝绸之路经济带框架下，三区段的产业合作就是要在发挥各国的优势产业的基础上，积极在其他区段寻求产业合作空间，形成互利共赢的新增长点。

1. 当前的产业合作与竞争

中国与中亚国家相互为重要的贸易伙伴，从贸易商品结构上看，中国主要向中亚国家出口机械设备及器具、交通工具、电气等机电产品、纺织品及原料、日用消费品。中国主要从中亚国家进口天然气、棉花、天然铀等当地初级农产品和石油产品、矿产品、贱金属资源类产品。由此可见，当前阶段中国与中亚五国的经济联系主要集中于制造业、能源资源类和劳动密集型产业，在高层次制造业及现代金融服务业方面的贸易往来较少，贸易结构较为单一。

中国西北段由新疆与中亚五国接壤，拥有 3000 多公里的边境线，同时具备良好的铁路、公路基础设施，以及便利的陆路口岸设施，具备扩大国际贸易合作得天独厚的条件。中国西北段和中亚段都储有丰富的金属和非金属矿产资源，长期以来依靠资源形成了良好的工业基础，产业结构是围绕资源型产业而展开的，但是两段内的资源有所侧重和不同，当前中国西北段主导产业都有采煤业、石油开采化工业、天然气开采业和有色金属加工业，重工业所占比重较高；而中亚段的石油、天然气、铀储量丰富，畜牧类产品质量好，具有广阔的合作空间。未来中国西北段产业发展将同时做好承接东部段产业转移，以及与中亚段各自发挥比较优势，注重培育工业经济新的增长点，积极布局产业结构调整。西北段产业结构的发展方向对于与丝绸之路经济带中亚段与东部段产业结构的发展具有良好的纽带和调节作用。

从当前三区段合作的内涵来看，三区段之间的产业合作目前是从各自的资源禀赋和劳动生产率差异的优势出发展开的，以资源类产品和中低层次的制造业产品贸易为主要内容展开的，中国主要发挥劳动密集型产品的竞争优势，而中亚五国主要发挥其石油天然气、矿产品、初级农产品等竞争优势，产业合作停留在初级阶段；相互间的投资近几年来呈现了快速增长的势头，但是年份之间的投资量增幅波动较大，尚未形成持续稳定通过投资开展产业合作的局面。

丝绸之路经济带三区段中，经济发展水平不同，中亚段国家交通基础设施落后，从苏联解体后进入全面建立产业体系阶段，各自都想减少初级资源型产品的对外贸易，且仍保持着与俄罗斯的紧密经济往来关系，中国东部段经济发展速度较快、经济发展水平较高，中国西北段经济增速较快、经济发展水平仍然落后，因此三区段的经济发展有其特殊性，寻求产业多元化、高端化发展的途径，实现产业的整体协调统一发展存在着诸多的障碍。

2. 未来合作的重点产业

通过以上产业关联分析，各区段目前已经形成了优势产业，产业之间的互补性很强，未来有巨大的合作空间，在现有产业发展基础上相互利用好对方的优势生产要素，提高生产要素在区段内的流动性，在区段内通过产业协作和分工，推动各区段产业升级形成新的经济增长点；三区段所在国家或地区拥有广袤的土地和众多的人口，各自利用其比较优势开发新的市场，并成为两端东亚经济圈和欧洲经济圈的重要纽带，带动区域经济的发展。

中国西北段、东部段与中亚段可以根据其经济发展阶段和经济发展优势，实现产业承接和产业转移。中国东部段有雄厚的资金、人力资源和技术实力，产业结构逐渐从劳动密集型向知识、资本和技术密集型转变，经济发展已经从量的扩张迅速过渡为经济增长质的提升阶段，西北段可以通过承接产业转移或升级获取产业发展的竞争优势。中亚段国家可以积极利用东部段的资金优势开展金融合作，承接东部段的化工、纺织、食品等中亚段有基础原料但缺乏工业开发的工业门类，东部段依靠其高新技术研发能力推动中亚段比较优势产业的升级、产业链延伸，并获取可持续竞争优势，中亚段国家还可以依托中国东部段省份人均收入较高的优势，开展充分的合作推动旅游产业的发展。

中国西北段与中亚段可以展开设备制造、能源加工、金属冶炼等工业领域的合作。中国西北段具有高区域影响力系数和感应度系数的产业主要集中在锅炉及其他专用设备制造业、化学工业、石油加工业及炼焦、金属制品业、金属矿采选业、钢铁及有色金属冶炼加工、食品加工业等方面，西北段可以利用这些优势产业与中亚段展开合作，一是能源开发合作。中国西北段能源开发历史悠久、积累了丰富的能源开采加工技术，近年来西北段的新能源产业发展突飞猛进，而中亚段有丰富的能源储备，未来可以利用好新亚欧大陆桥和即将建成的中国—吉尔吉斯斯坦—乌兹别克斯坦铁路作为能源运输通道，将中亚五国丰富的石油、天然气、石墨、铝土矿等中国短缺的资源进行加工开发合作，利用好中国巨大的市场。二是机电设备、工业零配件领域的合作，由于中亚五国也步入了经济社会发展的快车道，对机电设备的需求迅速攀升，近年来西北段的企业向中亚国家出口装载机、挖掘机、推土机等建设机械，食品加工机械、农业机械、纺织机械、油气开采、矿山机械等设备，大部分出口设备由于技术成熟，在国内市场已经趋于饱和，但对于中亚段国家这些设备是其当前经济发展的急需产品，双方可以在目前水平上继续深化合作，不断提高产品的科技含量，营造良好的合作竞争氛围。

中国西北段与中亚段可充分开展基础设施建设合作。中亚五国中有三个国家与中国接壤，在基础设施合作方面具有得天独厚的条件。交通基础设施是当前阻碍各区段相互合作的薄弱环节，道路联通是丝绸之路经济带建设的五个主攻方向之一，当前中国西北段和中亚段都进入了经济快速发展的阶段，中亚段基础设施的快速完善不仅直接拉动当地经济增长，而且通过基础设施促进生产要素流动、提高生产效率，进而会增加区段间经济交往的密度和强度，将各类资源方便快捷地转变为经济要素，加快经济增长。

中国西北段与中亚段可以开展民族食品用品的开发合作。中亚国家是以伊斯兰教为主的多宗教地区，而中国西北段有大量信仰伊斯兰教的群众，中国西北段的清真食品产业、民族服饰、民族类用品产业发展水平较高，两区段可以利用民族文化的共同点，积极开展产业合作，增进交流交融。

中国西北段与中亚段可以充分展开荒漠化治理与开发合作。两段均属于干旱和半干旱地区，气候相近、地理地貌相似，降水稀少、森林植被覆盖率低、生态脆弱，大部分地区由点缀在荒漠和群山之间的城市绿洲串联，中国西北段五省区除陕西、青海外，其余省区沙化率都接近或超过50%，新疆沙化率达到64.34%，宁夏55.8%，甘肃45.12%，青海26.7%，在几十年的沙漠治理实践中积累了丰富的实践经验。甘肃省专门成立了荒漠化治理基金会，积极开展沙产业开发，形成了荒漠化治理区的畜牧养殖、牧草种植、中药材种植等特色产业，2016年甘肃建投公司研发出了具有自主知识产权的固沙机械，防沙固沙效率大幅提升；亿利集团在库布齐沙漠开展的生态修复项目开创了"公益性可持续商业治沙模式"，中国西北段在防沙治沙、推动沙漠地区经济社会发展方面的技术与能力日渐成熟。在丝绸之路经济带建设过程中，中国西北段可以利用其日渐成熟的治沙设备与技术，将沙漠地区丰富的光、热及生物资源利用起来，与中亚国家合作实现生态修复、沙漠生态产业发展。

中国西北段与中亚段水资源均不丰富，而且分布极不均匀，中国西北段近年来开发出了高效的节水农业生产方式、沙漠地带的生态保护开发技术、绿洲节水灌溉生产技术，通过相互合作培育和研发新品种、深化农产品的加工。中亚国家由于苏联时期的影响，尚未建立起能够满足自我需要的轻工业体系，但是中亚段国家棉花产量较高、畜牧业较为发达，而中国西北段和东部段的轻工业发展水平较高，可以与中亚段国家开展合作进行纺织、皮革、日用化工等轻工业产品的输出或产业转移合作。

第二节　丝绸之路经济带中国西北段产业趋同度分析

产业结构趋同一直是国内外学术界关注的课题。长期以来该现象被认为是阻碍我国经济发展中的产业结构调整和区域健康发展的影响因素。国内学者从 20 世纪 90 年代开始就对该问题进行了广泛的研究，但研究范围主要集中在京津冀、长三角、珠三角等经济较发达的经济圈；研究内容则主要集中在判断地区产业趋同问题是否存在、产业趋同程度对地区产业经济的影响；产业趋同问题的成因及产业趋同问题的应对方法等方面。中西部地区研究成果极少,对产业趋同问题的价值判断也过于负面。近年来,随着经济快速发展,特别是西部大开发战略实施以来,我国西北地区的经济发展取得了巨大成就,但也要看到西北地区在区域经济发展和产业结构调整上与中东部地区的显著差距。特别是习近平主席在2013年哈萨克斯坦纳扎尔巴耶夫大学演讲时提出了共建"丝绸之路经济带"这一伟大构想之后,西北地区作为丝绸之路经济带上极其重要的区段,肩负着更加艰巨的历史发展任务。结合我国当前发展需要兼顾地区平衡,着力开拓新的经济增长点;产能严重过剩,急需消化和转移;推进区域之间包括基础设施、大物流在内的各种互联互通,提高和推进区域合作水平等经济发展要求,细致研究西北地区区域产业发展存在的问题,做好承接中东部产业转移的准备和起到连接丝绸之路经济带东部段和中亚段的作用。因此,在丝绸之路背景下探讨西北地区产业趋同问题就显得十分必要。本部分将丝绸之路经济带西北段陕、甘、宁、青、新疆五省区作为研究对象。

一 问题的提出

产业趋同也称为产业同构,是指经济发展过程中不同区域间的产业在组成类型、数量比例、空间分布、关联方式等方面的演进变化逐渐趋于一致,结构差异逐步缩小的现象。学界对产业趋同现象的研究很多,但研究对象主要集中在长三角、京津冀、珠三角等经济发达的经济区域,对中部、西部研究较少,将丝绸之路经济带总体和分段作为研究对象的几乎没有,而且研究方法较为单一,大多选取某一时点的数据进行静态比较分析而缺少对一段时间内产业趋同程度变化的动态比较分析,研究结论也大多偏向于负面的价值评判,认为产业趋同现象是产能和资源浪费、地方恶性竞争、低效合作和产业转型升级困难的根源,这种结论忽略了区域内部的合作动力与产业集聚效应的存在。

针对上述问题,本书选取了丝绸之路经济带上十分关键的西北段作为研究对象,通过相关产业趋同理论和测量指标对丝绸之路经济带西北段产业趋同程度进行测定,试图对分析结果和这一现象产生原因进行梳理和分析。

二 实证分析

目前比较常用的产业同构测度方法主要有:结构相似系数、结构差异度指数、结构重合度指数、区位熵指数、简单相关系数等方法。本书中我们选用了工业结构相似系数作为衡量两个地区的工业产业趋同程度的方法和标准。

工业结构相似系数是联合国工业发展组织在《世界各国工业化概况和趋向》一书中提出的测度方法,其计算公式如下:

$$s_{ij} = \frac{\sum_{k=1}^{n}(X_{ki}X_{kj})}{\sqrt{\sum_{k=1}^{n}X_{ki}^{2} \cdot \sum_{k=1}^{n}X_{kj}^{2}}}$$

其中,X_{ki} 和 X_{kj} 为区域 i 和 j 中 K 产业产值分别占区域 i 和区域 j 的比重;S_{ij} 为两个地区产业结构相似系数,该系数值域为 0 和 1 之间,数值越接近 1,说明两个地区的产业结构趋同,越接近 0 则表示两个地区产业结构趋异。从动态的角度来看,该指标在不同时点的变化能够反映出地区之间产业结构差异的变动情况,在某一时段内,如果 S_{ij} 持续上升,表示地区之间产业结构呈趋同化发展;如果 S_{ij} 持续下降,则表明地区之间产业结构趋异发展。运用此模型,分别对西北五省区内部工业产业和西北段与东部段工业产业整体进行分析。

1. 丝绸之路经济带中国西北段五省区间工业产业趋同度测度

首先选取了丝绸之路经济带中国西北段五省区在 2007—2013

年间一、二、三次产业占 GDP 的比重进行测算（原始数据见表 6-17）。用 R 语言建立算法，将数据代入相似性系数公式进行计算，最终得到了每两个省 2007—2013 年的结构相似系数。通过计算，结果如图 6-1 所示。

表 6-17　　西部五省区 2007—2013 年 GDP 总值与一、二、三次产业产值　　单位：亿元

省份	年份	2007	2008	2009	2010	2011	2012	2013
甘肃	总量	2704	3167	3388	4121	5020	5650	6331
	一产	388	462	497	599	679	781	845
	二产	1279	1470	1527	1985	2378	2600	2745
	三产	1037	1234	1363	1537	1964	2270	2741
陕西	总量	5757	7315	8170	10123	12512	14454	16205
	一产	593	754	790	988	1221	1370	1461
	二产	2986	3861	4236	5446	6936	8074	8912
	三产	2178	2700	3144	3689	4356	5010	5832
青海	总量	797	1019	1081	1350	1670	1894	2122
	一产	83	106	107	135	155	177	205
	二产	419	557	575	745	975	1092	1151
	三产	295	356	399	471	540	624	766
宁夏	总量	919	1204	1353	1690	2102	2341	2578
	一产	98	119	127	159	184	199	211
	二产	455	610	662	828	1056	1159	1260
	三产	366	475	564	702	862	983	1107
新疆	总量	3523	4183	4277	5437	6610	7505	8444
	一产	629	691	760	1079	1139	1321	1435
	二产	1648	2071	1930	2592	3226	3482	3575
	三产	1247	1421	1588	1767	2245	2703	3434

资料来源：国家统计局网站。

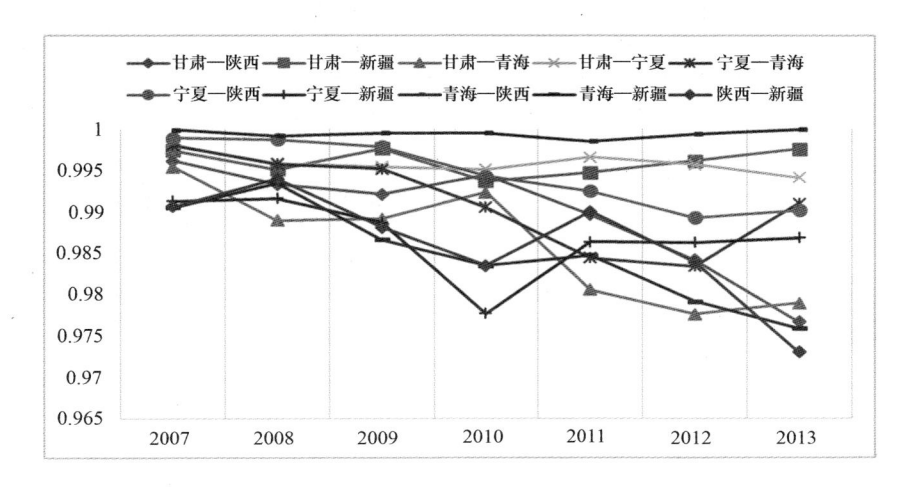

图 6-1 西北五省区 2007—2013 年三次产业结构相似性系数

从图 6-1 可以看出，宏观层面上西北五省区规模以上产业结构相似度非常高。2005 年西北各省区之间产业相似性系数均达到 0.99 以上，到 2013 年，除青海和陕西三次产业结构几乎完全相同，工业产业相似性系数高达 0.999，且六年间变化不大；甘肃和新疆在 2010—2011 年略有下降其余年份均持平外，其他省份之间该数据均呈下降趋势。其中，甘肃和青海、甘肃和陕西、宁夏和陕西、青海和新疆、陕西和新疆的下降趋势较为明显。宁夏和新疆、宁夏和青海则有先下降再上升的特征。虽然多数省区产业趋同程度呈现出一定的下降趋势，但可以看出西北五省区间三次产业比例还是非常接近的。依照国际惯例，一般以相似性系数 0.85 为标准来判断国家间产业结构是否相似，以 0.90 为标准来评判区域间的产业结构相似程度，可以看出，宏观层面上西北五省区产业结构是高度同构的。

那么，中观层面的考察是否也能得到该结论呢？我们根据丝绸之路经济带西北段五省区的支柱产业情况，选取了每个省工业总产值排名前五的产业，如表 6-18 所示。

表 6 – 18　　　　　　　中国西北段工业总产值前五行业

甘肃	宁夏	青海	陕西	新疆
有色金属冶炼及压延加工业	煤炭开采和洗选业	有色金属冶炼及压延加工业	煤炭开采和洗选业	石油加工、炼焦及核燃料加工业
石油加工、炼焦及核燃料加工业	石油和天然气开采业	电力、热力的生产和供应业	油加工、炼焦及核燃料加工业	石油和天然气开采业
黑色金属冶炼及压延加工业	非金属矿采选业	化学原料及化学制品制造业	石油、天然气开采业	电力、热力的生产和供应业
电力、热力的生产和供应业	农副食品加工业	石油和天然气开采业	有色金属冶炼及压延加工业	黑色金属冶炼及压延加工业
非金属矿物制品业	食品制造业	黑色金属冶炼及压延加工业	电力、热力的生产和供应业	化学原料及化学制品制造业

比较各省前五的产业后，最终选定化学原料及化学制品制造业，石油加工，炼焦及核燃料加工业，黑色金属冶炼及压延加工业，电力、热力的生产和供应业，非金属矿物制品业，煤炭开采和洗选业，石油和天然气开采业，化学原料及化学制品制造业，农副食品加工业，食品制造业等十个产业作为分析的依据。这十个产业在各省的工业生产总值中占比均超过50%（甘肃：82.81%，宁夏：51.61%，青海：84.23%，陕西：64.20%，新疆：78.69%），它们能很好地描述这些省份的工业产业结构情况。计算该十个产业产值分别占各省工业生产总值的比重后，使用相同 R 语言源代码，再次将数据代入相似性系数公式进行计算，最终得到了每两省区间2007—2013 年的结构相似系数，见表 6 – 19。

表 6-19　　2007—2013 年西北五省区支柱产业相似性系数

地区	2007	2008	2009	2010	2011	2012	2013
甘肃—宁夏	0.122446	0.160162	0.215907	0.228752	0.250542	0.311013	0.292323
甘肃—青海	0.697761	0.707648	0.76607	0.803077	0.794268	0.840818	0.84236
甘肃—陕西	0.701025	0.741954	0.781801	0.790979	0.820894	0.838009	0.82937
甘肃—新疆	0.549298	0.624458	0.749651	0.754701	0.811747	0.827301	0.84234
宁夏—青海	0.210723	0.279896	0.297963	0.330131	0.302506	0.387528	0.37457
宁夏—陕西	0.480552	0.567608	0.664951	0.67092	0.678022	0.711608	0.714989
宁夏—新疆	0.334894	0.379247	0.455886	0.422345	0.340192	0.445902	0.451528
青海—陕西	0.715665	0.709562	0.68441	0.713202	0.730391	0.761376	0.757976
青海—新疆	0.593074	0.612883	0.566465	0.537235	0.568972	0.607404	0.662718
陕西—新疆	0.930964	0.890185	0.858531	0.824404	0.82932	0.841272	0.865294

通过上述数据绘制折线图，如图 6-2 所示。

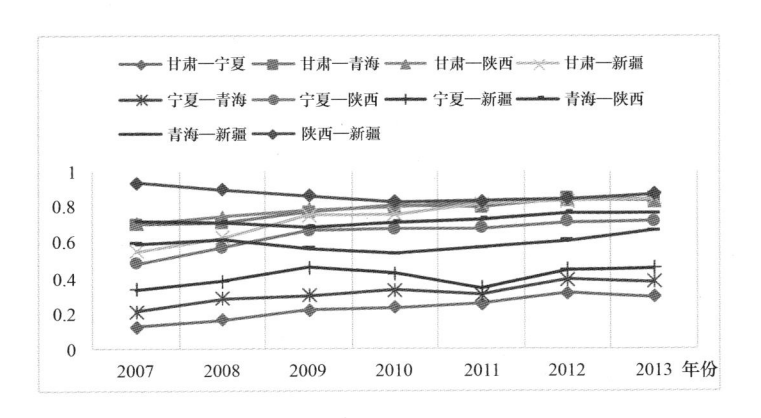

图 6-2　2007—2013 年西北五省区支柱产业相似性系数

依据国际标准可以看到，只有陕西和新疆的支柱产业相似性系数高于 0.85，产业同构程度高。甘肃和陕西、甘肃和新疆、甘肃和青海这一数据到 2013 年接近 0.85 的分界线。其他省区之间该指标有上升趋势，但并不能说明西北五省区"产业趋同问题严重"，更无法得到产业趋同导致西北地区产业升级困难、产能过剩和资源浪费等结论。

2. 西北段与东部段工业产业趋同度整体测度

我们根据丝绸之路经济带西北段五省区与东部段六省市的工业产业结构，选取了通信设备、计算机及其他电子设备制造业、电气机械及器材制造业、化学原料及化学制品制造业、纺织业、通用设备制造业、黑色金属冶炼及压延加工业、电力、热力的生产和供应业、石油加工、炼焦及核燃料加工业、石油和天然气开采业、有色金属冶炼及压延加工业、煤炭开采和洗选业等行业作为测度对象。这些行业在西北段五省区与东部段六省市中各个省份的占比总值均超过50%。数据区间为2005—2013年，数据来源为国家统计局网站。

表6-20　　　　　　　　西北段与东部段产业趋同度

年份	2005	2006	2007	2008	2009	2010	2011	2012	2013
东部段与西北段趋同度	0.363075	0.373193	0.398153	0.409067	0.443313	0.449311	0.449632	0.447781	0.461648

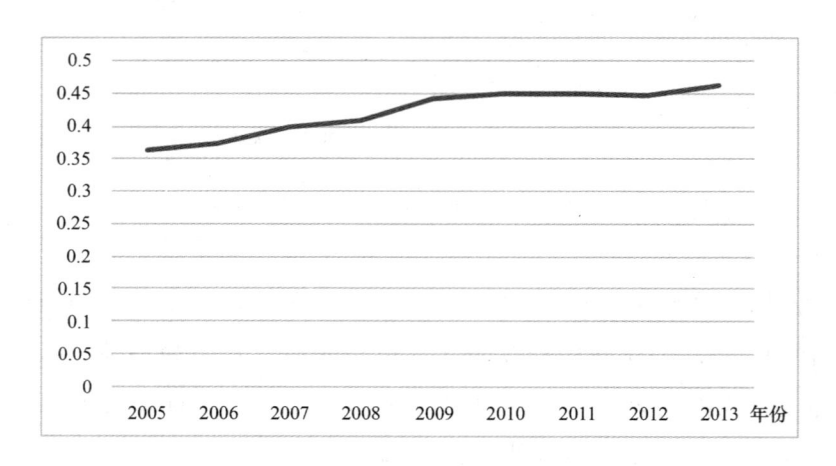

图6-3　西北段与东部段趋同度曲线

三　实证结果

1. 丝绸之路经济带中国西北段三次产业结构趋同程度高表明该地区在产业结构演进的发展过程中仍处于水平较低的发展阶段。该地区三次产业趋同度极高，说明产业结构处于相近的发展水平。西北五省区一、二产业占比均高于全国平均水平，2005 年只有宁夏第三产业略高于全国，2013 年五省区第三产业占比均低于全国水平。根据五省区三次产业产值占比情况结合配第—克拉克理论、霍夫曼定理、库兹涅茨产业结构论等产业结构演进趋势理论，可以得知，西北段产业结构仍处于较低发展水平。

2. 丝绸之路经济带中国西北段五省区支柱产业结构趋同程度差异较大说明西北五省区不仅与中东部地区经济发展差距大，五省区内部也存在发展差距大、发展不平衡的问题。联合国工业发展组织在 1979 年通过对各国制造业相似性系数进行测算，证明工业化水平高的国家，制造业产出结构丰富则工业产业结构的相似度越高；反之工业化完成度低的国家，其产业结构处于变动过程中，国家之间的产业结构相似度越低。根据对丝绸之路经济带西北段五省区的支柱产业趋同程度的测算，可以看到结果与联合国工业发展组织提出的结论基本相符，五省区中经济状况较好、发展水平较高的陕西和新疆，产业趋同程度高于其他省份。说明丝绸之路经济带西北段不仅与东部段、中部段存在差距，西部段内部也存在发展差距大、发展不均衡的问题。

3. 丝绸之路经济带中国西北段各省区三次产业高趋同度有所下降、支柱产业低趋同度有所上升。从数据结果看来，似乎存在宏观层面趋同程度下降，中观层面趋同程度加深的变化。推断其原因，一方面可能是因为西部大开发战略实施以来西北段各省区不断优化产业结构、深化产业分工，合理进行产业布局、产业集聚规模效应初步展现；另一方面也能看出西北段各省区间差距进一步加深、产业升级困难很大。

4. 西北段与东部段整体产业趋同度在 2005—2013 年呈上升状态。从结果来看，虽然西部段与东部段产业趋同度并不算太高，但该测度在过去八年间一直在逐年上升，由 2005 年的 36% 上升至 2013 年的 46%，上升了 10 个百分点。这说明，西北段在过去的八年间在产业结构上与东部段差距缩小，原因可能在于西北段五省区在东部段六省市产业升级过程中发挥了产业承接的作用。

第三节　丝绸之路经济带中国西北段区位熵分析

一　丝绸之路经济带中国东部段和西北段优势产业布局分析

整体上来说，丝绸之路经济带中国西北段产业整体发展水平落后于中国东部段，但由于资源禀赋的差异，优势产业也存在较大差异，使得这两段产业具有较强的互补性，为此，本部分通过分析比较丝绸之路经济带中国东部段和西北段的优势产业，为这两段产业的互动发展与布局提供支撑。

本文以区位熵指标表示区域产业发展的优势度，区位熵是用来判断一个产业是否构成该地区优势产业的常用指标。区位熵指某一地区的某一行业占比与包括该区域的较大区域中的该行业占比的比值，计算公式如下：

$$LQ = \frac{\dfrac{y_{ij}}{y_j}}{\dfrac{Y_{ij}}{Y_j}}$$

上式中，y_{ij}，y_j 分别表示 j 省市 i 行业的产值与该省市的各产业总产值，Y_{ij} 表示丝绸之路经济带中国东部段与中国西北段 i 行业的产值之和，Y_j 指丝绸之路经济带中国东部段与中国西北段的各产业总产值之和。利用区位熵计算公式对丝绸之路经济带西北段与丝绸之路经济带中国东部段共 11 个省份规模以上工业企业的产业区位熵进行测算，得到所研究区域的区位熵指标（见表 6 - 21）。

表 6 - 21　　丝绸之路经济带中国东部段和西北段各产业区位熵

行业	丝绸之路经济带东部段							丝绸之路经济带西北段			
	江苏	浙江	广东	福建	海南	上海	陕西	甘肃	青海	宁夏	新疆
煤炭开采和洗选业	0.27	0.00	0.01	0.46	0.00	0.00	19.49	5.72	5.55	19.19	4.17
石油和天然气开采业	0.00	0.00	0.49	0.00	0.68	0.02	17.02	4.86	9.19	0.09	13.77
黑色金属矿采选业	0.35	0.12	0.83	2.12	7.43	0.00	3.60	6.79	2.01	1.72	8.90
有色金属矿采选业	0.06	0.31	0.89	1.52	3.68	0.00	6.04	11.88	14.84	0.00	5.72
非金属矿采选业	0.89	1.07	1.29	2.67	0.36	0.00	0.36	3.39	3.40	0.17	1.12
农副食品加工业	1.05	0.57	0.89	2.26	2.37	0.38	0.11	1.66	1.00	1.26	1.79
食品制造业	0.55	0.72	1.24	2.59	2.01	1.72	0.40	1.28	1.13	3.47	2.12
酒、饮料和精制茶制造业	0.84	0.89	1.11	2.47	1.36	0.41	1.10	2.64	2.18	1.20	3.10
烟草制品业	0.00	1.34	0.78	1.40	2.81	5.86	4.14	3.72	2.72	0.78	0.92
纺织业	1.14	2.17	0.51	1.35	0.05	0.17	0.04	0.11	0.25	1.27	0.35
纺织服装、服饰业	1.00	1.30	1.11	1.56	0.00	0.42	0.01	0.04	0.04	0.02	0.01
皮革、毛皮、羽毛及其制品和制鞋业	0.35	1.29	1.04	4.24	0.01	0.32	0.02	0.14	0.00	0.20	0.06
木材加工及木、竹、藤、棕、草制品业	1.51	0.75	0.63	2.20	0.33	0.24	0.00	0.01	0.00	0.20	0.12
家具制造业	0.27	1.53	1.77	1.20	0.12	1.11	0.00	0.02	0.13	0.20	0.04

续表

行业	丝绸之路经济带东部段							丝绸之路经济带西北段			
	江苏	浙江	广东	福建	海南	上海	陕西	甘肃	青海	宁夏	新疆
造纸和纸制品业	0.75	1.34	1.16	1.76	4.07	0.62	0.00	0.18	0.01	0.35	0.28
印刷和记录媒介复制业	0.80	0.91	1.55	1.04	0.27	0.89	0.32	0.20	0.38	0.28	0.08
文教、工美、体育和娱乐用品制造业	0.60	0.96	1.71	1.60	0.02	0.60	0.00	0.02	0.55	0.00	0.05
石油加工、炼焦和核燃料加工业	0.47	0.78	0.77	0.82	9.26	1.25	3.54	3.73	0.47	3.86	5.38
化学原料和化学制品制造业	1.42	1.10	0.64	0.57	1.30	1.02	0.49	0.58	1.50	1.11	0.91
医药制造业	1.37	1.11	0.72	0.41	3.89	1.20	0.15	0.91	1.59	0.62	0.25
化学纤维制造业	1.23	2.68	0.08	1.62	0.00	0.09	0.06	0.05	0.00	0.00	0.65
橡胶和塑料制品业	0.64	1.46	1.30	1.29	0.32	0.95	0.24	0.31	0.04	0.32	0.48
非金属矿物制品业	0.88	0.85	1.08	1.85	2.10	0.48	0.25	1.53	1.58	1.08	1.23
黑色金属冶炼和压延加工业	1.45	0.82	0.43	1.01	0.10	0.92	1.06	2.63	1.53	1.37	1.42
有色金属冶炼和压延加工业	0.75	1.08	0.78	0.94	0.05	0.39	2.33	5.00	6.72	2.78	2.14
金属制品业	1.12	1.04	1.24	0.62	0.34	0.79	0.16	0.39	0.09	0.37	0.31
通用设备制造业	1.24	1.46	0.63	0.54	0.01	1.75	0.45	0.22	0.19	0.30	0.05
专用设备制造业	1.46	0.93	0.68	0.69	0.05	1.25	0.79	0.64	0.06	0.42	0.19
汽车制造业	0.89	0.87	0.90	0.50	0.92	3.24	1.47	0.02	0.17	0.02	0.09
铁路、船舶、航空航天和其他运输设备制造业	1.50	1.14	0.56	0.59	0.05	1.36	1.08	0.10	0.05	0.02	0.00
电气机械和器材制造业	1.24	1.01	1.13	0.49	0.35	0.79	0.34	0.35	0.22	0.18	0.45

续表

行业	丝绸之路经济带东部段							丝绸之路经济带西北段			
	江苏	浙江	广东	福建	海南	上海	陕西	甘肃	青海	宁夏	新疆
计算机、通信和其他电子设备制造业	0.94	0.31	1.81	0.62	0.04	1.25	0.04	0.05	0.01	0.00	0.00
仪器仪表制造业	1.88	0.87	0.55	0.36	0.06	0.79	0.44	0.02	0.05	0.20	0.01
废弃资源综合利用业	0.42	1.35	2.14	0.41	0.34	0.23	0.01	0.44	0.00	0.35	0.13
金属制品、机械和设备修理业	0.23	1.05	0.84	3.11	1.43	2.75	0.07	2.09	0.42	0.00	0.23
电力、热力生产和供应业	0.60	1.26	1.04	0.99	1.95	0.65	2.20	1.84	3.10	3.62	2.00
燃气生产和供应业	0.54	1.19	1.10	1.15	1.39	1.60	1.20	0.96	0.15	2.49	1.94
水的生产和供应业	0.52	1.25	1.58	0.61	3.64	1.07	0.91	0.55	0.52	1.05	0.59

说明：表中 0.00 表示该地区对应产业产值缺失。

资料来源：2014 年研究地区统计年鉴。

通过分析表 6-21 中 11 省区的 38 个产业的区位熵，可以发现丝绸之路经济带中国西北段的优势产业主要集中于传统重工业和资源型产业，如西北段的煤炭开采与洗选业的产业区位熵均在 4 以上，而东部该产业的区位熵均在 0.3 以下。同时，丝绸之路经济带中国西北段省区的石油和天然气开采业、有色金属矿采选业、黑色金属矿采选业、石油加工、炼焦和核燃料加工业、有色金属冶炼和压延加工业、电力、热力生产和供应业等产业的区位熵远大于丝路经济带中国东部段对应产业的区位熵。相比之下，丝绸之路经济带中国东部段的医药制造业，专用设备制造业，汽车制造业，铁路、船舶、航空航天和其他设备制造业、仪器仪表制造业、家具制造业、计算机、通信和其他运输设备制造业、纺织服装、服饰业等产业的区位熵普遍高于丝绸之路经济带西北段各省区对应产业的区位熵。为了进一步分析丝绸之路经济带中国东部段和西北段各地区的优势产业布局情况，按照表 6-21 区位熵的大小对相对优势产业排序，得出丝绸之路经济带中国东部段和西北段各省（区、市）前六个优势产业，如表 6-22 所示。

表 6-22　丝绸之路经济带中国东部段和西北段各省（市、区）相对优势产业

省市	相对优势产业排名					
	1	2	3	4	5	6
江苏	仪器仪表制造业	木材加工及木、竹、藤、棕、草制品业	铁路、船舶、航空航天和其他运输设备制造业	专用设备制造业	黑色金属冶炼和压延加工业	化学原料和化学制品制造业
浙江	化学纤维制造业	纺织业	家具制造业	橡胶和塑料制品业	通用设备制造业	废弃资源综合利用业
广东	废弃资源综合利用业	计算机、通信和其他电子设备制造业	家具制造业	文教、工美、体育和娱乐用品制造业	水的生产和供应业	印刷和记录媒介复制业
福建	皮革、毛皮、羽毛及其制品和制鞋业	金属制品、机械和设备修理业	非金属矿采选业	食品制造业	酒、饮料和精制茶制造业	农副食品加工业
海南	石油加工、炼焦和核燃料加工业	黑色金属矿采选业	造纸和纸制品业	医药制造业	有色金属矿采选业	水的生产和供应业
上海	烟草制品业	汽车制造业	金属制品、机械和设备修理业	通用设备制造业	食品制造业	燃气生产和供应业

续表

省市	相对优势产业排名					
	1	2	3	4	5	6
陕西	煤炭开采和洗选业	石油和天然气开采业	有色金属矿采选业	烟草制品业	黑色金属矿采选业	石油加工、炼焦和核燃料加工业
甘肃	有色金属矿采选业	黑色金属矿采选业	煤炭开采和洗选业	有色金属冶炼和压延加工业	石油和天然气开采业	石油加工、炼焦和核燃料加工业
青海	有色金属矿采选业	石油和天然气开采业	有色金属冶炼和压延加工业	煤炭开采和洗选业	非金属矿采选业	电力、热力生产和供应业

通过对比表6-22中丝绸之路经济带东部段和西北段各省市相对优势产业，可以发现，丝绸之路经济带西北段在资源性产业方面具有较大优势，而在现代制造业方面，丝绸之路经济带东部段占据优势，互补性较强。在丝绸之路经济带的建设过程中，丝绸之路东部段和西北段可以充分利用优势产业互补性强这一特点，进行协同发展。

二 丝绸之路经济带中国东部段和西北段区段优势产业布局分析

为了进一步分析丝绸之路经济带东部段和西北段各产业的整体区段分布情况，根据区位熵计算公式，计算出丝绸之路经济带东部段和西北段各产业的区段区位熵，并按照丝绸之路经济带东部段各产业的区位熵指标值进行排序，得到丝绸之路经济带中国东部段和西北段区段各优势产业相对分布（见表6-23）。

表 6-23　丝绸之路经济带中国东部段和西北段区段各优势产业相对分布

门类	东部段各产业区位熵	西部段各产业区位熵
煤炭开采和洗选业	0.1401	10.9373
石油和天然气开采业	0.1520	10.7953
有色金属矿采选业	0.4989	7.3802
黑色金属矿采选业	0.6319	5.4759
石油加工、炼焦和核燃料加工业	0.7502	3.8856
有色金属冶炼和压延加工业	0.8006	3.3039
电力、热力生产和供应业	0.8890	2.2822
黑色金属冶炼和压延加工业	0.9474	1.6071
燃气生产和供应业	0.9652	1.4016
农副食品加工业	0.9887	1.1300
非金属矿物制品业	0.9987	1.0146
化学原料和化学制品制造业	1.0201	0.7682
水的生产和供应业	1.0239	0.7234
金属制品、机械和设备修理业	1.0332	0.6166
医药制造业	1.0415	0.5201
专用设备制造业	1.0434	0.4987
汽车制造业	1.0438	0.4945
酒、饮料和精制茶制造业	1.0521	2.1048
铁路、船舶、航空航天和其他运输设备制造业	1.055	0.3614
电气机械和器材制造业	1.0567	0.3456
橡胶和塑料制品业	1.0592	0.3167
纺织业	1.0616	0.2889
金属制品业	1.0627	0.2753
通用设备制造业	1.0651	0.2485
印刷和记录媒介复制业	1.0671	0.2253
化学纤维制造业	1.0688	0.2053
废弃资源综合利用业	1.0708	0.1819
仪器仪表制造业	1.0721	0.1668
造纸和纸制品业	1.0728	0.1590
烟草制品业	1.0761	2.6990

续表

门类	东部段各产业区位熵	西部段各产业区位熵
皮革、毛皮、羽毛及其制品和制鞋业	1.0799	0.0772
食品制造业	1.0803	1.4634
文教、工美、体育和娱乐用品制造业	1.0813	0.0609
木材加工及木、竹、藤、棕、草制品业	1.0817	0.0558
家具制造业	1.0824	0.0479
计算机、通信和其他电子设备制造业	1.0845	0.0242
纺织服装、服饰业	1.0848	0.0201
非金属矿采选业	1.1338	1.5047

通过分析表6-23，可以发现除个别产业外，丝绸之路经济带中国东部段相对优势产业为西北段的相对劣势产业，而西北段的相对优势产业则为东部段的相对劣势产业，这表明丝绸之路经济带东部段和西北段各产业间存在极强的互补性，优势产业间存在互补性差异。丝绸之路经济带中国东部段和西北段的这种互补性产业布局为这两区段的产业转移与合作提供了广阔的空间。通过协同合作，东部段可以借助西北段资源优势产业来弥补其资源不足这一状况，西北段可以积极转移东部段的现代制造业，来优化产业布局，提高产业发展水平。

第七章

丝绸之路经济带建设中的产业结构调整与产业空间布局若干关系的处理

丝绸之路经济带中国西北段和中亚段向东连接着我国东部发达经济地区的亚太经济圈，向西连接着欧洲经济圈，惠及30多亿人口，从经济发展格局上讲，呈现出两端经济发展水平高，中间经济发展相对滞后的空间布局特征。这种空间布局下中国西北段和中亚段与两端的产业差异显著、比较优势明显，具有相互贸易的巨大潜力、促进区域产业互补，且体现出通过现代化的综合交通设施和信息网络发展通道经济的巨大优势，能够实现各国互利共赢。通过统筹协调丝绸之路经济带发展中的整体利益，加快经济带各国间生产要素流动以及产业的空间集聚或转移，打造一个既能融入全球产业分工体系，又能发挥经济带内部各区段比较优势的产业空间布局，这对于经济带沿线各国在国际竞争中保持自身优势和促进各国经济持续发展显得至关重要。

第一节 处理好统筹经济带全局发展与产业空间定位的关系

产业合作是丝绸之路经济带建设的重要内容和途径，中亚五国受到资源禀赋和历史因素的限制,工业基础薄弱但资源能源丰富,对外部市场的依赖性较高,产业互补性较强,但若将沿线国家间的产业合作局限于能源、资源、产能过剩产品的互通有无,那在"中心—外围"效应的推动下,仅依靠自然资源为主的低层次产业结构,无法实现产业结构升级,将处在国际产业分工地位的外围,不利于丝绸之路经济带产业转型与合作机制的构建与延续。

一 统筹经济带全局发展的重要性

丝绸之路经济带建设是我国全方位对外开放的必由之路,它连接着欧洲和东亚两个发达的经济区域,是一个串联式带状发展带,经济增长潜力巨大,未来能够成为重要的经济发展轴。但由于中亚国家是在苏联解体后获得独立的国家,这些国家原来处于苏联的产业布局之下,经济发展极不平衡,农业相对比较发达,工业产业门类集中在采矿、冶金业等依托自然资源的产业为主,军工产业等重工业较为发达,总体来看经济结构门类不齐全,能源、矿产品的出口在经济发展中占据重要地位,产业链发展较短,制造业和加工业亟待在短期内加强;而中国西北段人口密度小,绿洲农业和灌溉农业发达,矿产资源、旅游资源丰富,与多个国家接壤有利于边境贸易;而中国东部段经济发展水平高、产业结构不断向高级化发展,质优价廉的轻工业产品很受中亚国家的欢迎。通过丝绸之路经济带将我国西部开发、东中部地区可持续发展以及中亚段五国经济的全面发展相互联系,充分发挥产业互补的优势,促进三区段之间基础设施的互联互通、生产要素流通、资源优化配置都将起到积极作用。

丝绸之路经济带建设涉及40多个国家的30多亿人口,各国经济、社会、宗教、文化、国家体制等方面存在较大的差异,整合国家利益和目标难度较大,需要在国家层面协调、分析沿线各国的优势，共同科学谋划做好顶层设计，从全局上把握丝绸之路经济带产业布局，将各国自身发展和经济带沿线各国的整体战略有机地结合，只有统筹经济带全局的发展，观照各方利益，找准各国经济发展的着力点和支撑点，才能顺利持续地推进丝绸之路经济带建设。

二 产业空间定位的选择

各国经济学家总结出了经典的区位选择理论，1826年德国经济学家冯·杜能提出了农业布局的杜能圈，杜能圈提出了以城市为中心由内而外农、林、谷、牧的同心圆结构。19世纪末20世纪初期，德国经济学家、现代工业区位的奠基人阿尔弗雷德·韦伯在《工业区位论》一书中提出了古典工业区位理论。韦伯在当时的技术发展水平下认为影响工业区位选择的两个最根本的因素是运输成本和劳动力工资。1985年法国经济学家佩鲁提出的增长极理论，他认为在实践中经济增长不会同时在所有地方以相同的动能同时发力，而是以不同的经济增长速度和质量形成一些经济增长点或增长极，在增长极发展到一定的程度后开始带动周边地区的经济增长，因此，经济发展过程中，应该充分发展自然形成的经济增长极或人为有意识打造经济增长极，以推动沿线区域经济的发展。根据波兰经济学家萨伦巴和马利士提出的点轴开发理论，具备良好经济发展基础条件的地区，会率先形成点状分布的经济发展中心（或发展极），在经济增长极点的带动下会产生更多的经济增长极点，进而带动区域经济的不断发展，这些极点相互连接起来形成轴线，吸引人口、产业向轴线两侧集聚，并产生新的增长点。

从丝绸之路经济带的城市区位分布来看，中国西北段地广人稀，高山戈壁使得各城市相对独立，城市间的距离远大于东部地区，生产要素流动缓慢且成本较高，目前丝绸之路经济带中国西北段的城镇化水平较低，只有西安、兰州、乌鲁木齐等几座省会城市人口超过百万，但距离却在500公里以上，这些大城市正处在极化过程中，要吸纳更多周边地区要素资源发展为较强的经济发展极。新疆的面积接近于全国面积的1/6，与丝绸之路经济带的中亚、西亚国家接壤，具有得天独厚的区位优势，作为我国向西对外开放的窗口，极力打造丝绸之路经济带的核心区。甘肃有狭长而完善的交通区位条件，应发展成为重要的交通枢纽，陕西科技发展水平高、经济发展水平高，宁夏和青海具有民族人文优势，均具有产业协作、商贸物流、人文交流的合作空间。

经济带的建设通常思路是依托一国或地区沿海、沿江、沿河或重大交通干线地带，加强基础设施投资、增强沿线国家或地区的经济交融，将其发展成为国家未来的经济增长轴。新欧亚大陆桥是丝绸之路经济带的脊梁和大动脉，在这条物流通道上布点物流集散枢纽，统筹铁路、公路、航运等多种交通工具，运用当代的信息化和物联网技术形成现代交通物流体系。西北段的资源禀赋及历史因素导致了其主导产业更多集中于矿产加工、能源基础工业等一二产业，产业结构趋同，产业层次较低，缺乏完整的产业链，这类产业结构决定了其经济发展必须以铁路为重要依托。因此，丝绸之路经济带建设充分依托现有和未来的交通运输核心线路，连接带动周边的核心城市，形成点、线、面协同发展的经济发展带。

三 通过产业空间定位谋划经济带全局发展

丝绸之路经济带的三区段中，中国东部段经过改革开放40年的发展，有较好的投资环境，科学技术发展水平较高，交通运输、通信设施等基础设施建设完备，商品经济比较发达，已经具备较强的自我发展的能力，但东部段能源和原材料供应不足，需要调整产业结构，加强与西部地区的横向联系。而中国西部段自然环境复杂多变，工农业基础都比较薄弱，交通通信等基础设施建设滞后，人口和城市密度较小，科技和文化教育都不够发达，生产过程的物耗水平和运输成本均比较高。今后要继续在有步骤有重点地开发能源、矿产资源的基础上，因地制宜发展面向东部地区和中亚国家的加工工业。

丝绸之路经济带的建设使以前中国与中亚国家的产业竞争关系变成了合作协同发展的关系，在发展产业时要站在全局的高度，根据各地区的比较优势谨慎选择产业、定位清晰、错位竞争，区域间可开展良好的竞争模式，充分考虑自身的人力资源、生态、资源、环境现状，区域间的企业可选择外包、外迁等方式根据自身优势形成合理的产业定位，着力点在于通过科学分工实现产业协同发展，全面细化产业分工，经济发达地区可开展研发、设计、营销等人力资源要求较高的环节以及各产业的高端环节，经济落后地区可开展生产、加工等科技含量低、劳动密集型的环节，因此，丝绸之路经济带沿线国家需要重新定位合作过程中的角色，及时加强沟通协调，大力推动区域间优势产业有序的转移衔接和转型升级，力求产业布局的异质性，提高产业发展效率，使区域内产业合作对各方均有积极的影响。

第二节　处理好优势产业优先发展与经济带产业协调发展的关系

一　区域优势产业的选择

大卫·李嘉图提出的比较优势理论认为，每个国家都应比较该国与其他国家在各类产品生产上的劳动生产率，集中优势生产要素生产并出口其具有"比较优势"的产品，放弃自产并进口其具有"比较劣势"的产品，而不必生产所有的产品。在比较优势原则下安排生产并积极参与国际贸易，则参与合作的各方均可获得专业化分工提高劳动生产率的好处，促进其经济增长。赫克歇尔和俄林提出的生产要素禀赋理论认为，各国由于生产要素的禀赋及其引致的价格差异，即使拥有相同的技术水平，各国在同一产品的生产上付出的成本也不同，并由此导致了国际贸易和国际分工。拉动一个国家的经济增长需要挖掘并振兴优势产业，在丝绸之路经济带这个经济区域中，详细分析各区段主要产业的经济规模、经济贡献度、科研实力等选择优势产业。

通过传统的贸易理论可以看出，丝绸之路经济带建设过程中，必须充分考虑经济带经济发展现状和历史因素，挖掘各区段的优势，充分发挥地理上相互毗邻的优势，加强交通基础设施互联互通，重新优化产业分工布局，推动上下游产业链和关联产业协同发展，从互补产业中挖掘合作潜力，推动深入务实的合作，进而促进沿线经济的持续增长。中亚五国从苏联解体后的28年来，经济恢复和制度恢复经历了较长的时间，由于基础设施建设的周期较长，所以当前合作的当务之急是依托中国在基础设施投资方面的经验，发挥强大的技术，以及我国提出筹建的亚洲基础设施投资银行为依托，一方面，推动中亚段的基础设施建设；另一方面，发挥中国西北段装备制造业优势实现产业深化和产业升级，以及交通运输优势，促进中国西北段经济的发展和向西开放以及中亚段的向东开放，以期未来在更高基础设施水平和产业发展水平上的合作。

二　丝绸之路经济带中亚段优势产业

丝绸之路经济带三区段中，各国由于自然资源禀赋和历史发展形成了不同的优势产业。中亚国家中，哈萨克斯坦的支柱产业为石油、天然气、采矿、煤炭等天然资源和农牧业为主；吉尔吉斯斯坦以农牧业为主，工业基础薄弱，主要生产贵金属、化学物品等原材料；乌兹别克斯坦的支柱产业为石油、天然气、黄金、棉花，农业、畜牧业和采矿业发达；土库曼斯坦矿产资源丰富，经济结构单一，苏联时期主要供应原料，以种植业和畜牧业为主，支柱产业为石油、天然气和纺织业；塔吉克斯坦经济基础薄弱，结构单一，能源短缺，支柱产业少且过于集中，工业品集中在铝锭和纺织品，农业产品集中在皮棉。中亚段五国的产业发展状况，中亚段五国矿藏资源丰富，主导或优势产业相应的以石油、天然气、有色金属以及初级农牧产品为主。

三　丝绸之路经济带西北段优势产业

丝绸之路经济带中国西北段省份中，陕西省的优势产业为通信设备、计算机及其他电子设备制造业，能源化工工业，装备制造工业，医药制造业，食品工业，纺织服装工业，非金属矿物制品业，有色冶金工业；甘肃省的优势产业为石油化工工业、有色金属加工工业、冶金工业、电力工业、机械工业、食品工业、煤炭工业；青海省的优势产业为盐湖化工产业、有色金属产业、油气化工产业、煤化工、装备制造业、钢铁产业、轻工纺织业、生物产业；宁夏重点发展的优势产业为能源、煤化工、新材料、装备制造、农副产品加工和高新技术产业；新疆的优势产业为石油天然气、重化工产业、纺织和绿色食品、矿产资源产业、高科技产业、特种旅游业和现代物流业。可见，中国西北段省份的优势产业为装备制造业、石油天然气、有色金属业和煤化工业。

根据丝绸之路经济带沿线各国的比较优势，中国西北段应该从以下三个领域为重要抓手发展主导产业。一是在承接东部段产业梯度转移的基础上，充分考虑中亚国家的需求建立制造业基地。这些制造业基地又可从两个角度构建，一个角度是构建中亚国家迫切需要且发展薄弱的制造业，如装备制造业、轻工业产品（重点是清真食品和服装纺织类）、基建建材业；另一个角度是可充分利用中亚国家资源的产业，如石油炼化工业、有色金属业、加工贸易业。二是建设若干个区域性的商贸或物资集散中心，发展商贸经济。应在全面利用现有的铁路、公路、航空运输线的基础上，继续强化基础设施建设，搭建信息交流平台发展电子商务，与中亚国家互办交流博览会。三是发挥中国西北段尤其是新疆与中亚国家民族、风俗相通的优势，积极打造文化产业。应以文化、教育、旅游等产业为重点，推进科研成果转化、体育竞赛、广播电视节目落地、孔子学院建设、跨境旅游等领域。

四　丝绸之路经济带三区段优势产业的协调

经过对比发现，中国西北段与中亚段的优势产业有大量的趋同性，资源型产业占比较高，中国东部段与其他两区段优势差异有较强的互补性，经济发达、服务业比重高、产业水平高、外向型经济水平高。丝绸之路经济带建立的目标应该是为沿线各国谋取更多的福祉，不是仅限于进口矿产、石油、天然气等初级产品上，而应认识到经济带各个区段发展阶段不同，在产业布局和产业合作中所扮演的角色也不会相同，东部地区应发挥其强大的自主创新能力，增强国际竞争力，帮助提高其他两段的可持续发展能力；而中亚段和中国西北段借此机会大规模积聚产业和人口，加快工业化、城镇化进程。在此基础上扩大合作领域，立足本区域实际，充分发挥历史文化、资源能源和产业基础等优势，结合自身经济产业发展的现实处境，拿出各区段相对生产率比较高的优势产业，推动三区段间的产业协调发展。在市场规模逐渐扩大的有利条件下，形成完善的产业集群，发挥产业集聚效应，各区段在主导产业定位上形成科学合理、错位发展的战略布局，在注重投资规模的同时，更要注重各区段间产业层次的匹配性和产业布局的合理性。如果丝绸之路经济带沿线各国的主导产业没有形成差异化发展，会在未来造成无序竞争、重复投资等缺乏经济效率的现象，不能将各国有限的资源集中配置在优势产业上，并且也会出现产业链条延伸不足、经济效益低下等问题。

因此，在丝绸之路经济带三区段产业调整和布局过程中，既要充分挖掘自身的优势，优先发展传统优势产业，又要照顾其他区段的需求，做到供给和需求两个层面上的互补，积极推动优势产业在区段间的有序转移，在产业布局上相互依存相互协作，避免无效的竞争。

第三节　处理好经济带经济效率优先与协调发展的关系

一　丝绸之路经济带建设需要经济效率优先

丝绸之路经济带有着悠久的历史，地域辽阔、矿产资源富集，并处在交通大通道上，具有良好的经济发展基础，但由于历史、政策、自然环境等方面的原因，该区域交通基础设施落后，经济发展水平与东端的东亚经济圈和西端的西欧经济圈有很大的落差，形成了经济发展的"凹陷带"。

丝绸之路经济带建设是我国当前重大的国家发展战略，但丝绸之路经济带的建设不可能完全依靠政府。当前丝绸之路经济带建设处于起步阶段，各种合作机制尚未完善，沿线国家经济合作主要是"互通有无"的商品贸易，产业分工不明确，存在较大的资源配置效率改善空间，地缘经济优势尚未充分显现。沿线各国相互间的直接投资金额较小，而投资开发是促进各国合作的重要途径，较高的投资效率是丝绸之路经济带可持续发展的基础，投资的多元利益结构必然要求注重经济发展效率。

丝绸之路经济带建设涉及多个国家，各国的国情和经济制度都不同，但可以预见其必须在市场经济的制度框架下进行，市场发挥决定性作用，那市场对资源配置效率就是重要的评判标准。另外，丝绸之路经济带的中亚段和中国西北段是生态敏感脆弱区和重点生态功能区，经济发展有较为严格的资源约束，不得盲目占地，只能节约资源、提高资源利用效率、合理利用资源，进而提高资源配置效率。

二 经济效率优先下的经济带协调发展

鉴于当前丝绸之路经济带沿线的发展现状，提高经济效益、加快经济发展是当务之急。丝绸之路经济带沿线各国可以加强双方各个层面的长期合作，发挥各国的比较优势，从互补性强的产业着手，与两端的发达经济地区开展技术合作，并注重信息化交流和协调，寻求适当的产业定位，扩大就业机会，推动沿线各国经贸关系向纵深化发展，促进当地经济的持续增长。经济带的发展在坚持经济效率优先的同时，应注重各领域的协调发展，沿线各国或地区应借此积极发展由经济带的发展所带来的综合交通体系构建、产业结构的优化升级，发挥好各自的区位优势和后发优势，加强相互开放步伐，强化生态环境保护，注重新型城镇化建设，强化生态环境保护，发挥民族相连、风俗相近的天然优势，弘扬各自的地域文化和民族文化，打造强大可持续的文化产业。

随着丝绸之路经济带沿线各国经济发展和工业化进程的进一步加快，各区域之间的协调发展就尤为重要，这要涉及国与国之间、省份与省份之间产业结构的调整与转换、主导产业的重构、区域间的有序竞争、优势产业的空间集聚与扩散等问题，每个区域都有自己的利益，如何站在经济效率最大化的角度，打破行政区划的界限与壁垒，促进人力资源、自然资源、信息技术等生产要素在各区域间的畅通和配置优化，拓展完善可持续的区域合作协调机制，共建跨区域的基础设施，降低区域间的物流成本，促进产业分工的深度调整，推动产业集群化发展，并发挥产业集群后的创新效应。在此基础上，推进丝绸之路经济带经贸往来的整体性、全局性规划，加强各方文化认同，重整体、轻局部，争取使经济带建设在经济效率优先的同时，促进丝绸之路经济带的协调发展。

第四节　处理好比较优势利益与经济带整体经济利益的关系

一　经济带建设应处理好各区域的比较优势

丝绸之路经济带沿线各国尤其是中亚段和中国西北段经济发展阶段相似，比较优势产业趋同，随着"丝绸之路经济带"的深入推进，沿线各国、各个区域之间的经济竞争将日趋激烈，竞争进入白热化阶段。在各自利益为战的情况下，必然出现产业布局的同质化，势必在未来出现区域性的产能过剩和恶性竞争。区域经济主体参与区域竞争获取经济利益，首先体现在产业的竞争，产业竞争已经成为推动区域发展的重要动力。

在区域经济发展过程中，比较优势与竞争优势并不等同，在本国具有比较优势的产业，由于技术、产品品质等因素在国际上未必具有竞争优势，而且对于经济带沿线各国均一味地发展本国的比较优势产业，尤其是像石油天然气、矿产品、农产品等行业，就会成为世界初级产品生产地和原料来源地，这对一国的经济安全和经济的可持续发展极为不利。中亚五国与中国西北段的发展水平、资源禀赋非常相近，在很大程度上难以形成互补效应。迈克尔波特的国家竞争优势理论认为，在国际市场上，一国的竞争优势比比较优势更为重要，最终占领国际市场的是该国具有竞争优势的产业而不是具有比较优势的产业。

实际上丝绸之路经济带建设区域内各地区之间发展差距很大，如中国西北段的陕西一省的地区生产总值几乎等于其他四省之和，人均 GDP 最高的陕西比最低的甘肃高出一倍。要想突出发展各区域的比较优势，必须积极拓展合作领域，开展深度合作，通过延伸产业链增加产品附加值，积极布局新兴产业，在适应产业高级化发展的动态过程中需求合作，依照公平竞争、优势互补、互惠互利的原则，推动建立创业投资以健全新兴产业领域的合作机制。

二 经济带建设应重视整体经济利益

由于经济带的建设地理跨度非常大，没有形成紧密的经济一体化组织机构，很难构建一个统一的组织机构统领各国的发展，具有较强的开放性，更多地体现为自愿参与。各国区域政府部门要自觉摒弃各自为政、各取所需、以我为中心的思想观念，统筹沿线各区域的经济发展现状、能源资源禀赋、产业发展水平、商贸与物流条件等，在"共建"与"合作"的战略视野下，积极推进沿线国家各区域模块发展战略的相互对接，从长计议，促进经济要素有序自由流动、资源高效配置和市场深度融合。首先加强交通基础设施的道路畅通，同时在良好交通基础设施条件下进行投资贸易、资源合作开发、产品研发等方面的合作。

要处理好比较优势利益与竞争优势的关系，除了要加强产业布局和产业合作外，还要注重人力资本、基础设施、信息技术等影响竞争优势的因素，发挥当地的自然资源、矿产资源、地理区位等资源优势，依托现有发展条件较好的城市或产业园区，打造规模较大的产业集群。缺乏资金、技术、经济相对落后的区域，应在当前过分依赖自然资源和低技术含量产业的基础上，同丝绸之路经济带沿线区域充分开展合作，积极寻求发展机遇，获得较高的经济效益。

中国西北段与中亚五国在产业空间布局合作空间广泛，中国经济的发展对石油天然气等能源、矿产资源、农产品等的需求持续增加，中亚地区在这些领域的资源丰富，两区段当前需要加强仓储运输与经济合作交流软硬件建设，为双方产业合作奠定基础。合理的产业空间布局是丝绸之路经济带能够可持续发展的重要前提，也是沿途国家或地区在区域定位的依据，更是产业结构调整的驱动力。

第八章

丝绸之路经济带中国西北段产业结构调整

产业结构会随着经济总量的不断扩大和经济质量的不断提高而进行调整，而产业结构的调整和演进又意味着不同的经济发展水平，早在17世纪，经济学家们就开始针对产业结构与经济发展的关系问题进行研究，研究结果发现：在经济发展过程中，一方面产业机构调整支持着经济增长，另一方面产业结构调整还会影响经济增长的能力与潜力。一般而言，一个国家或者地区，随着经济社会的发展，在自身要素禀赋的特定基础上，在社会经济效益与生态环境效益最优目标的导向下，产业结构和区域内外部环境会进行动态适应，不断演化，具体表现为产业结构的纵向高级化和横向合理化，在产业结构演进过程中，实质上是新的结构取代旧的结构，同时也意味着对资源更大限度的开发和更有效的利用。丝绸之路经济带建设的提出，使得我国西北段产业发展的内外部环境发生了变化，产业结构的演进和调整路径将和丝绸之路经济带建设相契合，以适应外部环境变化，产业结构的高级化和合理化不再是仅仅局限于国内或西北段而是寻求丝绸之路经济带上资源的充分利用和开发，因此，在丝绸之路经济带建设背景下，中国西北段产业结构调整与优化不仅要考虑国内因素，还要考虑丝绸之路经济带沿线地区与国家产业发展状况与经济状况，以全球经济发展和新的贸易格局为背景，以中国西北段产业发展现状和优势为基础，以国内产业结构调整与转型升级为导向，以供给侧结构性改革等产业政策为指引，并结合中国西北段地区与产业特点，改造提升传统产业，承接转移中高端产业，构建网络化、智能化、服务化、协同化产业发展新业态，引导优势产业逐步向价值链高端攀升，将西部打造成与丝绸之路经济带沿线地区与国家产业合作示范区和我国国内优势产能输出的中转站，进而使我国西部地区成为辐射中部，面向全国，融入全球的内陆开放示范区和"一带一路"建设支点。

第一节　丝绸之路经济带中国西北段产业结构调整的原则

产业结构调整的目的是实现产业结构的高级化与合理化，在丝绸之路经济带建设战略背景下，中国西北段产业结构调整一方面要适应新的国际经济发展环境，以融入全球产业链为落脚点，与经济带沿线地区和国家在产业上形成优势互补，处理好国际性区域关系；另一方面以国内经济新常态和供给侧结构性改革为指引，通过产业结构调整促进国内区域产业协同发展。

一　以"五通三同"为契机，发挥中国西北段的竞争优势和比较优势

比较优势和竞争优势是产业竞争力的两个重要方面，比较优势与一国或地区的资源禀赋有关，更多地考虑了各个地区是否有可能具有潜在的优势，相比而言，竞争优势则是指各个国家和各个地区的相同产业之间的关系，重点强调各地区目前现实存在的优势；比

较优势主要通过比较不同产业或者产品在不同地区之间的区际交换关系，以此来体现它们之间劳动生产率的比较差异和相对优势，并在此基础上突出地区之间产业分工与产业互补的合理性，而竞争优势为了体现各个地区之间相同产业生产率的绝对优势，则通过对比同一产业内的市场交换关系来表现，重点突出地区的产业之间竞争和产业之间替代的因果关系。通过比较各个国家和各个地区之间经济发展的演变，可以发现，要想实现经济现代化、改变经济落后的现状，不仅要充分利用当地要素的比较优势，还要形成当地的竞争优势。

各个国家或各个地区的要素禀赋均不相同，一般来说，发展中国家具有丰富的自然、劳动力资源，但资本和技术相对缺乏，而发达国家在资本和技术方面则具有明显优势。因此，国家或地区之间的经贸往来通常表现为发展中国家进口资本或技术密集型产品，出口资源或劳动密集型产品，而发达国家则相反。目前，中国西北段的竞争优势和比较优势在段内各异。像陕西省的优势产业主要为通信设备、计算机及其他电子设备制造业、能源化工工业、装备制造工业、医药制造业、食品工业、纺织服装工业、非金属矿物制品业、有色冶金工业；甘肃省将石油化工、食品工业、有色金属产业、煤炭工业、电力工业、机械工业等作为主要产业；青海省的优势产业为新能源产业、新材料产业、盐湖化工产业、有色金属产业、油气化工产业、煤化工、装备制造业、钢铁产业、轻工纺织业、生物产业；宁夏重点发展的优势产业为能源、煤化工、新材料、装备制造、农副产品加工和高新技术产业；新疆的优势产业为石油天然气、重化工产业、纺织和绿色食品、矿产资源产业、高科技产业、特种旅游业和现代物流业。综合来看，中国西北段的优势产业主要为装备制造业、石油化工、天然气、有色金属产业和煤化工业。

"五通三同"不仅是"一带一路"的建设目标也是各国产业合作的基础，处在丝绸之路经济带核心段的中国西北段竞争优势和比较优势的发挥，不但需要紧紧围绕"五通"开展贸易与合作，也要对当前的产业进行新的定位与选择，选择产业不仅是对细化产业，而且是对竞争市场的进一步选择。所有的产业提供的可持续的获利机会截然不同，且某个产业相比于其他产业而言，平均的获利程度和最高获利的阶段并无直接关系，而且通常存在最为赚钱的生产环节，根据产业结构调整的经验和理论来看，产业结构的每一次结构改变，是一个企业进入新产业竞争的绝佳机会，而丝绸之路经济带建设的提出，无疑是经济带沿线地区和国家进行产业结构调整的绝佳时机，这也为我国西北段进行产业结构调整提供了前所未有的机遇。因此，以中国西北段目前的产业竞争优势和比较优势为基础，一方面继续发展壮大各省区的优势产业，另一方面根据丝绸之路经济带建设贸易畅通提供的开放机遇，加强段内的政策沟通，整合西北段现有优势产业，尤其是和中亚地区具有合作与互补的优势产业与特色产业，像特色农牧业、特色农产品加工业、装备制造业、石油化工、天然气、有色金属业和煤化工业等产业，尤其是战略性新兴产业在中亚乃至其他沿线地区与国家具有较大的市场需求和合作基础，像新能源、新材料、高端装备制造、新能源汽车、生物医药、技术、节能环保、防沙固沙等产业，"走出去"一方面为国内企业开辟了新的市场，有利于提高企业利润和产业竞争力，也有利于实现国内优势产能的有效转移，尤其是我国目前在钢铁、水泥、有色金属等产业出现相对过剩，而这些产业又是我国的传统优势产业，短期内难以转型升级，丝绸之路经济带建设的实施，为我国这些过剩的优势产能提供了广阔的市场，丝绸之路经济带沿线地区与国家尤其是中亚、西亚等发展中国家正处在经济的起飞阶段，基础设施建设等行业需求旺盛，必然会对我国的钢铁、水泥、有色金属、装备制造等产业产生巨大需求，因此，中国西北段一方面通过承接我国中东部的过剩优势产能，另一方面借助丝绸之路经济带向外输出这些优势产能，将西北段打造成国内产业转移承接地和丝绸之路经济带优势产能输出的中转站。面对丝绸之路经济带开放的贸易格局和产业合作模式，也对西北段的产业结构调整和转型升级形成倒逼机制，通过丝绸之路经济带的贸易通道引进先进的生产技术与企业管理经验，促使西北段产业结构的转型升级。

二 以全球市场为导向，深度融入全球产业链

国际分工的深化造成当代经济的全球化。大多数国家在经济全球化的过程中都采取对外开放的经济政策，并在不同的阶段和形式中积极参与国际分工，在此基础上，不仅可以共享经济全球化的益处，而且可以最小化全球化造成的损失。但是，参与到国际分工中的阶段和形式是由国际市场的经济规律决定，并不是靠主观意愿形成，因此为了自身利益，参与方就必须要遵循国际分工的客观规律。在经济全球化时代，各国经济发展形成"你中有我，我中有你"的局面，一国产业结构的变动与国际分工的发展有着密切的内在联系。一方面，一国的经济发展不能独立于其他国家而存在，经济全球化的今天，各国各地区产业相互依存，相互补充，产业国际分工进一步细化；另一方面，各国的产业结构逐渐被分割，生产链和产业链被割裂，企业分工更加细化，每个企业只生产一部分产品，其他产品的生产通长依赖国际市场，往往破坏了产业结构的完整性。世界各国产业结构在世界产业结构的大系统中，都与国际产业分工相关联，产业结构的演进同时具备整体统一和互相影响的特性，通过不断的演进形成了不同的演进模式，从不同的演进模式中可以看出各国的分工体系在全球产业链中的独特表现和显著差别。

由此可见，全球分工体系作为多层次、多维度、多方面的交叉复杂结构，并不是平面的。各个国家之间的产业结构相互连通，作用强化，独立性、完整性和综合性逐渐解体，使得某一国家的产业结构虽然存在多样化，但是也存在畸形化的危险。

丝绸之路经济带建设促进了欧洲、中亚和中国的紧密关联，特别是中亚五国和中国西北段的直接联系进一步加强，双边贸易也势必随之扩大，在此背景下，中亚的产业状况对我国西北段的产业状况将产生显著影响。中国西北段通过发挥在能源资源、装备制造、新能源、新材料等产业方面的比较优势，与中亚五国在能源资源开发、基础设施建设、装备制造业等领域的合作将进一步增强，这不仅将促进我国进一步对外开放程度，也有利于通过丝绸之路经济带通道使中国西北段融入全球产业分工体系中去，在全球市场形成西北段特有的产业竞争优势和比较优势。因此，西北段的产业结构调整应以更加开放的视野，发挥在丝绸之路经济带建设中的资源优势和区位优势，"走出去"与"引进来"相结合，向东与我国中东部地区形成产业对接，向西与经济带沿线地区与国家实现合作，准确定位在经济带乃至全球产业价值链中坐标，积极融入全球价值链与丝绸之路经济带产业链中。

三 处理好区域性及国际性的竞争与合作关系

丝绸之路经济带各区域在进行产业结构调整时的区域性竞争既包括中国西北段和中亚段及其他地区与国家内部的产业竞争，也包括丝绸之路经济带沿线各国与各地区之间的产业竞争。但是不仅要面对竞争，而且要关注其余地区存在的巨大合作潜力与发展空间，所以中国西北段产业的结构调整不仅要着眼于国际竞争，而且要致力于国际合作。

中国西北段与中亚五国都是能源矿产资源丰富的地区，在产空间布局上有相似性，这不可避免地造成了两个地区产业的竞争性，但两地的产业侧重点又不尽相同，使两个地区在产业布局上又有合作的基础。中国西北段可以借助中亚国家丰富的资源能源大力发展能源资源开采加工及深加工产业，而且结合西北段在装备制造业等方面优势加强与中亚国家在基础设施建设等领域的合作，与中亚国家形成良好的产业梯度，避免同质化竞争。同时，中国西北段也要为中国中东部地区产业转移与产业承接提供战略平台，在国内供给侧结构性改革和经济新常态背景下，西北段与我国中东部地区及西部地区的产业定位与结构调整不但要避免重复化与同质化，还要与中东部地区形成有效梯度，实现国内产业有序转移，并借助丝绸之路经济带建设发展和提升西北段产业技术水平，与经济带沿线地区与国家的产业合作牵线搭桥，在原有优势产业基础上大力发展现代物流、仓储等产业，促进经济合作交流软硬件建设，为我国向西开放创造条件。因此，合理的产业结构和产业选择将是中国西北段在丝绸之路经济带建设中发挥自身竞争优势的重要手段，也是丝绸之路经济带快速发展的重要前提和西北段经济增长的重要驱动力。

第二节 丝绸之路经济带中国西北段产业结构调整的思路

发达国家或地区的经济发展经验表明，通过产业结构调整促进产业升级是经济增长的起点，产业结构是在不断适应社会经济状态变化并协调发展的过程中推动经济持续发展，丝绸之路经济带建设背景下中国西北段产业结构调整的最终目标是要通过优化产业结构、发挥产业比较优势、形成产业竞争优势，促进西北段尽快融入丝绸之路经济带建设中去，并通过发挥西北段的桥梁与纽带作用，实现我国中东部地区向西开放水平,进而促进我国中东部地区优势产能转移与产业转型升级。因此,西北段产业结构调整应该具有全球视野和经济带协同发展视野,产业结构调整不能仅停留在西北段内部,而是置于经济带建设大背景下,以沿线地区与国家产业合作为出发点,最大限度发挥西北段产业优势为目的,促进西北段经济可持续发展为目标,实现丝绸之路经济带协同发展和我国区域经济协同发展。

一 以国际产业转移和比较优势为依据,增强西北段产业竞争力

自从2008年美国次贷危机引发的全球范围的金融危机以来,全球的资本、资源进行了一次重新分配。为了积极应对这次金融危机,全球各国对各自的产业结构进行了优化、对产业政策进行了调整、对产业模式进行了创新。在这种背景下,丝绸之路经济带建设中的产业结构调整一定要有国际化视野。国与国之间的谈判不仅包含原有的贸易、投资等内容,还引进了产业结构、环境保护、人类发展等内容,从而使目前的国际产业转移具有了新的特征:发达地区成为部分高污染、高消耗、劳动密集型产业的转出地,落后地区成为这些产业的转移承接区;所转移的产业从单一的加工制造业向高新技术产业、服务业等高附加值产业转化;与此同时,发展中国家也开始努力融入国际产业链,拥有了一些具备竞争能力的产品和相应的技术,从而出现产业从发展中国家转入发达国家的现象;产业转移的概念随着区域经济一体化的发展正在不断模糊,这种区域一体化推动了区域间资源整合的进一步加深和区域合作关系的不断增强。在这种国际产业间转移的新模式下,丝绸之路经济带上的大多数国家和地区会更加积极地参与其中,因此中国西北段想要尽力增强自身产业竞争力,提高经济发展水平和能力,融入丝绸之路经

济带建设就必须依据自身资源禀赋，发挥产业比较优势和竞争优势，根据丝绸之路经济带建设和全球经济产业变化趋势，积极主动进行产业结构调整和空间重新布局，在承接我国东中部地区产业转移的同时，也积极与丝绸之路经济带沿线国家与地区开展产业合作，将中国西北段打造成为丝绸之路经济带建设中产业承接转移与产业跨境合作的示范区，进而带动中国西北段经济社会可持续发展。

二 以产业结构调整协调机制为指引，促进产业合作与发展

产业空间布局及其结构的调整不仅依赖于区域资源禀赋，还急需市场的推动力，要促进资源的优化配置就需充分发挥协调机制的效应，以期各产业能够齐头并进。中国西北段在丝绸之路经济带上有着举足轻重的地位，在产业发展规划中不仅要凸显协调机制，更要创造有利于其发挥作用的环境。从国内来看，我国经济发展正处于经济发展的新常态，转变经济结构和产业转型升级是发展重点。中国西北段目前也正处在经济结构转变与产业转型升级的关键期，如何改变以往依靠资源能源优势来促进经济发展的传统发展模式，而转向依靠资本、技术和知识来促进经济发展是促进中国西北段经济发展均衡化与防止"中等收入陷阱"现象发生的关键，在丝绸之路经济带建设背景下，中国西北段将面临更加开阔更加复杂的发展环境，除了考虑自身的发展优势与不足，更要将经济结构调整置于丝绸之路经济带建设的总体战略中去，以融入丝绸之路经济带产业链的突破口，遵循丝绸之路经济带产业结构协调机制，积极开展与经济带沿线地区与国家的产业合作，深度思考确定产业结构调整机制和融入路径，发挥中国西北段在丝绸之路经济带建设中的核心作用。

三 以产业协同发展战略框架为导向，形成合理的产业空间布局

产业结构升级和产业空间布局与集群的合理化是中国西北段产业结构调整的最终目标。产业结构调整是一个不断向合理化、高度化、均衡化发展的过程，其根本目的是通过西北地区各产业间关系的相互优化，实现各产业的高效发展。国内外已有的实践表明，处在产业结构中各个产业的发展速度、质量直接反映了结构优化的程度，同时，产业间关联、配套和协同的效应也反映在产业集群的发展路径和政策引导上面。因此，作为丝绸之路经济带建设的发起者和推动者，我国必须以产业协同发展的框架为指导，发挥比较优势，通过国际产业转移，促进中国西北段产业空间布局合理化。这就要求丝绸之路经济带上的各个国家能够以包容的心态取长补短，发挥各自的产业优势与地域特色，能够正确处理区域内外、产业结构之间及其内部的关系，由点带线，由线及面，根据"五通"原则，最终形成协同发展、充满特色的经济辐射网络和运输网络。现有的产业集群往往"集而不群"，只是空间和地域的集聚。因此在丝绸之路经济带建设新背景下，充分发挥中国西北段在经济带中的区域空间优势，注重打造创新型集群，逐步建立"中国—东南亚—南亚"的基础设施合作走廊、"中国—中亚—俄罗斯"的新能源、传统能源的能源合作走廊以及"中国—中亚—西亚"的能源加工走廊，通过政策干预提高集群的质量，最终使各方协同发展和收益。

四 以国内经济新常态为背景，推动国内产业转型升级

习近平总书记2014年5月在河南考察工作时首次提及"新常态"这一名词，它主要有三个方面的特点：一是经济从高速

增长转为中高速增长；二是经济结构不断优化升级；三是从要素驱动、投资驱动转向创新驱动。我国正在从规模速度型粗放增长的经济方式向注重效率的集约型增长方式转变；从扩能增量的经济结构向调整存量和做优增量兼顾的经济结构转变；从将传统增长点作为经济发展的动力转为将新的增长点作为经济发展的动力。总体来说，我国经济形态越来越高级、结构越来越合理、分工越来越复杂。从新常态的内涵、特点和重点来看，新时期我国区域经济发展更加注重人口、经济、社会、资源环境等的空间均衡，更加注重缩小城乡和区域差距的区域间协同发展；更加注重提高发展质量和效益，调整产业结构，避免同质化产业竞争，调结构与去库存并举；更加注重结构性改革，以供给侧结构性改革促进区域间合作共赢；更加注重市场在资源配置中起决定性作用，促进要素在区域之间的合理流动；更加注重高水平双向开放在促进区域协同发展中的作用，尤其是向西开放以引领西部地区发展。对于新常态，从认识到适应，继而引领，不但是我国经济在目前和以后发展的重大逻辑，而且也是我国区域经济协同发展的新背景，中国西北段在新一轮的国际产业调整浪潮中不仅要抓住丝绸之路经济带建设的战略机遇，更要以国内经济新常态为背景，兼顾国内国外两个市场，一方面通过承接和输出中东部过剩产能，另一方面结合西北段产业特点，引导优势产业逐步向价值链高端攀升，通过支持"一带一路"境外产业集聚区项目建设，促进优势产能和装备、技术、标准"走出去"，加快西部地区现代产业基地建设，积极推进国际产能和装备制造合作，合作建设高标准产业聚集区，提升省会城市国际化水平和辐射带动能力，将西北段打造成西部地区乃至全国对外开放重要的门户和枢纽。

五 以供给侧结构性改革为指导,形成高效共享的现代产业体系

改革开放以来,通过"三驾马车"其中之一的投资拉动,一方面使我国经济取得了突飞猛进的发展,经济发展一直保持中高速增长;另一方面也使我国面临产能过剩的困扰,钢铁、煤炭、水泥、平板玻璃、电解铝、炼油、汽车、商宅等都出现产能过剩,对于产能过剩的原因分析,白重恩认为,产能过剩与过去运动式的政府投资计划有关。为了应对外界冲击,政府通过加大投资以刺激经济,短期内获得一定的效果,但是越来越差的持续性造成产能过剩。依据相关研究,政府扶持指数和产能过剩之间存在较高的正相关性,即,政府的扶持指数越高,产能过剩现象越严重。以消化过剩产能为核心的供给侧结构性改革,其实质是通过经济结构调整,实现要素的最优配置,提升经济发展质量,中国不再需要靠要素投入促进经济增长。欲保持中高速的经济发展速度,就必须依赖于要素的优化配置。经过改革开放40多年的发展,各地区已经形成了各具特色的优势资源和产业,在丝绸之路建设背景下,西北段通过贸易合作如果能够发挥其产业优势和辐射作用,那么就会在区域内形成相对合理的产业分工与协作,进而形成洼地效应,吸引要素流入和引导优势产业"走出去",不但有助于我国区域经济协同发展,做到区域之间产业结构和优势的平衡,弥补西北段经济发展所面临的短板,最终达到提升生产率和效率的目标。另外,要不断提高产业供给效率,并以此为基础提升我国对外开放的水平和竞争力。因此,供给侧结构性改革不但是新时期我国经济发展的主导方向,也是我国产业结构调整的重要依据,在供给侧结构性改革的主导下,西北段产业结构调整尽量避免以往存在的产业同质化、雷同化的恶性竞争,按照产业梯度有序承接,以形成优势互补、资源共享、运转高

效的产业体系，解决目前存在的产能过剩问题，为经济的可持续发展提供新动能。

第三节 丝绸之路经济带中国西北段产业发展的区域定位

产业不仅仅是区域经济发展的重要基础，而且是构建丝绸之路经济带的关键环节。中国西北段作为连接丝绸之路经济带上中亚段与中国东部段的核心通道，更是实现亚欧经济一体化的黄金通道，在丝绸之路经济带建设中具有极其重要的战略地位，因此中国西北段产业结构的区域定位就尤为重要。

一 中国西北段是丝绸之路经济带特色优势产业聚集区

提出丝绸之路经济带建设，给中国西北段产业发展提供了更为广阔的市场空间，由于其特殊的自然地理环境和民族特色，西北段利用独有的资源形成了独特的产业，第一产业的特色产业主要有特色农牧业，包括小麦、马铃薯、制种、油菜、牦牛、藏羊、肉羊、奶牛、冷水鱼、饲草、草畜等，特色农牧产品加工业，包括马铃薯、草畜、中药材、果蔬、种子、葡萄酿酒、乳制品、汉藏药材、棉花、苗木花卉等加工业，特色林果业，包括苹果、猕猴桃、茶叶、枸杞、葡萄等，与中亚段相比，中国西北段在第一产业方面既有相似的产业也有各具特色的产业，中亚段第一产业主要以种植业和畜牧业为主，其中种植业又以谷物、水果等油料作物和经济作物为主，谷物以小麦、玉米和水稻为主，和中国西北段较为相似，油料主要以油菜和葵花为主，但产量较低，还需依赖进口，经济作物主要以棉花、甜菜和烟叶为主，种植业方面与中国西北段具有很多的相似之处，但在种类上没有中国西北段丰富，而且农产品加工和市场化程度较低，即使是产量较大的小麦、棉花等出口产业，也基本停留在原料出口，缺乏具有竞争力的农产品深加工产业。畜牧业主要是提供人们日常所需的肉、皮毛和鲜奶，以养羊、养牛、养马为主，和中国西北段相比，种类较少，而且是以自给自足为目的，但中亚段对农畜产品的需求较大，具有广阔的市场空间，大部分农畜产品都依赖进口，尤其是水果、蔬菜和油料作物，而中国西北段在这方面具有比较优势，新疆发达的林果产业、陕西、甘肃、宁夏的蔬菜产业、青海的油料产业都为中亚—中国西北段第一产业合作提供了市场空间，除了为中亚段提供所需的农牧产品之外，我国西北段也可以借助在农牧业方面的技术优势，为中亚国家提供现代化的农业技术和农业机械设备，实现我国农牧业装备制造业"走出去"，在西北段形成特色农业产业集聚区。在工业方面，我国西北段主要以原材料加工、能源资源开采加工、先进高端装备制造、能源化工、有色金属深加工、节能环保、航空航天装备、新材料、新能源、电子信息、生物医药、纺织等轻工业，而中亚段主要集中在石油、天然气、煤炭、有色金属等矿产资源能源开采开发及初级工产业，轻工业主要以轻纺工业为主，而机械制造、装备制造、能源资源深加工都相对薄弱，在资源能源方面，中亚段和中国西北段有很多相似之处，都是能源资源密集地区，但在优势方面，中国西北段除了能源资源的开采开发和初级加工之外，还形成了以能源资源深加工等为主导的先进装备制造、机械制造、能源资源深加工、新能源装备制造、先进轻纺工业等特色优势工业，因此，借助中亚段丰富的能源资源，中国西北段形成特色优势工业产业集聚区。在第三产业方面，中国西北段生产性服务业主要在现代物流、金融服务、商贸服务、科技服务、电子商务、交通运输、现代物流、文化旅游、电子商务、金融服务、国际离岸外包服务等方面优势明显，生活性服务业主要以健康服务、养老服务、旅游服务、文体服务、教育培训、法律服务、房地产业、社区服务、信息消费等为主，相比较而言，中国西北段在第三产业方面形成了比较齐全的产业门类和产业体系，而中亚段明显的区位特征、重要的战略地位、独特的自然景观、鲜明的民族和宗教特点使得中亚国家在发展第三产业特别是交通运输和旅游业上具有一定优势，但第三产业门类和发展水平仍处于较低阶段，丝绸之路经济带建设提出后，对于西北段第三产业的发展提供了很好的机遇，一方面借助中亚段广阔的市场促使中国西北段第三产业"走出去"，另一方面通过中亚段的战略通道引进欧洲等发达国家先进的产业技术，促使西北段特色优势第三产业聚集，尤其是现代物流、交通运输、金融服务、文化旅游等，将西北段打造成丝绸之路经济带上的现代服务业聚集区，为经济带建设提供更好的服务。

二 中国西北段是丝绸之路经济带产业合作示范区

从以上中国西北段和中亚段各自特色优势产业分析来看，无论是从自然禀赋还是产业发展基础，中国西北段和中亚段、中国东部段、中国中部地区及欧洲和亚太经济发达区都有广泛的合作空间。中亚五国大约有6500万人口，约400万平方公里国土面积，农业发展缓慢，工业基础薄弱，服务业发展落后，但在丝绸之路经济带建设背景下，中亚段不仅为中国尤其是中国西北段产业合作提供了机遇，也为中亚段经济发展和产业合作提供了前所未有的机遇。中国西北段利用和中亚段相似的区位环境和资源能源条件，借助其广阔的市场空间和消费需求，以西北段现有的特色优势产业为基础，开展与中亚段产业合作和产品输出，在适当的条件下可以与中亚国家建立产业合作示范园，尤其是在资源能源开采开发、装备制造、特色农牧产品加工、现代物流园区、金融服务等方面，帮助中亚段进行产业技术改进和结构转型升级，并将中国东部段优势产能通过西北段转移到中亚乃至西亚国家，在中国西北段建设丝绸之路经济带产业合作示范区，发挥西北段黄金段的产业承接转移作用，以此提升西北段和中亚段在丝绸之路经济带上的核心地位，解决由于西北段和中亚段经济"凹陷带"对整个丝绸之路经济带建设的阻碍。

三 中国西北段是丝绸之路经济带战略性新兴产业创新示范区

经过改革开放40年的发展，尤其是西部大开发以来，中国西北段除了在传统产业领域相比中亚段具有比较优势之外，在科技信息技术等产业领域也有一定的基础，这就为中国西北段与丝绸之路经济带沿线地区与国家提供了合作基础，尤其是在战略性新兴产业，中国西北段形成了以新一代信息技术、高端装备制造、新材料、新能源、节能环保、新能源汽车、新型煤化工、现代服务业、生物工程、生物医药、现代纺织、特色食品及用品、清真产品等特色优势新兴产业，而这些产业正是中亚段的比较劣势产业，市场需求和潜力较大。因此，借助丝绸之路经济带，中国西北段一方面利用自身的产业技术优势与中亚段的资源优势开展战略性新兴产业合作，像特色农牧业及产品加工业、特色食品尤其是清真食品加工业、新能源产业、新一代信息技术产业、高端装备制造业、现代服务业等，而这些产业在丝绸之路经济带沿线地区的发展中国家尤其是中亚国家，通常存在巨大的市场需求，同时利用西北段在经济带上的黄金段优势，整合现有战略性新兴产业，承接中国东部段和中部地区的优势过剩产能，在中国西北段形成战略性新兴产业集聚区，重点打造以高端装备制造、能源资源深加工、新材料、新能源、节能环保、生物技术、现代纺织、沙产业等为主导的战略性新兴产业创新示范区。

四 中国西北段是中国东部段产业转移承接区

中国东部沿海地区自改革开放以来,作为起点来承接"亚洲四小龙"和欧美日等国家的劳动密集型产业,由于顺应了国际产业间梯度转移的规律,并且一方面增强自身的竞争力,另一方面利用大量涌入的外资,最终带动经济发展,形成了长三角、珠三角和京津冀等国内比较发达的经济区域。但是由于近几年的国际形势,特别是2008年的金融危机造成中国大量外需的消减,中国东部发展的传统产业已无比较优势。呈现向中西部欠发达地区梯度转移趋势,而中国东部沿海地区则接受以信息产业为代表的高新技术产业和现代服务业的转移。自古以来中国西北段开发程度就低,因此目前来看自然资源相对丰富且劳动力资源充足,具有承接东部段传统产业的比较优势,如劳动密集型与资源密集型产业。除此之外,中国西北段由于历史原因,重工业比重过大,产业结构存在失调,因此借助丝绸之路经济建设契机,加快中国东部段劳动密集型和资源密集型产业向中国西北段转移,不仅有利于两区域的产业结构,促进我国东部段产业结构高级化和西北段产业结构合理化,也是实现与中亚段乃至西亚和欧洲产业合作的有力保障。

五 中国西北段是丝绸之路经济带产业承接转移的中转站

中国西北段和中亚五国相接壤,因此自然资源禀赋十分相似。依据产业梯度转移的理论,这样具有经济水平和产业结构差距的国家或地区之间具有产业合作或产业转移的条件。中亚五国中的四国,除哈萨克斯坦之外,各国由于经济发展水平滞后,存在产业结构单一化和低度化,人均收入水平不高的问题。相伴随的问题即为当地的工业还停留在依靠能源资源开发的较为粗放的阶段,且轻重工业失调现象严重,轻工业的生产往往不能满足国内市场的需求，需要大量的进口才能满足。相关数据显示，2014年哈萨克斯坦和吉尔吉斯斯坦的制成品进口额在货物总进口额中的比例远超50%。相关的产业理论指出重合且处于不同阶段的产业之间具有转移的条件。所以说，将来中国西北段不但能够通过丝绸之路经济带向外转移自身的优势产业，譬如特色农业、高端装备制造业、能源资源开采开发、新材料和新能源等产业，还构建了中东部产业向外转移的平台，成为引进先进生产技术与管理经验的通道和丝绸之路经济带产业转移的中转站，使我国更好地融入全球价值链中去。

第四节　丝绸之路经济带中国西北段产业结构调整的路径选择

根据产业结构优化理论，中国西北段产业结构调整应该以发挥产业比较优势和产业竞争优势为目标，通过产业结构内部的趋变规律和外部梯度转移规律，选择好产业结构调整的方向和路径，并且通过有效对接与融入丝绸之路经济带，有利于实现中国西北段产业结构高级化与合理化。

一　以互补性产业为合作重点，增强中国西北段与中亚段经济"凹陷带"发展能力

丝绸之路经济带东邻繁荣且潜力巨大的亚太经济圈，西靠发达且成熟完善的欧洲经济圈，然而却有一个经济"凹陷带"出现在了中国西北段和中亚段之间，这一带与东、西两侧的经济圈相比，经济发展水平落差巨大，因此整个经济带表现出两边高、中间低的现状，而要实现亚欧经济一体化与丝绸之路经济带协同发展，就必须通过中国西北段与中亚段产业合作，使其融入全球价值链当中去，

补齐短板，填平"凹陷带"，使中国西北段与中亚段成为连接欧亚经济的桥梁。

从产业互补性的视角来看丝绸之路经济带核心区各成员技术的良好适用性与资源禀赋的相似性，使各成员在基础设施建设领域、轻工领域、能源资源利用领域之间的互补性更为显著。第一，基础设施建设领域。与中亚各国相比，我国优势体现在基础设施项目建设、国际工程承包及跨国项目建设等方面，并具有较强的国际竞争力，通过产业合作，有利于释放我国基础设施项目建设的过剩产能，扩大西北段形成的优势产业，如航空航天、高端装备制造、新一代信息技术产业的出口，进一步加速推进科技的创新，也促进了中亚各国建设交通、电信等方面的基础设施，整体上提高丝绸之路经济带沿线经济体的产业承接能力。第二，特色农牧业和特色农产品加工业。中亚国家在气候环境方面与我国西北段较为相似，而我国西北段在特色农牧业、特色农产品加工业、制种业、林果花卉业、农产品物流业等方面优势明显，因此，农业领域具有较大的合作空间。第三，新能源领域。中国西北段在太阳能、风能、水资源及其他能源资源领域形成了比较成熟的发展技术，中亚各国与中国西北段自然条件和资源较为相似，相同的技术具有良好的适用性。比如中亚各国能够直接借鉴在新疆等地研制风机、光伏电池的技术，发展该国可再生能源领域；反过来中亚地区又可以提供丰富的原料和能源给中国，如哈萨克斯坦丰富的石英砂资源就是生产光伏电池所必需的原料。第四，轻工业领域。中国西北地区在食品、纺织、服装等轻工业领域具有一定的比较优势，西北地区可以通过出口这些产品或通过"绿地投资"来提高中亚各国的消费者福利，还可以提高当地的就业与经济增长，但应该避免出现资源与最终产品消费市场相分割的问题。第五，战略性新兴产业。西北段在新一代信息技术、先进装备制造、新材料、现代煤化工、现代纺织、特色食品及用品、生物工程、节能环保、节水技术、防沙固沙等新兴产业领域形成了一定的竞争优势和比较优势，而这些产业在中亚国家发展几乎空白，但市场需求较大。因此，在产业合作方面，中国西北段主要应集中在以下几个方面：一是农业领域。主要是特色农牧业，通过技术输出和产品输出，加强与中亚国家的合作，尤其是在农牧产品深加工方面，以此促进我国西北段农牧业及产品集约化、品牌化、高端化、精品化发展；二是以能源、交通、电信等为主的基础设施建设。丝绸之路沿线各国由于财政投入基础设施建设较少，因此经济发展速度较低，进而制约了各国产业的发展。通过丝路基金和亚投行基本解决了各国基础设施建设的资金困难；三是工程技术合作，中亚各国在涉及交通、电信、电力等基础设施建设方面的设计能力、施工技术、管理经验都相对较弱，而我国西北段具有相应的技术和人才储备，可以弥补中亚各国的不足，充分发挥中国基础设施建设优势并与中亚各国开展合作；四是战略性新兴产业合作。中亚各国目前仍然是高新技术等战略性新兴产业和产品的巨大需求国，在高铁装备、工程机械、电子产品、新材料、新能源等方面都具有很大的市场需求，而我国在这些产业产能充足甚至过剩，因此，通过中国西北地区与中亚各国的产业合作，既可以相应地改善中亚国家的投资环境，提供技术支撑，又可以消化国内产能过剩，实现合作共赢与丝绸之路产业链的有效对接。

总之，在丝绸之路经济带沿线各国各地区经济发展过程中，随着产业转型合作关系的拓展，各国必须以本地区要素资源禀赋优势和主导产业为基础，以开放合作的理念引领，加强互补性产业的合作，在开放竞争的国际市场中形成各国各地区的比较优势，再进一步将比较优势转化为竞争优势，努力实现成本最小化与利润最大化的双赢，加速推动中国西北地区产业结构的转型发展，实现产业结构高级化与合理化。

二 以特色化和开放化为导向，促进产业结构高级化与合理化

在丝绸之路经济带建设背景下，中国西北段产业结构调整不仅要考虑自身的产业优势和竞争优势，更要以开放的视野综合考虑在经济带中的产业关联度，根据产业关联度分析结果可知（第六部分），中国西北段与东部沿海地区和中部地区具有很高的前向关联，这就说明中国东部段较高的经济发展水平、先进的产业技术、发达的第三产业为西北段的产业发展提供了支持，而丰富的矿产资源和能源使得西北段与北部沿海、南部沿海和中部地区具有较高的后向关联度，这主要取决于西北段自身的资源能源优势和主导产业优势，其中西北段对其他省区影响较大的产业主要是金属制品业、石油加工及炼焦业、装备制造业、纺织服装皮革业、电机及家电制造业等，这也与西北段主导产业相契合，石油天然气开采加工业、金属制品业、有色金属冶炼、石油化工、特色农业，西北段的优势主导产业与中亚段在很大程度上高度重合，但存在产业上下游互补的技术梯度，因此，西北段的产业结构调整一方面继续发挥特色优势，尤其是能源资源优势，为中国东部段和中部段的产业发展与产业转移升级提供支撑，成为我国东部地区传统产业转移的承接区，另一方面发挥在能源资源开采开发、装备制造业、特色农业方面的技术优势，加强产业开放度，向中亚段输出资源密集型产业的同时，加强资本密集型产业的发展，充分发挥在能源资源开发方面的技术水平，借助丝绸之路经济带建设转变西北段产业类型与工业结构，提高产业技术水平，实现产业结构的高级化与合理化。

三 以主导—特色—主导为方向，形成产业合作体系

产业区域经济发展的核心，中国西北段要发挥在丝绸之路经济带建设中的黄金段作用，就必须与中亚段和中国东部段之间形成关

联度高的产业合作体系，在原来优势主导产业的基础上，一方面继续做大做强主导产业和优势产业，另一方面在丝绸之路经济带建设背景下，通过主导产业带动特色产业发展，尤其是目前竞争力不强，但与丝绸之路经济带沿线地区与国家存在较高关联度的特色产业，比如能源资源开采加工等装备制造业借助经济带建设搭建的各种平台，像丝路基金、亚投行等金融机构和合作框架协议等，在主导产业发展的同时，通过产业税、项目联动、时间换空间等措施的配合带动特色型开放型产业发展，最终通过市场途径使特色型开放型的产业成为推动中国西北段融入丝绸之路经济带的主导产业。

四 以主导产业和特色产业为核心，打造丝绸之路经济带黄金段中枢产业

结合丝绸之路经济带各地区之间的产业关联，以主导产业为基础，打造西北段特色型开放型产业，西北段主要以石油、天然气、煤炭等能源资源开采开发、有色金属冶炼、电力、轻纺、特色农业等为主导产业，这些主导产业形成主要是依靠西北段丰富的能源资源和国内经济发展对资源的大量需求，随着经济的发展和能源资源的减少，以及由此带来的环境问题的出现，西北段原有的主导产业也面临转型升级与结构调整的压力，丝绸之路经济带建设背景下，要实现西北段与其他地区或国家的产业合作，就需要通过主导产业发展和转型调整，形成特色型开放型产业，中亚地区和西北段一样具有丰富的能源资源，但轻工业比较落后，仍停留在能源资源的开采开发等初加工阶段，因此，西北段应借助自身在能源资源开采开发方面形成的技术优势和中亚段能源资源供应的空间优势，将西北段打造成丝绸之路经济带上能源资源产业升级与结构优化的示范区和能源产业基地，以主导形成特色，以特色推动开放，重点发展石油炼制与化工、煤化工及天然气化工、高精细化工、化肥农药、新材料、新能源等产业，由原来的资源密集型产业向资本与技术密集型产业转型，与中亚段形成产业链上前后向合作关系，在特色开放型产业的推动下，借助我国丝绸之路经济带建设和东部段产业转移的战略平台，把中国西北地区打造成丝绸之路经济带能源金融中心，能源工程与技术装备服务区，特色农业示范区，以此形成金融产业、工业信息技术产业以及人力科研产业为主导的中枢产业，从而增强丝绸之路经济带沿线的空间集聚效应和辐射能力，提高我国西北段的对外开放水平和产业竞争力。

五　以"雁型模式"为主导，促进产业结构合理化与高级化

"雁型发展理论"重在针对发展中国家的国情，其目的在于使发展中国家注重引进先进国家的技术和产品，再利用这些来发展本国的产业，所以前提是，在国际贸易圈中要存在不同发展层次的产业结构的国家。因此，地域接近、经济发展水平依次降低、政治和政策环境基本相同是构建"雁型模式"的基本条件，同时也是产业梯度转移的一个动力。丝绸之路经济带沿线地区与国家在经济发展水平和产业结构方面都存在不同梯度和不同层次，从中国国内产业结构来看，东部地区经济增长主要依靠第二三产业，第一产业占比较低；西部地区以第一二产业为主，第三产业的发展较为缓慢，且占比均低于中东部地区。相比于中国西部地区，中亚五国的产业结构相对单一，农业占比约为20%，原材料工业的比重相对较高，在制造业和服务业等领域劣势明显，很多地区仍以开采业为支柱产业。中国东部地区的优势产业主要是以智能、高效为特点的现代农业，以高端制造和研发、现代信息技术、新能源和新材料研发、矿产资源精深加工等现代工业和高端、高品质生产与生活服务业为主，而中国西北段主要以特色传统农牧业、传统制造业和传统服务业为主，科技含量和现代化水平相比东部段低，中亚国家则以农牧业和开采业为主，但从整个丝绸之路经济带的核心区来看，中亚段、中国西北段和中国东部段整体呈现出明显的梯度差异，中亚国家丰富的自然资源和能源可以为中国西北段发展资源能源加工产业提供原材料，而反过来中国东部段所具备的技术和资金优势又可以为中亚国家基础产业的发展——特别是基础设施的建设提供急需的技术和资金支持，充实中亚国家单一的工业产品，满足其市场需求。由此可见，当前中国与中亚国家的产业发展处于不同阶段，在产业结构上存在较大的差异，具备显著的产业梯度性和经济互补性，存在开展垂直分工和产业转移的条件，这就为构建中国—中亚产业合作的"雁型模式"提供了基础条件和开展的可能性。

第九章

丝绸之路经济带中国西北段产业空间布局

产业空间布局指在一国（或地区）范围内的空间分布和组合，通过研究产业的空间分布规律，为产业提供规划方案和政策以使其合理布局。产业空间布局的总体目标是实现产业的合理布局和经济资源在空间上的有效配置，其根本目标是实现公平、效率、国家安全和生态平衡。公平要求缩小区域间的差距，而效率则是要求国民经济的高速增长。因此在丝绸之路经济带建设背景下，中国西北段在制定产业空间布局目标时，必须二者兼顾，并且根据社会经济的具体情况确定其主次关系。丝绸之路经济带沿线地区和国家在产业类型上具有很多的相似性，中亚地区因其丰富的矿产资源适宜发展资源密集型产业，而我国西北段和中亚地区在产业结构上具有较高的相似性，都以资源密集型产业为主，因此，中国西北段在产业空间布局上应该结合自身资源优势和产业优势，并结合经济带沿线地区与国家的产业空间布局和产业结构，对现有的产业空间布局进行调整和合理规划，以外向关联度高的产业为主导，尽快融入丝绸之路经济带建设中去。

目前有关产业空间布局的理论主要有点轴理论、比较优势理论、核心—边缘扩散理论、增长极理论、产业集群理论和产业生态学理论等。丝绸之路经济带产业空间布局是一个复杂的系统工程，不仅要考虑各个地区与国家的特色优势与资源禀赋，还要考虑区域之间的产业关联与生态环境和经济社会协调问题，因此，丝绸之路经济带背景下中国西北段产业空间布局应从点—线—面三个层面展开，实现与丝绸之路经济带的产业融合，并且要发挥各国产业的比较优势，形成合理且可持续发展的产业分工，逐步实现"共同发展、共同繁荣"的战略目标，使西北段成为连接中国—中亚乃至欧亚经济一体化的战略平台与重要纽带。

第一节　丝绸之路经济带中国西北段产业空间布局的原则

产业空间布局是指产业在一国或一地区范围内的空间分布和组合的经济现象。从静态视角分析就是各部门、要素、链环的空间分布态势及地域上的组合；从动态视角分析就是各类资源、生产要素甚至各产业、企业在空间区域内为寻找最优区位而形成的流动、转移或形成新的组合配置与再配置的过程。丝绸之路经济带产业空间布局不但要考虑静态的部门与要素组合，还要考虑资源、要素及企业的流动与配置，这就需要将中国西北段放在丝绸之路经济带及全球价值链来考虑，统筹全局，加强沟通，以区域协同与产业协同为目标，实现西北段产业"走出去"与先进技术"引进来"，促使西北段与经济带和全球价值链的深度融合。

一　加强政策沟通，统筹经济带全局发展的原则

产业活动是以不同的空间为支撑，空间的一个基本特征就是异质性，异质性包含了资源环境的禀赋差异、经济发展水平的不均衡等，这些因素决定了空间产业布局需要从全局的视角出发，统筹兼

顾，达到区域或国家的产业分布结构合理、整体综合效益最优。丝绸之路经济带沿线各地区与国家在能源资源、自然环境、经济发展、产业结构等方面都存在较大差异。从国家层面来看，丝绸之路经济带所覆盖的国家，大部分同中国一样是发展中国家，部分还处于转轨期，经济发展普遍处于初级阶段，资金、技术处于匮乏状态。因此，沿途的国家都需量体裁衣，发展优势产业，明确在丝绸之路经济带上应当扮演的角色，同时加强各国间的政策沟通，特别是产业政策，避免产业布局出现同质化、重复化的现象，实现产业优势互补及综合效益最优。

二 优势产业优先与经济带深度融合原则

经济带所覆盖的区域、国家和各省区市在长期的发展过程中依据自身条件选取了不同的产业作为优势产业。中亚五国中只有哈萨克斯坦处于中等发达国家之列，其余国家同中国一样均为发展中国家。这些国家经济相对落后，但拥有丰富的自然资源，诸如石油、天然气，目前形成了以石油化工、机械制造、能源产业为主的重工业和加工制造业。但中亚五国的轻工业及第三产业发展较缓，处于相对落后的状态。这些特征与同处于丝绸之路经济带上的中国西北段有很高的相似性。因而，在确立主导产业和产业布局时，不仅要考虑经济效益及投资效率较好的产业，对其重点发展，还要在产业空间布局上最大限度地考虑产业间互补作用，重点发展能够在内部形成有效价值链的产业，促进经济带上不同地区经济的协调共进，在降低产业与有限优质资源冲突的同时，避免区域间的产业竞争，促进经济带产业的协同发展。

三 国内区域协同与经济带协同发展原则

产业的空间发展过程一般是先从某区域聚集，然后向其他地区不断扩散，这种非均衡的分布状态正是由区域的自然禀赋及经济状况所决定的。有些区域或国家适合其发展的产业只能是某一特定的类别，故只能选择相对优势最明显的产业为该国或区域的主导产业。在经济带整体水平较低阶段，经济发展呈现为集中发展的极核发展形态，其增长极以若干节点城市为核心，经济带的规模效应和极化效应逐步显现，促使经济发展向高级阶段演变，区域间的发展差距会随着增长极的扩散效应而逐步减弱，促进经济带辐射地区的经济发展。因此，丝绸之路经济带沿途区域或国家的产业布局应该优先考虑发展原有的优势产业，以形成增长极，之后通过扩散效应由点及面地带动经济带经济全面协调发展。

四 比较优势与经济带经济利益相结合原则

产业布局应该以发挥经济带沿途区域比较优势与促进经济带整体经济利益提升相结合。根据区域自然条件、自然资源、经济发展水平等区域比较优势，因地制宜选择最适合本地区发展的产业，挖掘经济发展潜力，以同等投入获取最大经济利益，因此在进行产业布局时，要借助交通物流网络，依据自身资源，考量所处位置，以经济效益最优为目标，选择产业区位。产业布局要着眼于整个经济带，避免同质化现象，预防由于布局不当而产生的效率低下及产能过剩。中国的西北段地区与中亚五国既有竞争又需合作，为保证资源合作的顺利进行，就需加大对仓储运输及其他相关设施的投资建设，为经济带沿线地区与国家打造互联互通的便利条件。因此，合理的产业空间布局在丝绸之路经济带的发展中起着举足轻重的作用，同时也带动了沿途区域与国家的产业结构调整及经济增长。

五 "走出去"与"引进来"相结合原则

西北段现有产业与经济带沿线地区与国家既存在产业互补又存在产业竞争，这就需要西北段一方面发挥比较优势，加强与经济带沿线地区与国家的产业合作，通过经济带促使西北段的优势产业走出去，尤其是与沿线国家互补性高的优势产业，像西北段第一产业中的特色农牧业、特色农产品、特色林果业、农产品加工业等产业，而草食畜牧业、优质林果、蔬菜、中药材、现代制种、枸杞、葡萄、棉花、苗木等特色优势产业在经济带沿线尤其是与中亚段具有广阔的市场和合作空间，而西北段在马铃薯、草畜、中药材、果蔬、种子、酿酒原料等特色农产品加工业方面形成的绿色、精品、高端发展模式将为中亚段农牧业发展带来机遇，并借助经济带中国西北段的黄金通道也可将我国中东部地区的特色农牧业产品带到沿线地区与国家。中国西北段目前形成的以能源化工、装备制造业、有色金属、节能环保、新能源、新材料、航空航天、轻纺工业、食品医药等第二产业，既有传统产业也有新技术、节能、环保、绿色为特征的现代工业。从西北段的工业体系来看，一方面处在国内工业体系价值链的中下游，主要以原材料深加工、能源资源开采开发为主；另一方面与中亚段相比，很多工业产业仍处在产业链的中上游，这就为国内产业区域间的承接转移和西北段优势产业"走出去"提供了势能，在传统优势产业方面西北段可以与中亚段形成战略合作，利用中亚段丰富的能源资源输出西北段先进装备制造产品，帮助中亚段进行能源资源开发，又可以将国内东部段优势产能通过西北段转移出去，而东部段过剩的优势产能也是中亚段乃至经济带地区与国家亟须发展的产业，不仅开拓了国际市场，也有利于经济带沿线的经贸往来与合作。由于中国西北段和中亚段同处在丝绸之路经济带的经济"凹陷带"，第三产业发展相对落后，但根据产业结构演变规律，第三产业将是未来各经济体的发展重点，在丝绸之路经济带背景下，西北段主要以金融、物流、信息服务、旅游、电子商务等为主，也形成了新疆等特有的国际离岸服务外包产业，但规模相对较小，因此未来西北段的第三产业仍然是以高品质的生活性服务业和高端生产性服务业为主导，结合中亚段及国内第三产业的发展状况，重点以现代物流、现代金融服务、电子信息、丝路旅游、会展等为核心的现代服务业体系，加强与沿线国家在服务业尤其是在仓储物流等方面的合作，为丝绸之路经济带建设提供更加畅通的服务。除了一、二、三产业，战略性新兴产业也是丝绸之路经济带产业合作的重点，中国西北段的战略性新兴产业诸如高端装备制造、新一代信息技术、新材料、新能源、新能源汽车、生物技术、节能环保等具有较高的产业竞争力，但面对国内产能过剩与全球经济的不景气，走出去也是必然的选择，而中亚国家和经济带沿线的发展中国家具有较大的市场需求，为此，战略性新兴产业也需要以经济带建设为契机实现产品产能输出。当然，经济带建设在为产业"走出去"提供通道的同时，也为我国产业技术"引进来"提供了机遇，丝绸之路经济带两边是发达的欧美经济体，在产业技术、企业经济管理等方面都具有成熟的经验与模式，借助经济带"引进来"也将为我国产业的转型升级与提升企业经营管理具有积极的促进作用，因此，"走出去"与"引进来"应该是我国西北段进行产业结构调整与产业空间布局的原则之一。

六 可持续发展原则

产业空间布局不能只片面地追求经济效益，还需考虑社会效益及生态问题，以期实现可持续发展。丝绸之路经济带所覆盖的区域大多属于资源密集型区域，生态环境的承载力薄弱，很多自然资源又属于不可再生性资源，并且人类在开发资源的过程中产生了大量有害废弃物，生态系统遭到严重的破坏，有些地区的生态系统濒临无法自我修复的临界点，日后为恢复生态系统所付出的成本将远高于目前可获得的经济利益。中国西北段的大部分地区生态环境脆弱，其中部分区域被列入国家禁止开发区。因而在进行空间布局时要充分考虑生态问题，保护自然环境，防止对生态环境造成毁灭性的破坏。从可持续发展的角度出发，处理好生态环境同经济发展间的关系，对产业的空间分布进行合理规划。

第二节 丝绸之路经济带中国西北段产业空间布局的模式选择

丝绸之路经济带的繁荣与发展，无论从广义的层面还是狭义的层面，都需要以产业为依托，根据经济带现有产业的差异性与特点，准确定位经济带的空间功能，探索丝绸之路经济带产业空间布局模式，实现产业空间布局的合理性与科学性。

一 以经济带核心节点城市为增长极的产业布局模式

增长极理论最早在1950年由法国经济学家佩鲁提出，之后又有许多学者对其进行补充完善，该理论强调经济的非均衡发展特性。首先主导产业和新兴产业会在某一地区集聚发展，之后依赖极化效应、支配效应、扩散效应和乘数效应推动相邻地区的经济发展，最终促进区域经济的整体发展。这是当一个地区或国家处于初级发展阶段所能适应的空间布局模式即据点式开发布局模式。自丝绸之路经济带提出后，就需要全方位、多角度、深层次地构建整个经济带，经济带所覆盖区域的自然环境、资源存储状况、社会文化、宗教信仰都存在很大差异。目前，丝绸之路经济带上虽存在着一些增长极，但这些增长极分布松散，且各自界限明显，无法积极发挥规模效应、极化效应和扩散效应的作用。因此，从整个丝绸之路经济带的角度，需要重新定位中国西北段产业空间布局的功能与规划，将原有的优势产业的聚集区进行优化并且努力推动新兴产业形成新的聚集区，同时培育"一带一路"背景下西北地区的新增长极，以便对经济带上的其他地区与国家产生引导带动作用，并且为经济带点轴产业空间布局奠定基础。

二 以核心节点城市和交通网组成的点轴布局模式

随着增长极产业布局模式的不断发展，增长极逐渐增多，各地区的物质基础有了一定积累，增长极间的联系不断加强，对公路、铁路、航线等交通基础设施的需求增大，基础设施不断完善，形成了点轴产业布局，通过以点带轴、以轴带面的方式推动整体经济的发展。不同的点轴产业布局，其辐射能力的强弱也各不相同，发挥的推动作用也有强有弱，因此需要充分利用已形成的点轴产业布局，通过非均衡的发展方式，逐步提升整体经济。因此，这种模式对未形成产业带的经济区域尤为有效，中国西北段与中国东中部地区及中亚段之间存在发展上的梯度，但由于西北段长期以来经济发展缓慢，既有的增长极和核心节点城市还没有形成具有辐射带动作用的点轴系统，因此在产业空间布局上就需要以整个经济带为背景，选取具有比较优势和区域优势的产业，依托核心城市或城市群形成增长极，通过经济带的交通网络将这些增长极或产业点连接成线，采取渐进式轴线延伸开发战略，最终形成点轴系统，填补中国西北段和中亚段的经济凹陷，为经济带的产业网络布局奠定基础。

三 以多条点轴形成覆盖经济带的网络布局模式

网络布局是点轴布局模式的进一步延伸，在经历点轴布局模式的发展后，经济发展水平较高，基础设施完善、人力资源集聚，点轴的密度会不断扩大，不同等级的点轴系统由于生产、贸易的需求，联系不断加强，产生了纵横交错的关系网，与此同时点—点、点—轴和轴—轴之间也形成了相互交织的网络布局模式。网络布局模式一般出现在经济发展水平较高的区域，此时产业的空间布局呈现集中与分散的统一，整个网络中每个节点区域都充分发挥自己的相对优势，促进了区域间的交流与发展，在更广阔的空间范围内实现了优化资源配置。丝绸之路经济带以增长极布局模式为驱动，其节点为所覆盖的核心城市及区域，通过极化与扩散效应，逐渐形成点轴布局，推进周边地区的经济发展，最终实现向网络化布局模式的过渡，带动经济带的产业转型升级和优化产业结构，为形成梯度推移布局模式创造良好条件。中国西北段应该首先通过增长极形成增长点，通过增长点形成产业集群，并借助经济带轴线建设逐步形成产业网络，不仅与中亚段和中国东中部地区形成高度关联的产业合作网络，而且通过经济带提高向西开放水平，促进西北段产业空间布局优化。

四 以经济带产业链分工差异为基础的产业梯度推移布局模式

通过规模效应与扩散效应，区域经济可由一开始的增长极模式转化为点轴产业布局，之后随着经济发展，基础设施不断完善，又形成了较高级的网络布局模式。区域间的经济发展水平呈现出阶梯状，有些区域处于高梯度区，这些区域经济发达、创新能力强，会向低梯度区转移技术、产品等，产业的布局也会从高梯度区向低梯度区推进，促进低梯度区的经济发展。目前的丝绸之路经济带虽形成了纵横交错的点轴产业系统，但产业网络和产业梯度仍不完备，梯度推移与产业的转移升级局限于小范围内。就中国西北段来看，产业布局还处在增长极成长与点轴布局形成阶段，处于产业发展低梯度阶段，因此，中国西北段产业空间布局就需要按照经济带沿线各地区发展水平和各自的优势与劣势，来制定相应的中长期的经济、技术的梯度发展规划，将西北段置于经济带发展战略之中，以此为依据进行产业空间梯度推移布局，在经济带上形成各自的绝对优势产业和相对比较优势产业。

五 以城市群为增长极的产业集群模式

世界经济发展的经验表明，在全球化的浪潮中，核心城市或城市群已经成为带动区域经济发展的"领头羊"，处于区域经济发展的"制高点"，通过城市群之间的相互依存、彼此推动来促进区域经济的发展已成为共识。法国著名经济学家佩鲁的增长极理论指出，要实现区域经济的发展，就必须建立增长极，通过增长极的极化效应和扩散效应来推动整个地区的经济发展。而在经济带的形成与发展过程中，沿线城市群必将成为经济带协同发展的增长极和核心辐射源，发挥其对经济活动的带动作用，对生产要素、技术创新和商品流通的辐射扩散和传输作用，辐射与带动周边中小城市的专业化分工协作，强化经济带沿线城市群的相互联系与作用，不断推动整个经济带的协同发展。

城市群是城市发展的高级形式，是城市发展到成熟阶段的产物，依托发达的基础设施如交通、通信、网络等所构成的经济联系紧密、空间组织紧凑并且能最终实现高度一体化的城市群体，是多核心、多层次的城市联合体，其基础是产业集群的发展，产业在某一个地区集聚从而能形成产业集群，城市之间因为产业集聚关联性就会增强，每个城市不再是独立的空间组织，通过若干个产业集群就会把不同规模的城市聚合成城市群，反过来城市群的发展也促使新的产业集群的形成。目前我国已经形成了七大国家级城市群，长三角城市群、珠三角城市群、京津冀城市群、中原城市群、长江中游城市群、哈长城市群、成渝城市群，还有徐州城市群、琼海城市群、晋中城市群、呼包鄂城市群、兰西城市群、宁夏沿黄城市群、天山北坡城市群、黔中城市群、滇中城市群、酒嘉玉城市群等10多个区域型城市群，而且随着我国城镇化的发展，新的城市群还在形成，以上城市群与丝绸之路经济带都存在直接或间接的联系，像中原城市群、长江中游城市群、成渝城市群、呼包鄂城市群、兰西城市群、宁夏沿黄城市群、天山北坡城市群、酒嘉玉城市群等都处在丝绸之路经济带上，这些城市群的发展定位都与该城市群所在的区域发展定位有关，像关中城市群是以大西安为核心的陕西经济核心区，兰西城市群和酒嘉玉城市群是甘肃、青海的经济发展核心区，天山北坡城市群是新疆经济发展的战略核心区，银川平原城市群是以银川为核心的宁夏经济发展核心区，呼包鄂城市群是以呼和浩特、包头和鄂尔多斯为核心的内蒙古经济发展核心区。丝绸之路经济带建设战略的提出一方面有利于整合优化西北段现有城市群的产业集群，加快城镇化进程与城市群内部的联系；另一方面，通过聚集效应加速产业集群的形成和拓展产业集群的市场空间，两者相互促进产生协同效应。并且依托丝绸之路经济带围绕西北段城市群的核心城市打造一批特色产业集群将会大大促进其与丝绸之路经济带的协同发展。就目前西北城市群所包含的产业集群来看，主要以能源化工、有色金属、装备制造业、生物医药、商贸物流等为主，产业集群的聚集辐射区有限，产业的相似性和同构性严重，产业集群之间更多的是竞争而非协作关系，借助丝绸之路经济带建设可以将相似性高的产业集群通过城市群与经济带重新进行整合与优化，加强产业的前后向关联，构建资源共享市场共赢的集群合作模式，形成以关中城市群为中心的装备制造业产业集群并辐射带动其他城市群的装备制造业发展；以兰白西城市群和银川平原城市群为中心的能源化工、有色金属、仓储物流产业集群，发挥兰州"坐中四联"的区位优势，通过产业集群的扩散效应实现兰白西、银川平原城市群与关中和呼包鄂城市群的对接；以酒嘉玉城市群与天山北坡城市群为核心的商贸、旅游产业集群，借助霍尔果斯口岸等优势，将西北地区的产业延伸至中亚地区，提升西北地区的开放度。

第三节　丝绸之路经济带中国西北段产业空间布局战略思路

将产业空间布局原则作为指导，将产业空间布局理论模式作为依据，以西北区域优势产业为依托，用地缘友好带作为主要支撑点，以双边、多边合作项目为基本载体，以实现互联互通为目标，对"一带一路"所涉及的重要节点及影响扩散区域进行产业空间布局，处理好经济带发展的整体利益与局部利益之间的关系，推动中国西北段产业空间优化，使其成为丝绸之路经济带崛起的黄金段和中国西部大开发与大开放的新引擎。

一　经济带层面产业空间布局战略思路

包括中亚五国的丝路沿途各国，大多是发展中国家，尽管自然资源丰富，发展潜力巨大，但基础建设薄弱，社会经济相对落后，资本、人才、技术紧缺。以机械制造、石油化工为主的产业结构效率较低且存在大量同质化现象。不论是中国西北段还是中亚五国的工业产业，都是以能源密集型产业为主：有色金属、冶金、石油开采等。这些国家和地区虽然依托各自的优势产业进行资本积累和能源积累，但并没有发挥增长极的辐射作用和总部经济的带动作用，相反地，往往加剧了与其他地区的两极分化。因此，如何用政府这只"看得见的手"对丝绸之路经济带的产业空间布局进行引导，寻求能将资源优势转化为产业优势的路径，从而避免产业同质化，制定更加合理开放的产业政策就显得至关重要。

从经济带的产业空间布局来看，以聚集资源开发和能源利用为代表的中亚五国与中国西北段形成产业梯度的高坡，由此向内地延伸，经过四川和重庆，将西北区域与西南沿海和东部段区连接起来，形成资源、要素、市场的产业梯度格局。中亚五国可以依靠中国的技术、市场和资金优势，进一步挖掘其在资源储备、能源开采的潜力。而中国不仅可以依靠西北地区的资源优势形成机械制造、农产品加工、消费品生产、纺织、化工的产业布局，更重要的是，可以加强地区间国家安全、环境保护、能源开发、资源节约和人文交流，形成网络布局式的三梯度推移模式，通过比较优势和协同效应实现互利共赢。

二 国家层面产业空间布局战略思路

以国家产业层面为视角，中亚五国有各自的产业优势：中国西北段通过中、东地区的产业互补来提升资源能源密集型产业的生产效率，巴甫洛达尔、科斯塔奈、卡拉干达等地区，以及图尔盖盆地、滨里海盆地、西伯利亚盆地和田吉兹盆地是煤炭资源丰富的地区；土库曼斯坦的西部西土库曼盆地，乌兹别克斯坦西部的乌斯秋尔特高原，哈萨克斯坦境内的阿克托别、卡拉查干纳克、田吉兹、曼格什套以及乌津等西部地区和里海地区的卡沙干和库尔曼加齐地区是石油天然气的主要分布区域。要进行更大区域范围的产业空间布局，必须整合各自的产业优势，做到优势互补、相互帮扶，以实现区域产业协调发展。因此，如何处理好局部与整体的关系就显得至关重要。

以交通便利、贸易畅通为核心的中国西北段国家层面的产业布局能很好地发挥西北地区和丝路各国的区位优势,通过铁路、公路、航运、管道的网络建设为拉动力,突破中西北城市的交通瓶颈。这不仅能畅通资源能源的输出和深加工,更能直接形成以旅游经济、高精尖加工、医疗卫生、信息金融、教育等为未来发展方向的创新、循环的产业布局模式,实现产业升级和产业的梯度转移,使中国西北段成为连接内陆与中亚各国的枢纽,更好地统筹各区域的产业布局,发挥上游下游效应、集聚效应和互利效应,成为亚欧经济带圈的锁钥之地。

表9-1　　　　　　　中国西北段与中亚段产业状况与发展方向

产业	基础产业	主导产业方向	未来产业方向
化工	石油天然气工业、采矿冶金、装备制造、机械加工等	精细化工、工程塑料、合成橡胶、有机化工、煤化工等高新技术精加工产业	科研、教育、金融、贸易、生物制药、特色旅游等
建材		新型绿色建材制品、新型合成环保材料、新型复合钢制材料及管材等	
电子		电子陶瓷、石英晶体、新型元器件、仪器仪表等	
机械制造		高新技术和高附加值的机械加工业和功能部件生产、高新技术装备制造业等	
新能源		核电、风电等新能源产业	
其他		航天技术、港口贸易、新型材料、冷轧技术产业等	

资料来源:据中国地区发展报告(2012—2013)和中亚国家发展报告(2013)整理。

三　节点层面产业空间布局战略思路

由于高梯度地区会向低梯度地区辐射,辐射的范围取决于现代化发展水平和经济发展水平,因此,发挥极化作用,吸引资本、资源和要素的投入，积极探寻和发展自身优势产业，同时将经济发展成果和社会效益由点及面向其他地区辐射就对处在丝绸之路核心节点上的城市显得至关重要。要在节点层面发挥集中协调的作用，不能仅将丝绸之路经济带变成一个贸易通道，而是形成有相应的产业支撑城市群，经济发展才会有源源不断的动力。

丝绸之路经济带以节点视角分为北线（中国—中亚节点城市连接）和南线（我国东南沿海地区节点城市连接），以及西南部的成都和重庆的连接带。北线从东桥头堡连云港开始，贯穿郑州、西安进入丝绸之路黄金段甘肃，抵达西桥头堡新疆乌鲁木齐，并由此进入亚欧板块中的中亚五国，交通欧洲；南线由连云港、上海、福州、北海等东部城市群构成，并和连接西南、西北、华中、华南的关键节点城市成都和重庆交会一起并入北线。由此形成了一个连接中亚五国，推动中西部发展，提升东部影响力的互利互通的经济格局。由此可见，中国西北段处在丝绸之路经济带的核心段，应明确自身定位，充分把握丝绸之路经济带的战略布局，利用区位条件和产业优势（资源、能源丰富），积极强化与其他节点城市的沟通和合作，充分发挥市场机制在经济发展和资源配置中的基础性作用，避免地区间产业结构雷同、产业的重复建设导致的无序竞争和过度竞争，完善体制机制，提高地区的生产力。打造面向亚欧腹地的网络辐射中心，形成集旅游经济、高精尖加工、医疗卫生、信息金融、教育于一体的产业集群城市带，能够带动中国西北段通入丝绸之路经济带建设的核心节点城市和产业集群，形成西北段核心增长极，与国家层面与经济带层面的轴线产业形成以资源（自然资源、资本、技术、劳动等）的流动和能源交易为纽带，以空间和产业为途径，通过点、线、面辐射和梯度转移，实现地区间优势互补、产业分工协作的协调发展，发挥以点带面、点轴互通、轴面驱动的产业协同效应。

要实现丝绸之路经济带的高效崛起，就必须要以产业合作为前提和支撑。在结合经济带上国家和地区各自产业优势的基础上，进一步实践宏观产业布局，强化不同地区间产业政策的沟通，加强"五通"，逐步形成区域大合作格局。从古丝绸之路开始，亚欧大陆就联系紧密，丝绸之路沿途各国地理上相邻，交通便利，资源丰富，在贸易往来上有天然的优势，发展潜力巨大。而中国西北段处在连接欧亚经济体的黄金段，西北段产业优势的发挥和空间布局的优化不仅可以将不同国家的利益缝合起来，分享机遇，优势互补，也有利于提升我国西北段对外开放度和经济发展水平，实现我国东中部地区产业转移升级和结构优化调整，使西北段成为丝绸之路经济带建设中我国东部地区产业转移承接区和中亚产业合作平台，通过与中亚段的产业合作，将经济"凹陷带"的发展劣势转化成丝绸之路经济带产业合作示范区。

第四节　丝绸之路经济带中国西北段产业空间布局的路径选择

产业是区域经济发展的重要支撑，在丝绸之路经济带建设背景下，中国西北段产业空间的合理布局不仅关系到我国区域经济的协同发展和国内产业结构的合理化与高级化，也关系到中国西北段产业转型升级与全球价值链的深度融合，进而促进丝绸之路经济带产业协同发展。在以"五通"为指导，以国内区域协同发展为导向，以供给侧结构性改革和经济新常态为指引，通过融入丝绸之路经济带的区域共同体，中国西北段合理的产业空间布局必将对我国优势过剩产能的输出和产业技术与企业管理经验的引入有重要的战略意义，也会使西部地区成为丝绸之路经济带上产业协同发展与合作往来的示范区与黄金段。

一 以全球价值链分工为基础，实现西北段与全球产业链的深度融合

全球价值链的分工特点决定了在全球范围内产业空间布局和产业转移模式的改变，1985年迈克尔·波特（Michael Porte）首次提出了"价值链"的概念，他认为价值链是"指一种商品或服务在创造过程中所经历的从原材料到最终产品的各个阶段或者是一些群体共同工作，不断地创造价值、为顾客服务的一系列工艺过程"，其实质是产业内分工的一种表现，从价值链的利润分布来看，最初的价值链形态利润分布相对均等，研究开发等环节还没有成为产品的核心竞争力，主要是生产成本和交易成本的竞争。Kogut和Dewatripont在迈克尔·波特价值链和价值体系的基础上提出了价值增值链的概念，随着全球一体化和经济全球化的发展，国际生产开始呈现全球离散的趋势，生产布局和要素供给不再受区域资源禀赋的限制。以此为基础，Gereffi等基于全球化的视角，对全球商品链的内部结构、形成与控制做了探索，提出了全球商品链概念，并发展出了全球价值链理论，全球价值链是在全球范围内为实现商品与服务价值而连接生产、销售、回收处理等过程的全球性跨企业网络组织，涉及从原材料采集和运输、半成品和成品生产及分销，直至最终消费和回收处理等过程的全球性跨企业网络组织。其中处在上游环节的经济体设计产品与构建生产理念，同时将较为复杂的生产环节交给处在价值链中游环节的经济体完成，最后将劳动密集型的制造、装配环节交给处于价值链下游经济体完成，并最终出口到全世界。

支撑丝绸之路经济带崛起的产业空间布局不仅要以各地区与国家的优势产业和比较优势为基础，还要以全球价值链产业分工为背景，将各地区和国家的产业空间布局与全球价值链分工结合起来，

根据自身的区位、资源、能源、技术、人才等竞争优势，进行产业结构调整和产业合理布局。中国西北段由于其在丝绸之路经济带上特殊区位，与丝绸之路经济带沿线地区与国家尤其与中亚和西亚国家具有产业合作与经贸往来的基础，从全球价值链来看中国西北段现有产业仍处在价值链的中低端，主要以产品的原材料采购、初加工和生产组装为主，涉及产品研发和产品销售环节的产品较少，这从中国西北段的产业现状就可以看出。从第一产业来看，主要以农牧产品生产种植等初加工为主，第二产业主要以能源资源开采开发、机械制造、生物医药、有色金属加工为主，第三产业主要以交通运输、文化旅游、商贸流通、社区服务、消费服务等生产性和生活性服务业为主，这些产业大都处在产业价值链的中低端。从丝绸之路经济带整体发展来看，这些产业仍然具有较大的市场空间和需求，因此，中国西北段在产业结构调整过程中，仍可以将这些产业作为发展的重点，发挥自身的比较优势，将这些传统产业做大做强，通过产业使西北段尽快融入丝绸之路经济带建设中去。中国西北段除了以上处于价值链中低端的产业之外，也有部分处在产业价值链中高端的现代产业和战略性新兴产业，像高效农业、现代农业、节水农业、高端农产品加工业、特色林果业、现代中药产业等高科技农业产业；电子信息技术产业、高端装备制造业、能源资源深加工业、新能源、新材料、现代农业机械、航空航天技术、生物技术、节能环保、新能源汽车、现代煤化工、沙产业等高新技术产业和战略性新兴产业；现代物流、现代金融、健康服务、养老服务法律教育服务等现代生产性和生活性服务业，经过多年的发展，这些产业技术水平和科技含量较高，处在丝绸之路经济带乃至全球产业价值链的中高端，这也为中国西北段中高端深度融入全球价值链奠定了产业基础。

二 以丝绸之路经济带三区段产业协同发展为导向，发挥西北段产业比较优势和竞争优势

按照本书的研究思路，将丝绸之路经济带核心段（中国和中亚五国）划分为三区段，即中国西北段（陕西、甘肃、宁夏、青海、新疆）、中国东部段（上海、江苏、浙江、广东、福建、海南）和中亚段（中亚五国），从三区段产业现状来看，第一产业方面，中国西北段主要以特色农产品、特色林果业、特色畜牧业、特色经济作物等传统农牧业和高效农业、节水农业、高端农产品加工业、特色林果业、现代中药产业等现代农业；中国东部段主要以智慧农业、精致农业、高效农业、休闲农业、外向型农业、精种养业、深加工业等高附加值的现代农业体系；而中亚段主要以小麦、玉米、油料等基本作物为主，农业现代化程度较低，这样一来，三区段第一产业就形成了一定的产业梯度和面对不同的市场需求，因此，三区段应该发挥自身的比较优势，中国西北段重点发挥在节水农业、特色农牧业及农产品加工方面的优势，为中国东部段提供现代农业发展所需的原材料，为中亚段提供所需的特色农产品和现代农业技术，并通过引进中国东部段先进农业技术和中亚段农业优势原材料，促进中国西北段第一产业结构调整与优化。第二产业方面，中国西北段主要以能源资源开采开发、机械制造、生物医药、有色金属加工为主的传统产业和以电子信息技术产业、高端装备制造业、能源资源深加工业、新能源、新材料、现代农业机械、航空航天技术、生物技术、节能环保、新能源汽车、现代煤化工、沙产业等高新技术产业和战略性新兴产业；中国东部段主要以智能装备制造、新材料、新能源开发利用、能源高效转化、有色金属精深加工、电子信息、精细化工、高端汽车产业、船舶制造、海洋工程装备制造等先进制造业和机械、汽车、石化、冶金、纺织、轻工、建材、基

础设施装备制造、食品加工、制鞋、造纸、纺织等传统产业，并且以提升改造传统产业绿色化、高端化和智能化为方向；中亚段主要以煤炭、石油、天然气、有色金属等矿产资源能源开采开发为主，工业基础相对薄弱，产业技术水平较低。第三产业方面，中国西北段以交通运输、文化旅游、商贸流通、社区服务、消费服务等生产性和生活性服务业为主，中国东部段主要以国际化金融服务、金融中介服务、金融服务外包、国际贸易服务、国际市场服务、电子商务与物流体系、现代航运枢纽及服务体系、文化创意产业、科技信息服务、健康养老、家庭服务、医疗服务、高水平旅游等高端生产性服务业和高品质生活性服务业，中亚段主要以交通运输和旅游业为主，第三产业发展相对落后，但对于中高端生产性服务业和高品质生活性服务业的需求较大。从产业结构和布局来看，三区段产业处在不同的价值链阶段，中国东部段处在产业价值链的中上游甚至中上游产业，大部分只是知识密集型产业，科技含量高，技术先进，附加值高，具有一定的国际竞争力，主要市场也是面向全球市场，中国西北段处在产业价值链的中低端，主要以资源密集型和资本密集型产业为主，中亚段产业发展缓慢，基本处在产业价值链的低端，主要以自给自足和原材料初加工为主，三区段的产业结构就构成了丝绸之路经济带上较为完整的从高到低的一条产业链，这就为三区段进行产业合作，推进产业协同发展提供了可能，中国西北段一方面借助中国东部段先进的科技水平提升产业发展水平，并将东部段先进产业产品输出，向西开拓更为广阔更具潜力的中亚、西亚市场；另一方面中国西北段也为东部段高端产业发展提供原料支持和劳动力支持，而在丝绸之路经济带建设背景下，中国西北段不仅仅是中国东部段的产业转移承接地，更是我国向西开放的前沿，基于此，西北段的在现有产业发展的基础上，以优势产业为基础，以中亚段和经济带沿线地区与国家市场需求为导向，大力发展比较优势产业，尤其是在干旱农业、节水农业、高效农业、节能环保、沙产业、高端装备制造、基础设施项目建设、现代物流、金融服务等方面发挥优势，培养丝绸之路经济带上的竞争优势产业及产业集群，提升中国西北段在经济带上的竞争力，实现三区段的协同发展。

三 以国内四大板块区域协同发展为目标，促进国内产业协同发展

"十二五"期间我国"四大板块"经济社会发展都有不同程度的增长，尤其是中西部地区的增长速度快于东部地区，而且在经济结构和产业结构上，区域之间更加注重协同合作与共赢，东部地区经济发展方式转变和产业升级步伐明显加快，中西部地区有效承接东部地区产业转移，东北地区产业转型速度和效果逐步显现。在"四大板块"内部，协同发展也初见成效，长三角、珠三角、京津冀等沿海地区对中国经济的龙头作用和中介作用依然不可替代；在中部地区，"三个基地、一个枢纽"地位进一步提升，经济发展方式明显转变，质量和效益有较大提高，经济增速明显，城镇化率提高到48%；以关中—天水、成渝、环北部湾（广西）三大经济区为新"增长极"的西部地区，优势能源资源产业发展势头良好，基础设施条件不断改善，对内对外开放进一步加强。带动西部地区经济快速发展，我国协同发展的成效最终取决于"四大板块"之间的发展差距是否得到有效控制，为此国家提出了西部大开发、振兴东北、中部崛起和东部率先发展等战略，虽然期望它们能够发挥带动各自区域经济发展，相互联动、相互辐射的作用，但实际没有完善的辐射媒介和政策的科学引导，导致它们各自为战、缺乏合作，竞争多于合作，甚至产生恶性竞争，而丝绸之路经济带建设的提出扩大了政策空间，使"四大板块"的发展格局得到了丰富和提升，打通了"四大板块"之间的隔阂,加强了相互之间的配合,从而为我国区域协同发展提供了新的机遇和动力,也为缩小我国区域发展差距实现全面建成小康社会提供了更多的政策选择与着力点。

四 以国内三大支撑带互联互通为依托,优化西北段产业空间布局

"一带一路"建设、长江经济带发展及京津冀协同发展在2015年我国政府工作报告中被首次明确为"三大支撑带",这对于探索我国区域经济发展新模式、构建开放型经济新体制和全方位开放合作新格局都将产生深远影响。从战略定位上来看,"一带一路"建设是集经济外交、全球增长和结构调整的国际化大战略,旨在通过"五通"打造世界经济发展命运共同体;长江经济带的战略定位为:具有全球影响力的内河经济带、东中西互动合作的协调发展带、沿海沿江沿边全面推进的对内对外开放带以及生态文明建设的先行示范带。① 京津冀协同发展的战略定位为:首都为核心的世界级城市群、全国创新驱动经济增长新引擎、生态修复环境改善示范区、区域整体协同发展改革引领区。从"三大支撑带"的战略定位来看,都含有区域协同发展之意,"一带一路"建设是经济全球化与区域一体化协同发展战略,而长江经济带与京津冀协同发展重在通过国内区域协调发展消除区域之间的非均衡发展与发展差距过大问题,但从其战略定位来看,"三大支撑带"战略不同于以往相对独立与隔离的"四大板块"发展格局,而是你中有我、我中有你的互联互通的区域发展新格局。"一带一路"与长江经济带的大部分对接区域恰与内陆地区重合,在产业上融合,在资源上互补,提升"一带一路"与长江经济带的互联互通水平,完善内陆对外大通道,构建

---

① 《长江经济带发展规划》,http://www.xnfg.gov.cn/typenews.asp?id=253。

起铁路、空港、水港等无缝衔接，形成多式联运的开放平台，构建完善的综合交通体系，使东西部重要战略支点相互贯通，实现我国"沿海+内陆+沿边"全方位对外开放格局。"一带一路"与京津冀协同区的互联互通不仅有利于拓展我国区域经济的开放空间，而且有利于京津冀地区产业转移与转型升级，促进和带动中西部地区的经济发展。长江经济带与京津冀协同区在空间上虽然无法实现直接对接，但通过"一带一路"的纽带衔接，将有助于京津冀地区与长三角地区经济发展交流与合作，提升京津冀地区的市场化水平，加快产业转型升级与产业转移步伐，提高向东南和西南开放水平，因此"一带一路"是我国"三大支撑带"链接的重要纽带，而处在丝绸之路经济带黄金段的中国西北段将通过"三大支撑带"获得更大的发展机遇，在现有产业结构和空间布局基础上，借助国内国外两个市场，转移承接我国中东部地区优势过剩产能尤其是向西具有广阔市场的优势过剩产能，实现国内过剩产能转移出去，并通过与中亚国家产业合作优化西北段的产业结构，提升现有优势产业竞争力，使中国西北段成为带动我国尤其是带动西北地区经济发展的新引擎。

五 以中国西北段城市群和国家级新区为增长极，构建西北段现代产业体系

城市是人类现代文明的标志，尤其是工业革命以后，农业社会迅速向工业社会转变，城市在世界各地加快发展，人们的生产生活方法也由此发生了巨大的变化，人口向城市聚集，商品生产与交易也紧紧围绕城市进行布局，城市体系建设得到不断完善，城市之间的地理界线趋于模糊，依托交通网络和地理环境，城市群成为区域经济发展的基本单元。由于在城市群与城市群之间往往是经济社会发展的落后区域，人口少，经济发展缓慢，难以形成城市或城市群，导致城市群之间往往处于割裂状态，但城市群之间的经济往来却会因为城市群的发展壮大和产业分工的进一步细化而日益密切，因此，借助线状基础设施、以城市或城市群为节点，以产业为纽带的经济带应运而生，可见，城市群与经济带的出现都是城市聚集或扩散的共同产物，反过来城市群和经济带的出现也加快了城镇化的进程。

近年来，随着城镇化进程的加快和西部大开发战略的不断深入，我国西北地区城市群发展取得了前所未有的成就，城市规模不断扩大，城市分工进一步优化，经济实力明显增强，初步形成了关中城市群、兰白西城市群、酒嘉玉城市群、天山北坡城市群、银川平原城市群和呼包鄂城市群，这六大城市群已成为我国西北地区经济发展的增长极。此外，自1992年上海浦东新区设立以来，截至目前国家级新区数量已达到18个，其中中国西北段主要是兰州新区和西咸新区，加上已有六大城市群，构成了中国西北段经济增长极。中国西北段在现有产业基础上，在丝绸之路经济带建设开拓的新的国内外市场背景下，一是根据国内外市场需求，重点发展现代农业、现代畜牧业、特色农产品加工业、特色林果业、农业物流等现代农业和节水农业、干旱农业等高效能农业，在中国西北段建成丝绸之路经济带现代农业示范区；二是以西北段现有优势工业和服务业为基础，承接转移东部优势产能的同时，将国内过剩产能通过丝绸之路经济带转移至经济带沿线地区或国家，通过与这些国家合作建设产业园区，将国内优势产能转移出去，而西北段可以作为丝绸之路经济带产能合作的示范区，而且广阔的市场需求也为西北段电子信息技术产业、高端装备制造业、能源资源深加工业、新能源、新材料、现代农业机械、航空航天技术、生物技术、节能环保、新能源汽车、现代煤化工、沙产业等高新技术产业和战略性新兴产业走出去提供了契机。在丝绸之路经济带建设中，丝绸之路经济带沿线地区与国家对于服务业的需求也会增加，尤其是生产性服务业和高品质的生活性服务业，西北段在服务业方面的比较优势也将得到发挥，而这些产业都是以西北段的城市群和国家级新区为增长极聚集起来的，通过产业聚集形成产业比较优势，从而形成中国西北段产业现代产业体系，提高西北段产业竞争力。

六　以供给侧结构性改革和经济新常态为指引，实现西北段产业结构合理化与高级化

改革开放以来，一方面，我国通过出口导向、技术引进、投资拉动等战略在经济上取得飞速发展，经济发展一直保持中高速增长速度；另一方面也使我国面临产能过剩的困扰，钢铁、煤炭、水泥、平板玻璃、电解铝、炼油、汽车、商宅等都出现产能过剩，为了应对外界冲击，政府通过加大投资以刺激经济，短期内获得了一定的效果，但持续性也越来越差，并造成了产能过剩。已有研究表明，产能过剩跟政府扶持指数是有高度相关性的，政府扶持指数越高的行业产能过剩越严重。以消化过剩产能为核心的供给侧结构性改革，其实质就是以实现经济结构调整、要素优化配置、提升经济增长质量和数量为主要目标，从提高供给质量出发，通过改革促进结构调整，矫正要素配置，扩大有效供给，促进产业转型升级，创新驱动升级的制度环境，提高供给结构的适应性和灵活性，补齐人才和基础设施短板，更好满足市场需求，促进经济社会健康可持续发展。而供给侧结构性改革正是在我国新时期经济新常态背景下提出的优化产业结构与空间布局的改革措施，2014年5月习近平总书记在河南考察工作时提出的新常态有以下几个特点：一是经济从高速增长转为中高速增长；二是经济结构不断优化升级；三是从要素驱动、投资驱动转向创新驱动。这些趋势性变化说明，中国经济已进入转型升级的关键期。中国经济总量很大，要想从粗放式发展转变为质量效率型集约增长，同时保证较高的经济增长率，难度不小，创新成为转型升级的主引擎。要通过完善国家创新体系、加强关键核心技术攻关，夯实工业基础能力；优化资源配置，促进金融与实体的经济平衡，提倡放开服务业市场、改善企业发展环境；提升城乡发展水平，深化农村改革，加强创新人才队伍建设、促进实体经济和开放经济增效升级。从经济新常态的内涵、特点和重点来看，新时期我国区域经济发展更加注重人口、经济、社会、资源环境等的空间均衡，愈加注重区域之间的发展的协同性，来缩小城乡、区域之间的发展差距；更加注重提高发展质量和效益，调整产业结构，避免同质化产业竞争，调结构与去库存并举；更加注重结构性改革，以供给侧改革促进区域间合作共赢；更加注重市场在资源配置中的决定性作用，促进要素在区域之间的合理流动；更加注重高水平双向开放在促进区域协同发展中的作用，尤其是向西开放以引领西部地区发展。由此可见，新时期新常态下，中国西北段的产业空间布局不能再依靠过去的传统产业，而是要认识新常态下的新特点，借助区位、能源资源等优势发展比较优势产业，以此适应新常态，发挥中国西北段产业优势和辐射作用，在区域内形成相对合理的产业分工与协作，在整个经济带产业链上形成洼地效应，吸引要素流入，平衡经济带各地区间的产业结构和资源优势，补足西北段经济发展的短板，提升全要素生产率和供给效率，增强中国西北段经济均衡发展。在供给侧结构性改革的主导下，避免中国西北段产业空间布局的同质化、雷同化的恶性竞争，按照产业梯度有序承接，以形成优势互补、资源共享、运转高效的产业体系，通过经济带向西开放形成的国际市场，解决目前存在的产能过剩问题，以此引领经济新常态，为中国西北段经济的可持续发展提供新动能。

参考文献

艾莱提·托洪巴依：《中亚五国经济发展现状》，科学出版社2014年版。

陈秀山、孙久文：《中国区域经济问题研究》，商务印书馆2005年版。

陈秀山、张可云：《区域经济理论》，商务印书馆2010年版。

陈正伟：《投入产出分析技术》，西南财经大学出版社2013年版。

[美]丹尼尔·贝尔：《后工业社会的来临》，高銛、王宏周、魏章玲译，新华出版社1997年版。

叶裕民：《中国区域开发论》，中国轻工业出版社2000年版。

张敦富：《区域经济开发研究》，中国轻工业出版社2006年版。

钟飞腾：《"一带一路"建设中的产业转移：对象国和产业的甄别》，社会科学文献出版社2016年版。

习近平：《弘扬人民友谊，共创美好未来——在纳扎尔巴耶夫大学的演讲》，《人民日报海外版》2013年9月9日第4版。

白永秀、王颂吉：《丝绸之路经济带：中国走向世界的战略走廊》，《西北大学学报》（哲学社会科学版）2014年第4期。

高新才、王一婕：《丝绸之路经济带背景下中国与中亚国家贸易互补性研究》，《兰州大学学报》（社会科学版）2016年第2期。

郭爱君、毛锦凰：《丝绸之路经济带：优势产业空间差异与产业空间布局战略研究》,《兰州大学学报》(社会科学版)2014年第1期。

郭爱君、毛锦凰:《丝绸之路经济带:中亚—中国产业分工协作研究》,《中共贵州省委党校学报》2015年第3期。

郭爱君、陶银海:《丝绸之路经济带与国家新区建设协同发展研究》,《西北师大学报》(社会科学版)2016年第6期。

郭爱君、毛锦凰:《丝绸之路经济带中国西北段核心节点城市经济联系实证研究》,《兰州大学学报》(社会科学版)2016年第1期。

郭爱君、毛锦凰:《丝绸之路经济带与西北城市群协同发展研究》,《甘肃社会科学》2016年第1期。

黄卫:《精心打造"丝绸之路经济带"的核心区》,《求是》2014年第7期。

殷琪:《丝绸之路经济带贸易竞争力实证分析》,《改革与战略》2015年第6期。

张培:《西北段产业结构比较分析》,《新疆社会科学》2009年第6期。

章庆慧、蔡畅:《"丝绸之路经济带"构想下的"无差异空间"与区域合作——论中国与中亚的交通运输合作》,《欧亚经济》2014年第6期。

后　记

　　自 2013 年 9 月 7 日习近平总书记提出共建丝绸之路经济带构想以来，丝绸之路经济带沿线地区与国家纷纷提出了各种战略以融入经济带的建设，丝绸之路经济带建设使欧亚各国经济上的联系更加深入、国家间的合作更加密切、彼此的发展空间更加宽广，也为我国向西开放尤其是对于促进我国西部地区对外开放具有重要的战略意义。丝绸之路经济带东接亚太经济圈，西邻发达的欧洲经济圈，地域辽阔，有丰富的自然资源、矿产资源、能源资源、土地资源和旅游文化资源，是"世界上最长、最具有发展潜力的经济大走廊"，是 21 世纪新的战略能源与资源基地。丝绸之路经济带的崛起必将铸就新的世界经济发展格局，中国作为丝绸之路经济带建设的倡议者和发起者，将紧紧围绕政策沟通、设施联通、贸易畅通、资金融通、民心相通的原则，以产业合作和经贸往来为核心，以互惠互利、互利共赢为出发点，打造丝绸之路经济带沿线国家政治互信、经济融合、文化互容的利益共同体、命运共同体和责任共同体，使丝绸之路经济带成为亚、欧、非地区活跃的新生经济带。

　　中国西北段作为丝绸之路经济带黄金段，在经济带建设中具有重要的战略地位，向西对接丝绸之路经济带的核心区中亚五国，向东连接着我国经济较为发达的中东部地区，在国内"四大板块""三大支撑带"为核心的区域协同战略引领下，借助西北段现有的优势产业，积极开展与中亚等国家的产业合作与经贸往来，为我国西部地区尤其是西北段开辟新的更为广阔的全球市场空间，使中国西北段成为辐射中西部、面向全国、融入全球的内陆开放示范区和丝绸之路经济带的核心增长区与黄金段。

本书将丝绸之路经济带的核心区（中国和中亚五国）分成了三区段，即中亚段、中国西北段和中国东部段，在产业结构调整与产业空间布局相关理论基础上，对三区段的产业结构和发展现状进行了分析，分析了在新的区域战略下，中国西北段在丝绸之路经济带建设中的战略地位和发展优势及丝绸之路经济带建设的提出对中国西北段产业结构与产业空间布局的影响。在定性分析的基础上，采用定量分析的方法，分别从产业关联度、产业趋同度和产业区位熵三个方面对中国西北段产业的前后向关联进行了实证分析，为中国西北段在丝绸之路经济带建设背景下进行产业结构调整和产业空间布局提供了理论依据。

面对全新的区域发展战略与格局，中国西北段在进行产业结构调整与空间布局时，不能只停留在国内，而是要以开放的视角规划产业，因此在定性与定量分析、规范与实证分析的基础上，本书就中国西北段进行产业结构调整和产业空间布局的若干关系进行了梳理，将中国西北段置于全球产业链与丝绸之路经济带建设背景下，以国内供给侧结构性改革和经济新常态为指引，以现有的产业结构调整与产业空间布局理论为指导，提出中国西北段产业结构调整与产业空间布局的原则与模式选择。从全球产业链深度融合、经济带和国内区域产业协同发展等视角提出了中国西北段产业结构调整与空间布局的战略思路与发展路径，通过中国西北段的战略通道，深化国际产能合作，带动我国装备、技术、标准、服务走出去，实现优势互补，加强教育、文化、旅游等领域交流合作，同奏合作共赢新乐章，使中国西北段成为丝绸之路经济带崛起的重要支撑。

由于中亚国家经济社会发展数据的可得性较差，尤其是行业数据较少，在一定程度上制约了本书的研究深度，这也是相关课题与本书进一步继续研究的价值所在，作为丝绸之路经济带研究的初期成果，不足之处在所难免，希望本书能够起到政策指引和抛砖引玉的作用与效果，也恳请各位专家和学者给予批评指正！